COMO CONHECER *BEM* UMA PESSOA

COMO CONHECER *BEM* UMA PESSOA

A ARTE DE SER VISTO E VER PROFUNDAMENTE OS OUTROS

DAVID BROOKS

São Paulo
2024

Grupo Editorial
UNIVERSO DOS LIVROS

How to Know a Person - The art of seeing others deeply and being deeply seen

Copyright © 2023 by David Brooks

© 2024 by Universo dos Livros

Todos os direitos reservados e protegidos pela Lei 9.610 de 19/02/1998.

Nenhuma parte deste livro, sem autorização prévia por escrito da editora, poderá ser reproduzida ou transmitida, sejam quais forem os meios empregados: eletrônicos, mecânicos, fotográficos, gravação ou quaisquer outros.

Diretor editorial
Luis Matos

Gerente editorial
Marcia Batista

Produção editorial
Letícia Nakamura
Raquel F. Abranches

Tradução
Cynthia Costa

Preparação
Aline Graça

Revisão
Gabriele Fernandes
Nathalia Ferrarezi

Arte e capa
Renato Klisman

Diagramação
Saavedra Edições

Dados Internacionais de Catalogação na Publicação (CIP)
Angélica Ilacqua CRB-8/7057

D888c	Brooks, David
	Como conhecer bem uma pessoa: a arte de ser visto e ver profundamente os outros / David Brooks ; tradução de Cynthia Costa. -- São Paulo : Universo dos Livros, 2024.
	256 p.
	ISBN 978-65-5609-689-6
	Título original: *How to know a person*
	1. Interação social 2. Relações interpessoais I. Título II. Costa, Cynthia III. Série
24-3055	CDD 302

Universo dos Livros Editora Ltda.
Avenida Ordem e Progresso, 157 – 8º andar – Conj. 803
CEP 01141-030 – Barra Funda – São Paulo/SP
Telefone/Fax: (11) 3392-3336
www.universodoslivros.com.br
e-mail: editor@universodoslivros.com.br

Para Peter Marks

SUMÁRIO

PARTE 1: EU VEJO VOCÊ

Capítulo 1: O poder de ser visto   11

Capítulo 2: Como não ver uma pessoa   23

Capítulo 3 : Iluminação   31

Capítulo 4: Acompanhamento   43

Capítulo 5: O que é uma pessoa?   53

Capítulo 6: Boas conversas   67

Capítulo 7: As perguntas certas   77

PARTE 2: EU VEJO SUA LUTA

Capítulo 8: A epidemia de cegueira   89

Capítulo 9: Conversas difíceis   97

Capítulo 10: Como ajudar um amigo em desespero? 109

Capítulo 11: A arte da empatia 119

Capítulo 12: Como os sofrimentos moldaram você? 141

PARTE 3: EU VEJO SUAS FORÇAS

Capítulo 13: Personalidade: que energia você traz para o ambiente? 153

Capítulo 14: Tarefas da vida 165

Capítulo 15: Histórias de vida 183

Capítulo 16: Seus ancestrais manifestam-se em sua vida? 197

Capítulo 17: O que é sabedoria? 211

Agradecimentos 231

Notas 235

PARTE 1

Eu vejo você

CAPÍTULO 1

O poder de ser visto

Se já assistiu ao antigo filme *Um violinista no telhado* (1971), você imagina como as famílias de origem judaica podem ser calorosas e emotivas. Os parentes abraçam-se, cantam, dançam, riem e choram juntos.

Eu, porém, venho de outro tipo de família judaica.

Minha criação poderia ser resumida pela seguinte expressão: "Pense em iídiche, aja como britânico". Éramos reservados e frios. Não estou dizendo que tive uma infância infeliz – longe disso. Nossa casa era um lugar excitante. Nos jantares de Ação de Graças, conversávamos sobre a história de monumentos funerários vitorianos e as causas evolutivas para a intolerância à lactose (não estou brincando). Havia amor também. Só não o expressávamos.

Não é de se surpreender que eu tenha me tornado um pouco distante. Quando eu tinha quatro anos, dizem que minha professora da creche relatou aos meus pais: "David nem sempre brinca com as outras crianças. Com frequência, ele fica de lado e as *observa*". Seja graças à natureza, seja graças à criação, uma certa indiferença tornou-se parte da minha personalidade. Quando cheguei ao Ensino Médio, já tinha estabelecido uma residência de longo prazo dentro da minha própria cabeça. Sentia-me mais vivo quando realizava tarefas solitárias, como escrever. No primeiro ano, interessei-me por uma moça chamada Bernice. Mas, depois de me informar, descobri que ela queria sair com outro rapaz. Fiquei chocado. Lembro-me de pensar comigo:

"O que ela está *pensando*? Eu escrevo muito melhor do que ele!". É bem possível que minha visão sobre o funcionamento da vida social da maioria das pessoas fosse um tanto restrita.

Depois, aos dezoito anos, os responsáveis pelas admissões das universidades Columbia, Wesleyan e Brown decidiram que eu deveria ir para a Universidade de Chicago. Amo minha *alma mater*, que melhorou muito desde então, mas, naquela época, não era o lugar ideal para entrar em contato com os próprios sentimentos nem para derreter meu gelo emocional. Minha descrição favorita da universidade é: uma instituição batista onde professores ateus ensinam São Tomás de Aquino para alunos judeus. Não à toa, os estudantes de lá ainda usam camisetas que dizem: "Claro que funciona na prática, mas será que funciona na teoria?". Então, embarquei naquele mundo inebriante e... surpresa! Não é que me encaixei perfeitamente?

Se tivesse me conhecido dez anos depois da faculdade, talvez você me achasse um cara até simpático e alegre, apesar de um pouco tímido – não alguém fácil de se aproximar nem que parecesse conhecer os outros com facilidade. Eu era mestre em escapar de situações desconfortáveis. Se alguém demonstrasse vulnerabilidade, eu logo olhava para o chão e arrumava uma desculpa para ir embora, como se tivesse um compromisso urgente na lavanderia. Eu tinha a sensação de que aquele não era um comportamento ideal. O fato é que me sentia muito constrangido quando alguém tentava se conectar comigo. Intimamente, eu gostaria de me conectar, mas apenas não sabia o que dizer.

Reprimir meus sentimentos tornou-se um modo de vida padrão para mim. Suponho que tenha sido levado a isso pelas causas habituais: medo de intimidade, suspeita de que, caso eu deixasse meus sentimentos fluírem, não gostaria do que acabaria emergindo, pavor de vulnerabilidade e uma inépcia social generalizada. Um episódio aparentemente pequeno e irrelevante simboliza esse modo de vida reprimido: sou um grande fã de beisebol e, embora tenha ido a centenas de jogos, nunca peguei uma bola perdida na arquibancada. Um dia, cerca de quinze anos atrás, eu estava em um jogo em Baltimore quando o taco de um rebatedor quebrou e o bastão inteiro, exceto o tampão redondo, saiu voando em direção ao banco de reservas, caindo aos meus pés. Abaixei-me e agarrei-o. Conseguir um taco em um jogo é mil vezes melhor do que uma bola! Eu deveria ter pulado de alegria, balançado aquele troféu no ar e contagiado as pessoas ao meu redor, ganhando meus minutos de fama no telão. Entretanto, em vez disso, apenas coloquei o taco aos meus pés e me sentei de volta, com uma expressão impassível, enquanto todos me observavam. Ao me lembrar disso hoje, quero gritar comigo mesmo: "Demonstre um pouco de alegria!". Quando se tratava de exibições espontâneas de emoção, eu tinha a capacidade emocional de um repolho.

Mas a vida vai nos amaciando. Tornar-me pai foi uma revolução emocional, é claro. Mais tarde, vivi minha cota de sofrimentos da vida adulta: relacionamentos rompidos, fracassos públicos, a vulnerabilidade que vem com o envelhecimento. Sentir minha fragilidade foi bom, fazendo-me perceber partes mais profundas e reprimidas de mim mesmo.

Outro acontecimento aparentemente irrelevante simboliza o início da minha jornada contínua para me tornar um ser humano pleno. Às vezes sou convidado para participar de mesas de discussão. Em geral, trata-se de instituições do tipo *think tanks* sediadas em Washington, e os eventos ocorrem com todo o ardor emocional que se esperaria de um debate sobre política fiscal. (Como observou certa vez a jornalista Meg Greenfield, a capital estadunidense não está cheia de crianças arteiras que enfiaram o gato na secadora de roupa; está cheia de crianças que fofocam sobre aquelas que enfiaram o gato na secadora.) Naquele dia em particular, fui convidado a participar de uma mesa no Public Theatre, em Nova York, que é a companhia que, mais tarde, lançaria o musical *Hamilton*. Acho que devíamos falar sobre o papel das artes na vida pública. A atriz Anne Hathaway estava na mesa comigo, assim como um comediante intelectual e hilário chamado Bill Irwin e algumas outras pessoas. Ali, as regras dos *think tanks* de Washington não se aplicavam. Nos bastidores, antes do início da discussão, uns motivaram os outros. Demos um grande abraço coletivo. Depois, entramos no teatro cheios de camaradagem e de propósito. Hathaway cantou uma música comovente. Havia lenços no palco para o caso de alguém começar a chorar. Os outros palestrantes abordaram conteúdos emotivos. Falaram sobre a magia de sermos desfeitos, transportados ou transformados por um obra de arte ou peça teatral. Até eu comecei a falar assim! Como Samuel Johnson, meu herói, poderia ter dito, foi como observar uma morsa arriscando-se na patinação artística – não foi bom, mas não deixou de impressionar. Então, após a discussão, comemoramos com outro abraço coletivo. Pensei: "Que fantástico! Tenho de me aproximar mais do pessoal do teatro!". Jurei que iria mudar minha vida.

Sim, sou o cara que teve a vida mudada por uma mesa-redonda.

Ok, foi um *pouco* mais gradual do que isso. Mas, ao longo dos anos, percebi que viver de forma desapegada é, na verdade, um afastamento da vida; um afastamento não apenas de outras pessoas, mas de si mesmo. Então, comecei uma jornada. Nós, escritores, apresentamos nosso trabalho ao público, é claro, por isso passei a escrever livros sobre emoção, caráter e crescimento espiritual. E meio que funcionou. Pouco a pouco, mudei minha vida. Tornei-me mais vulnerável para com as pessoas e mais emocionalmente expressivo em público. Tentei me transformar no tipo de pessoa em quem os outros confiam – com quem podiam falar sobre o divórcio, a dor pela morte do cônjuge, as preocupações com os filhos. E, pouco a pouco, as coisas também começaram a mudar dentro de mim. Tive experiências novas: "O que são esses formigamentos no meu peito? Ah, são *sentimentos*!". Em um dia, estou dançando em um show: "E não é que sentimentos são ótimos?". No outro, fico triste porque minha mulher está viajando: "Sentimentos são péssimos!". Meus objetivos de vida também mudaram. Quando era jovem, queria ter conhecimento, mas, à medida que fui amadurecendo, passei a querer ser sábio. Pessoas sábias não possuem apenas informações, mas uma compreensão compassiva de outras pessoas. Elas entendem sobre a vida.

Não sou excepcional, mas sou um cultivador. Tenho a capacidade de refletir sobre os meus defeitos e tentar me motivar para ser uma pessoa mais evoluída. Progredi ao longo dos anos. E posso provar! Tive a sorte de participar duas vezes, em 2015 e em 2019, do programa *Super Soul Sunday*, da Oprah. Após a gravação da segunda entrevista, Oprah veio até mim e disse: "Raramente testemunhei alguém mudar tanto. Você era tão travado". Aquele foi um momento de orgulho para mim. Afinal, quem melhor para saber do que ela – a Oprah.

Aprendi algo profundo ao longo do caminho. Ter o coração aberto é um pré-requisito para ser uma pessoa plena, gentil e sábia. Mas não é suficiente. Precisamos de habilidades sociais. Falamos da importância de "relacionamentos", "comunidade", "amizade", "conexão social", mas essas palavras são abstratas demais. O verdadeiro ato de, por exemplo, construir uma amizade ou criar uma comunidade envolve diversas pequenas ações sociais concretas: discordar sem envenenar o relacionamento, revelar vulnerabilidade em ritmo apropriado, ser um bom ouvinte, conseguir terminar uma conversa com gentileza, saber pedir e oferecer perdão, não atender às expectativas de alguém sem partir seu coração, saber conversar com quem está sofrendo, ser capaz de organizar uma reunião em que todos se sintam abraçados, ter a capacidade de ver as coisas do ponto de vista da outra pessoa.

Essas são algumas das habilidades mais importantes que um ser humano pode ter, e, ainda assim, não as ensinamos na escola. Às vezes parece que intencionalmente construímos uma sociedade que fornece pouca orientação às pessoas sobre como realizar as atividades mais importantes da vida. Como resultado, muitos de nós acabamos nos sentindo solitários e carecendo de amizades profundas. Não é porque não queiramos ter essas conexões. Acima de quase qualquer outra necessidade, seres humanos desejam que o outro olhe em seu rosto de modo amável, com aceitação e respeito. Só que nos falta conhecimento prático de como dar a atenção que desejamos. Não acho que as sociedades ocidentais já tenham se saído bem no ensino dessas habilidades, mas, nas últimas décadas, em particular, houve uma perda de conhecimento moral. Nossas escolas e outras instituições têm se concentrado cada vez mais em preparar as pessoas para sua carreira, porém não para que saibam dar atenção àqueles ao seu redor. As Ciências Humanas, que nos ensinam o que se passa na mente do ser humano, tornaram-se marginalizadas. E uma vida despendida nas redes sociais não está ajudando muito as pessoas a aprenderem tais habilidades. Na internet, tem-se a ilusão de contato social sem ter de desempenhar gestos que gerem confiança, cuidado e carinho. O interesse substitui a intimidade. Há julgamento em toda parte e compreensão em parte nenhuma.

Nesta era de desumanização crescente, tornei-me obcecado pelas habilidades sociais: como tratar pessoas com consideração e como melhorar a compreensão que temos de quem está ao nosso redor. Passei a acreditar que a qualidade de nossa vida e a saúde da sociedade dependem, em grande medida, de quão bem tratamos uns aos outros nas pequenas interações cotidianas.

E essa gama de competências baseia-se em uma habilidade fundamental: entender o que outra pessoa está passando. Há uma habilidade que está no coração de qualquer indivíduo, família, escola, comunidade ou sociedade saudável: a capacidade de enxergar alguém de modo profundo e fazê-lo sentir-se visto – conhecer com precisão uma pessoa para que ela se sinta valorizada, ouvida e compreendida.

Essa é a essência de ser alguém bom, o maior presente que você pode dar aos outros e a si mesmo.

———

Seres humanos precisam de reconhecimento tanto quanto precisam de comida e de água. Não se pode conceber um castigo mais cruel do que *não enxergar* alguém, do que tirar sua importância ou torná-lo invisível. "O pior pecado em relação aos nossos semelhantes não é os odiar", escreveu George Bernard Shaw, "mas ser indiferente a eles: esse é o cerne da desumanidade". Fazer isso é como dizer: "Você não importa. Você não existe."

Em contrapartida, há poucas coisas tão gratificantes quanto a sensação de ser visto e compreendido. Muitas vezes, peço às pessoas que me contem sobre quando se sentiram vistas, e, com olhos brilhantes, elas relatam histórias de momentos cruciais de sua vida. Falam sobre quando alguém percebeu um talento que elas mesmas não tinham sido capazes de enxergar. Falam sobre quando alguém entendeu exatamente do que elas precisavam em um momento de exaustão – e de como agiram para aliviar aquela carga.

Nos últimos quatro anos, determinei-me a aprender as habilidades necessárias para ver os outros, para compreendê-los e fazer com que se sentissem respeitados, valorizados e seguros. Em primeiro lugar, quis entender e aprender tais competências por razões pragmáticas. Não há como tomar as grandes decisões da vida sem ser capaz de entender os outros. Ao se casar com alguém, é preciso conhecer não só a aparência, os interesses e as perspectivas de carreira daquela pessoa, mas também como as dores da infância se manifestam na fase adulta do cônjuge e se os anseios mais profundos dele estão alinhados aos seus. Ao contratar alguém, é preciso ser capaz de ver não apenas as qualidades listadas no currículo do candidato ou da candidata, mas as partes subjetivas de sua consciência, aquelas que fazem algumas pessoas se esforçarem e se sentirem confortáveis na incerteza, calmas em uma crise ou generosas para com os colegas. Se pretende reter um funcionário em sua empresa, tem de saber fazê-lo se sentir valorizado. Em um estudo de 2021,[1] a consultoria McKinsey perguntou aos gerentes por que os funcionários deles estavam pedindo demissão das empresas. A maioria acreditava que era graças à expectativa de salários mais altos. Mas, quando os pesquisadores da McKinsey perguntaram aos próprios funcionários por que haviam saído, os principais motivos eram relacionais. Eles não se sentiam reconhecidos e valorizados pelos gestores e pela empresa. Não se sentiam vistos.

Se a capacidade de perceber verdadeiramente os outros é importante na decisão do casamento ou na contratação e na retenção de funcionários, também é importante caso você seja um professor liderando alunos, um médico examinando pacientes, um anfitrião antecipando as necessidades de um hóspede, um amigo passando tempo com um amigo, um pai ou uma mãe criando um filho, um cônjuge observando a pessoa que ama indo para a cama ao fim de mais um dia. A vida será muito melhor se você puder ver as coisas do ponto de vista de outras pessoas, além do seu. "A inteligência artificial fará muitas coisas para nós nas próximas décadas e substituirá os humanos em muitas tarefas, mas uma coisa que nunca será capaz de fazer é criar conexões entre indivíduos. Se deseja prosperar na era da IA, é melhor você ser excepcionalmente bom em se conectar com outras pessoas."

Em segundo lugar, eu queria aprender essa habilidade pelo que considero como motivos espirituais. Enxergar de fato alguém é um ato poderosamente criativo. Não é possível apreciar de modo pleno sua beleza e seus pontos fortes, a menos que tais características sejam refletidas de volta para a pessoa na mente de quem a vê. Ser visto traz crescimento. Se você irradia a luz da sua atenção sobre mim, eu floresço. Se você vê potencial em mim, provavelmente verei um grande potencial em mim. Se você puder entender minhas fragilidades e se compadecer de mim quando a vida me trata de modo cruel, é mais provável que eu tenha força para superar as pedras no meio do caminho. "As raízes da resiliência", escreve a psicóloga Diana Fosha, "podem ser encontradas no sentido de ser compreendido e existir na mente e no coração de uma pessoa amorosa, atenta e confiante".[2] Aprenderei a me ver com base em como você me vê.

E, em terceiro lugar, eu queria aprender essa habilidade pelo que acho que você chamaria de razões de sobrevivência nacional. Os seres humanos evoluíram para viver em pequenos bandos com indivíduos mais ou menos parecidos. Mas, hoje, muitos de nós vivemos em sociedades maravilhosamente pluralistas. Nos Estados Unidos, na Europa, na Índia e em muitos outros lugares, estamos tentando construir democracias multiculturais, coletividades com pessoas de diferentes raças e etnias, diferentes ideologias e origens. Para sobreviver, as sociedades pluralistas necessitam de cidadãos que possam olhar para além da diferença e demonstrar o tipo de compreensão que é imprescindível para que haja confiança – que possam dizer, pelo menos: "Estou começando a vê-lo. Nunca vivenciarei o mundo como você, mas estou começando, pouco a pouco, a ver o mundo através dos seus olhos".

Nossas habilidades sociais são inadequadas para a sociedade pluralista em que vivemos. Em meu trabalho como jornalista, muitas vezes entrevistava pessoas que se sentiam invisíveis e desrespeitadas. Pessoas negras afetadas pelas desigualdades sistêmicas sentiam que não eram compreendidas por pessoas brancas; moradores do interior que não se sentiam vistos pelas elites das grandes cidades; adeptos de todos os espectros políticos olhando uns para os outros com uma incompreensão raivosa; jovens deprimidos que se sentem incompreendidos pelos pais e por todos os outros; pessoas privilegiadas, alegremente inconscientes de todos os que limpam sua casa e atendem às suas necessidades; casais em casamentos desfeitos percebendo que quem mais deveria conhecê-los, na verdade, não tinha ideia de quem eram. Muitos dos nossos grandes problemas como sociedade surgem do desgaste do nosso tecido social. Se quisermos começar a consertar as grandes rupturas do coletivo, temos de aprender a fazer bem as pequenas coisas.

———

Em toda multidão, há os Diminuidores e os Iluminadores. Diminuidores fazem as pessoas se sentirem pequenas e invisíveis. Veem-nas como coisas a serem usadas, não como gente com quem podem formar laços. Eles estereotipam e ignoram. São tão envolvidos consigo mesmos que os outros indivíduos nem sequer entram em seu radar.

Já os Iluminadores têm uma curiosidade constante sobre os demais. Foram treinados ou treinaram-se na arte da compreensão. Sabem o que procurar e fazem as perguntas certas no momento certo. Dirigem o brilho de sua atenção aos outros e fazem-nos sentirem-se maiores, mais profundos, respeitados, iluminados.

Tenho certeza de que você já experimentou algo assim: conhecer alguém que parece muito interessado em você, que o entende, que o ajuda a nomear e a ver coisas em si que talvez você nem tivesse colocado em palavras, e, dessa maneira, você se torna uma versão melhor de si mesmo.

O biógrafo do romancista E. M. Forster escreveu: "Falar com ele era como ser seduzido por um carisma inverso, uma sensação de ser ouvido com tanta intensidade que você tinha de ser a versão mais honesta, mais perspicaz e melhor de si".[3] Imagine como seria bom ser aquele cara.

Talvez você conheça a história que às vezes é contada sobre Jennie Jerome, que depois se tornaria mãe de Winston Churchill. Dizem que, quando era jovem, ela saiu para jantar com o estadista britânico William Gladstone e voltou para casa pensando que ele era a pessoa mais inteligente do mundo. Mais tarde, ela jantou com o grande rival de Gladstone, Benjamin Disraeli, e saiu daquele jantar pensando que *ela* era a pessoa mais inteligente da Inglaterra. É bom ser como Gladstone, mas é melhor ser como Disraeli.

Há também a história do Bell Labs.[4] Muitos anos atrás, executivos perceberam que alguns de seus pesquisadores mostravam-se muito mais produtivos e acumulavam muito mais patentes do que outros. *Por quê?*, eles se perguntaram. Queriam saber o que tornava aqueles pesquisadores tão especiais. Exploraram todas as explicações possíveis – histórico educacional, cargos na empresa – e não chegaram a nenhuma conclusão. Então, notaram uma peculiaridade. Os pesquisadores mais produtivos tinham o costume de tomar café da manhã ou almoçar com um engenheiro eletricista chamado Harry Nyquist. Além de fazer importantes contribuições para a teoria das comunicações, Nyquist, os cientistas disseram, de fato, ouvia os problemas, entrava na cabeça deles, fazia perguntas importantes e trazia à tona o que havia de melhor neles. Em outras palavras, Nyquist era um Iluminador.

Então, o que você é na maioria das vezes: um Diminuidor ou um Iluminador? Você é bom em entender outras pessoas?

É bem provável que não nos conheçamos pessoalmente, mas posso fazer a seguinte declaração com um alto grau de confiança: você não é tão bom quanto pensa que é. Todos nós passamos nossos dias inundados na ignorância social. William Ickes, um importante estudioso sobre o ato de determinar com precisão o que outra pessoa está pensando, diz que indivíduos que não se conhecem e que estão no meio de sua primeira conversa leem o outro com precisão apenas em cerca de 20% das vezes,[5] e amigos próximos e familiares, em somente 35%. Ickes classifica os participantes de sua pesquisa em uma escala de "precisão empática" que vai de 0% a 100% e encontra grande variação entre indivíduos.[6] Alguns recebem uma classificação zero. Quando estão conversando com alguém que acabaram de conhecer, não têm ideia do que a outra pessoa está de fato pensando. Mas há quem seja muito bom nessa leitura e pontue em torno de 55%.[7] (O problema é que as pessoas que são péssimas acham que são tão boas quanto as mais precisas.) Curiosamente, Ickes sugere que, quanto mais tempo de casamento, menos preciso o casal se torna na leitura um do outro. Eles fixam uma versão inicial de quem é seu cônjuge e, com o passar dos anos, à medida que o outro muda, essa versão permanece inalterada – de modo que cada vez menos sabem sobre o que se passa na cabeça e no coração do parceiro.[8]

Você não precisa confiar em um estudo acadêmico para saber que isso é verdade. Quantas vezes na vida se sentiu estereotipado e rotulado? Quantas vezes se sentiu prejulgado, invisível, mal-ouvido ou incompreendido? Acha mesmo que não faz isso com os outros diariamente?

———

O objetivo deste livro é ajudar a nos tornar mais hábeis na arte de ver os outros e de fazê-los se sentirem vistos, ouvidos e compreendidos. Quando comecei a pesquisar sobre o assunto, não fazia ideia de em que consistia essa habilidade. Mas eu sabia que pessoas excepcionais de diferentes áreas aprenderam versões de tal competência. Psicólogos são treinados para ver as defesas que os pacientes constroem, a fim de se protegerem de seus medos mais profundos. Atores conseguem identificar os traços mais característicos de um personagem para que possam interpretá-lo. Biógrafos percebem as contradições em alguém e, ainda assim, não perdem de vista a vida do biografado como um todo. Professores identificam potenciais. Apresentadores competentes de *talk shows* e *podcasts* sabem como fazer com que as pessoas se abram e ajam como si mesmas. Há tantas profissões em que o trabalho consiste em ver, antecipar e entender o outro: enfermagem, sacerdócio, gestão, trabalho social, marketing, jornalismo, edição, recursos humanos e assim por diante. Meu objetivo foi reunir parte do conhecimento que está disperso entre essas profissões e integrá-lo em uma única abordagem prática.

Foi assim que embarquei em uma jornada em direção a uma maior compreensão, na qual ainda tenho um longo, longo caminho a percorrer. Percebi, aos poucos, que tentar conhecer e compreender profundamente os outros não é se deixar dominar por um conjunto de técnicas, é um modo de vida. É como a experiência de atores na escola de artes cênicas: quando estão no palco, não pensam nas técnicas que aprenderam nas aulas. Eles já as internalizaram, então agora fica por conta de quem são. Espero que este livro ajude você a adotar uma postura diferente em relação às outras pessoas, uma forma diferente de estar presente com elas, uma nova maneira de ter conversas mais amplas. Viver dessa maneira pode criar os prazeres mais profundos.

Um dia, não muito tempo atrás, eu estava lendo um livro chato na sala de jantar quando olhei para cima e vi minha esposa emoldurada na porta da frente da nossa casa. A porta estava aberta. Era fim de tarde, e a luz fluía ao seu redor. Sua mente estava em outro lugar, mas seu olhar repousava sobre uma orquídea branca que mantínhamos em um vaso, sobre uma mesinha ao lado da porta.

Fiz uma pausa e a observei com especial atenção, e uma consciência estranha e maravilhosa cruzou minha mente: "Eu a *conheço*", pensei. "Eu a conheço por completo, de verdade".

Se você tivesse perguntado o quê, exatamente, conheço sobre ela, naquele momento eu teria dificuldade de responder. Não se tratava de uma coleção de dados sobre minha companheira, sua história de vida ou mesmo algo exprimível nas palavras que eu usaria para descrevê-la a um desconhecido. Era como um fluxo de seu ser: a incandescência de seu sorriso, a correnteza oculta de suas inseguranças, os raros flashes de ferocidade, a vivacidade de seu espírito. Eram o crescendo e a harmonia de sua música.

Eu não estava vendo partes dela ou tendo lembranças específicas. O que vi, ou senti que vi, era sua totalidade. Como a consciência de minha esposa cria sua realidade. É o que acontece quando você está com alguém por algum tempo, suportando dificuldades e se encantando juntos, e pouco a pouco desenvolve um senso intuitivo de como aquela pessoa se sente e reage. Pode até ser correto dizer que, por um momento mágico, eu não a estava vendo por meus olhos, mas, sim, pelos dela. Talvez, para conhecer realmente outra pessoa, seja preciso ter uma ideia de como ela vivencia o mundo. Para conhecer uma pessoa, é preciso saber se ela conhece você.

A única palavra em que consigo pensar para exprimir meu processo mental naquele instante é "contemplação". Minha esposa estava na porta, a luz brilhando atrás dela, e eu a contemplava. Dizem que não existe pessoa comum. Quando está contemplando alguém, você vê a riqueza daquela consciência humana em particular, a sinfonia completa de seu ser – como ele percebe e cria a vida.

Não preciso dizer o quão delicioso foi aquele momento – acolhedor, íntimo, profundo. Foi a felicidade da conexão humana. "Um monte de escritores e pensadores brilhantes não têm noção de como as pessoas funcionam", disse-me certa vez a terapeuta e autora Mary Pipher. "Ser capaz de compreendê-las e de estar presente com elas durante sua vivência é a coisa mais importante do mundo."

CAPÍTULO 2

Como não ver uma pessoa

Há alguns anos, eu estava sentado em um bar perto da minha casa, em Washington, D.C., e, se você estivesse lá naquela noite, poderia ter olhado para mim e pensado: "Cara deprimido bebendo sozinho". Eu chamaria isso de "relatório acadêmico diligente sobre a condição humana". Eu bebia meu uísque e observava as pessoas ao meu redor. Como o bar ficava na capital do país, havia três homens em uma mesa atrás conversando sobre eleições e estados indecisos. Na mesa ao lado deles estava outro rapaz, com um notebook, parecendo um analista de TI que trabalha para a indústria bélica. Parecia que ele havia comprado suas roupas entre os figurinos do filme *Napoleon Dynamite*. Havia um casal olhando com atenção para os seus celulares. Bem ao meu lado estava outro casal, aparentemente em um primeiro encontro, com o homem falando sobre si enquanto observava um ponto na parede, cerca de dois metros acima da cabeça da moça. Quando seu monólogo chegou ao décimo minuto, achei que ela estivesse rezando em silêncio para entrar em combustão espontânea, pois assim, pelo menos, o encontro terminaria. Senti uma vontade repentina de agarrar o cara pela orelha e gritar: "Pelo amor de Deus, faça alguma pergunta a ela!". Acho que esse meu impulso era justificado, mas não sinto orgulho disso.

Em suma, as pessoas no bar estavam de olhos abertos, contudo ninguém parecia ver nada. Agíamos, de uma forma ou de outra, como Diminuidores. E, a bem da verdade, eu era o pior de todos, porque estava fazendo aquilo que faço: analisando. Analisar é o que fazemos quando conhecemos alguém: conferimos a aparência da pessoa e nos colocamos no papel de julgar. Eu examinava as tatuagens de caracteres chineses da barista e tirava diversas conclusões sobre seu gosto por música triste/*indie rock*. Eu ganhava a vida fazendo isso. Há pouco mais de duas décadas escrevi um livro chamado *Bobos in Paradise* ("Bobôs no Paraíso", em tradução livre). Quando fiz a pesquisa para escrevê-lo, segui pessoas até lugares como a loja de departamento Anthropologie, observando-as acariciar belos ponchos peruanos. Bisbilhotava a cozinha dos outros, verificando o fogão Aga, que parecia um reator nuclear niquelado, posicionado bem próximo à sua enorme geladeira Sub-Zero, porque, pelo jeito, o mero zero não seria frio o suficiente para eles. Fazia algumas generalizações e replicava tendências culturais.

Tenho orgulho daquele livro. Mas, agora, estou em busca de algo maior. Eu me cansei de fazer generalizações sobre grupos de pessoas. Quero ver cada indivíduo profundamente, um por um. Pode parecer fácil. Você abre os olhos, direciona o olhar e os vê. A maioria de nós, porém, tem tendências inatas que nos impedem de perceber os outros com precisão. A tendência de fazer a avaliação instantânea é apenas um dos truques do Diminuidor. Aqui estão alguns outros:

EGOÍSMO. A principal razão pela qual as pessoas não veem umas às outras é serem egocêntricas demais para tentar. Não conseguirei ver você se eu estiver prestando atenção só a mim mesmo. Deixe-me falar *minha* opinião. Deixe-me entreter *você* com esta história sobre *mim*. Muitos não conseguem ir além do próprio ponto de vista. Simplesmente não têm curiosidade sobre outras pessoas.

ANSIEDADE. A segunda razão pela qual as pessoas não veem as outras é que elas carregam tanto ruído na própria cabeça que não conseguem ouvir o que se passa em outras cabeças. "Será que estou indo bem? Acho que essa pessoa não gosta de mim. O que direi a seguir para parecer inteligente?" O medo é inimigo da comunicação aberta.

REALISMO INGÊNUO. É a suposição de que o modo como você enxerga o mundo é uma visão objetiva e, portanto, todos os demais devem ver essa mesma realidade. Pessoas sujeitas a essa crença estão tão presas à própria perspectiva que não conseguem entender que os outros possam ter pontos de vista muito diferentes. Você já deve ter ouvido a velha história sobre o homem à beira do rio. Uma mulher na margem oposta grita para ele: "Como faço para chegar ao outro lado do rio?". E o homem grita de volta: "Você está do outro lado do rio!".

PROBLEMA DAS MENTES PEQUENAS. Nicholas Epley, psicólogo da Universidade de Chicago, ressalta que, no cotidiano, temos acesso aos muitos pensamentos que passam por nossa mente, mas não temos acesso ao que está se passando pela mente de outras pessoas. Está ao nosso alcance apenas a pequena porção do que alguém expressa em voz alta. Isso leva à percepção de que sou muito mais complicado e profundo do que o outro, além de mais interessante, mais sutil e mais nobre. Para demonstrar esse fenômeno, Epley perguntou a seus alunos do curso de Administração por que estavam entrando no mundo dos negócios.[1] A resposta mais comum era: "Quero fazer algo que valha a pena". Quando ele lhes perguntava por que achavam que outros estudantes tinham escolhido Administração, a resposta era: "Pelo dinheiro". Afinal, outras pessoas têm motivações menores... mentes pequenas.

OBJETIVISMO. É o que investigadores de mercado, pesquisadores de opinião e cientistas sociais analisam. Eles observam o comportamento, coletam dados sobre pessoas e elaboram relatórios. Trata-se de uma ótima maneira de entender as tendências entre determinadas populações, mas é uma péssima maneira de enxergar cada indivíduo. Se adotamos uma atitude desapegada, imparcial e objetiva, fica difícil ver as partes mais importantes de alguém, com sua subjetividade única – sua imaginação e criatividade, sua intuição e fé, seus sentimentos, seus desejos e apegos, todo o elenco do mundo interior dessa pessoa ímpar.

Ao longo da vida, li centenas de livros de acadêmicos que conduzem estudos para entender melhor a natureza humana e aprendi muito com eles. Também li centenas de autobiografias e conversei com milhares de pessoas sobre sua vida singular, e estou aqui para dizer que cada vida é muito mais surpreendente e imprevisível do que qualquer generalização que estudiosos e cientistas sociais possam fazer. Se quiser entender a humanidade, você tem de se concentrar nos pensamentos e nas emoções dos indivíduos, não apenas nos dados sobre grupos.

ESSENCIALISMO. As pessoas pertencem a grupos, e há uma tendência humana natural de fazer generalizações sobre eles: os alemães são ordeiros, os californianos são descontraídos. Tais afirmações às vezes têm alguma base na realidade, mas também são falsas em determinado grau, assim como prejudiciais, e é o que os essencialistas não reconhecem. São rápidos em usar estereótipos para categorizar grandes grupos. Eles têm a crença de que certas comunidades contam com uma natureza "essencial" e imutável. Essencialistas imaginam que os indivíduos dentro de um determinado agrupamento sejam mais parecidos do que de fato são. E imaginam que pessoas fora daquele círculo sejam mais diferentes de "nós" do que de fato são. Essencialistas praticam "empilhamento", que é a prática de conhecer algo sobre alguém e, com base nisso, fazer uma série de suposições adicionais sobre ele. Se a pessoa apoiou Donald Trump, por exemplo, então ela deve ser assim, assado e aquilo outro.

MENTALIDADE ESTÁTICA. Algumas pessoas formaram uma certa concepção sobre você, que pode até ter sido bastante precisa em algum momento. Mas, então, você amadureceu. Mudou profundamente. E essas pessoas não atualizaram a ideia a seu respeito e não o veem como você é de verdade. Adultos que voltaram para a casa dos pais e perceberam que eles ainda o enxergam como uma criança sabem bem do que estou falando.

———

Estou detalhando essas tendências diminuidoras para enfatizar que enxergar bem outro indivíduo é o mais difícil de todos os problemas difíceis. Cada pessoa é um mistério insondável, e você tem apenas uma visão externa de quem ela pode ser. O segundo ponto que estou tentando enfatizar é o seguinte: o olho destreinado não é suficiente. Você nunca pensaria em tentar pilotar um avião sem antes frequentar uma escola de aviação. Enxergar bem outro ser humano é ainda mais difícil do que isso. Se você e eu contarmos com a nossa maneira destreinada de olhar os outros, não nos veremos de modo tão profundo quanto deveríamos. Levaremos a vida mergulhados na ignorância social, enredados em relações de cegueira mútua. Estaremos entre os milhões de vítimas emocionais: casais que não se veem de fato, pais e filhos que não se conhecem, colegas de trabalho que parecem viver em galáxias diferentes.

É perturbadoramente fácil ignorar a pessoa ao seu lado. Como você descobrirá ao longo deste livro, gosto de ensinar por meio de exemplos, então me deixe contar um caso que ilustra como você pode pensar que conhece bem alguém sem de fato conhecê-lo. Tem relação com o clássico livro de memórias de Vivian Gornick, *Afetos ferozes*, de 1987. Gornick tinha treze anos quando seu pai morreu de um ataque cardíaco, e sua mãe, Bess, tinha 46 anos. Bess valorizava seu status de única mulher em seu prédio no Bronx, bairro da classe trabalhadora, com um casamento feliz e amoroso. A morte do marido a destruiu. No velório, ela tentou entrar no caixão com ele. No enterro, tentou se atirar na sepultura aberta. Por anos, ela apresentaria um quadro de paroxismos de luto; debatia-se no chão, suando, com as veias saltadas.

"A dor da minha mãe era primitiva e abrangia tudo: sugava o oxigênio do ar", escreveu Gornick em seu livro de memórias. A dor da mãe consumia a dor de todos os outros, dirigindo toda a atenção sobre ela e reduzindo os filhos a coadjuvantes em seu drama. Com medo de dormir sozinha, Bess puxava Vivian para perto, mas Vivian a repelia, deitando-se dura como um pilar de granito, em uma intimidade sem proximidade que duraria a vida toda: "Minha mãe me fez dormir com ela por um ano, e, a partir daí, durante vinte anos, não tolerei que a mão de uma mulher me tocasse".

Por um momento, pareceu que Bess iria morrer de luto; mas, em vez disso, a dor tornou-se seu modo de viver. "A viuvez dotava minha mãe de uma forma mais elevada de existência", escreveu Gornick. "Quando ela se recusou a se recuperar da morte de meu pai, descobriu que sua vida era agora dotada de uma seriedade que os anos de cozinha haviam lhe negado. [...] O luto por meu pai tornou-se sua profissão, sua identidade, sua persona."[2]

Vivian passou a vida adulta tentando ganhar algum grau de independência daquela mãe dominadora, difícil e hipnotizante. Mas ela continuava sendo atraída de volta. As duas faziam longas caminhadas por Nova York. Ambas eram altamente críticas, veementes e desdenhosas – mestres na crítica verbal nova-iorquina. Eram antagonistas íntimas, ambas raivosas. "Meu relacionamento com minha mãe não é bom e, à medida que nossa vida se acumula, muitas vezes dá a impressão de piorar",[3] escreveu Vivian. "Estamos presas em um estreito canal de familiaridade intensa, que nos prende uma à outra." Nas memórias de Vivian, parte do que as separa é pessoal – o registro de feridas que infligiram entre si. "Ela está em chamas e prefiro deixá-la arder. Por que não? Também estou." Mas uma parte também é geracional. Bess é uma mulher das décadas de 1940 e 1950 da classe trabalhadora urbana e vê o mundo através desse prisma. Vivian é uma acadêmica da área de Humanidades dos anos 1960 e 1970 e vê o mundo através desse outro prisma. Vivian acha que Bess e sua geração de mulheres deveriam ter lutado com mais afinco contra o machismo ao seu redor. Bess acha que a geração de Vivian tirou a nobreza da vida.

Um dia, enquanto caminhavam, Bess deixou escapar: "Um mundo cheio de loucos. Divórcio por toda parte [...] Que geração, essa de vocês!". Vivian respondeu: "Não comece, mãe. Não quero ouvir essa baboseira outra vez". "Baboseira aqui, baboseira ali. Mas é verdade. Seja lá o que tenhamos feito, não caíamos nas ruas como vocês estão fazendo. Tínhamos ordem, sossego, dignidade. As famílias permaneciam juntas e as pessoas tinham vidas decentes." "Isso é conversa", respondeu Vivian. "Ninguém levava vida decente coisa nenhuma, todos viviam vidas ocultas". Por fim, as duas concordaram que todos eram igualmente infelizes em ambas as gerações. Ainda assim, observou Bess: "A infelicidade está *viva* demais".[4] Ambas param, espantadas, contemplando a observação. Vivian fica brevemente orgulhosa por sua mãe ter dito algo inteligente, o que quase a faz amá-la.

Mas Vivian ainda luta para ser reconhecida, para ter o tipo de mãe que entende o efeito que causa na própria filha. "Ela não sabe que levo a ansiedade dela para o lado pessoal, que me sinto aniquilada por sua depressão. Como saberia? Ela não percebe nem que estou ali. Se eu lhe dissesse que isso é como a morte para mim, sem ela ao menos se dar conta de minha presença, ela me encararia com os olhos cheios de uma desolação confusa, essa garotinha de 77 anos, e gritaria com raiva: 'Você não entende! Você nunca entendeu!'."[5]

Depois que Bess fez oitenta anos, o teor do relacionamento delas se suavizou à medida que as duas parecem estar mais conscientes da proximidade da morte. Bess ainda demonstra alguma autoconsciência: "Eu só tinha o amor do seu pai. Era a única doçura da minha vida. Então eu amava o amor dele. O que mais eu poderia fazer?".[6]

Vivian fica com raiva. Lembra à mãe que ela tinha apenas 46 anos quando o marido morreu. Ela poderia ter refeito a vida.

"Por que você não vai embora?", Bess retruca. "Por que você não se afasta da minha vida? Não estou impedindo você."

Mas o vínculo entre elas é inquebrável. A réplica de Vivian é a frase final do livro: "Sei que não, mãe".

Afetos ferozes é uma descrição brilhante do que é ver sem enxergar. Ali estão duas mulheres inteligentes, dinâmicas e altamente verbais comunicando-se ao longo de toda a vida, mas nunca sendo capazes de se compreender. O livro de Gornick é ótimo porque ilustra que, mesmo quando somos devotos a uma pessoa e sabemos muito sobre ela, ainda assim é possível não a enxergar. Você pode ser amado por alguém, sem que ele o conheça.

Um dos motivos de Bess e Vivian não conseguirem se ver é porque prestam atenção apenas ao efeito que a outra tem sobre si. São beligerantes, travando uma batalha de culpa. Parte do problema é Bess, que está tão envolvida com o próprio drama que nunca vê nada do ponto de vista da filha nem percebe o efeito que tem sobre ela. Mas parte do problema também está em Vivian. Sua intenção ao escrever o livro era criar uma voz que pudesse enfim enfrentar a mãe, descobrindo, assim, uma maneira de se separar dela. Vivian, porém, fica tão ocupada tentando se libertar que nunca se pergunta: quem é minha mãe além de seu relacionamento comigo? Como foi a infância dela, quem eram seus pais? Nunca veremos como Bess experimenta o mundo, quem ela é fora de seu relacionamento com Vivian. Em essência, mãe e filha estão tão ocupadas se defendendo que não conseguem se ver sob a perspectiva da outra.

Sou assombrado pela frase que Vivian usa no livro: "Ela não percebe nem que estou ali". A própria mãe não percebe que ela está lá. Quantas pessoas não sofrem com esse sentimento?

―――――

Ser um Iluminador, ver as outras pessoas em toda a sua plenitude, não acontece de uma hora para outra. É como um ofício, um conjunto de habilidades, um modo de vida. Outras culturas têm palavras para isso. Os coreanos chamam de *nunchi*, a capacidade de ser sensível ao humor e aos pensamentos dos demais. Os alemães (é claro) também têm uma palavra: *Herzensbildung*, ou seja, educar o coração para ver toda a humanidade no outro.

Mas quais são, exatamente, essas habilidades? Vamos explorá-las, passo a passo.

CAPÍTULO 3

Iluminação

Alguns anos atrás, estava eu em Waco, no Texas. Estava lá para encontrar e entrevistar *weavers*, cidadãos que dão vida a comunidades e que são capazes de unir cidades e bairros, impulsionando a vida cívica. Não é difícil encontrar gente assim. Basta perguntar aos moradores: "Em quem as pessoas confiam por aqui? Quem faz este lugar funcionar?". Serão listados os nomes das pessoas admiradas da região, que defendem a comunidade e trabalham por ela.

Em Waco, várias pessoas citaram uma senhora negra de 93 anos chamada LaRue Dorsey. Fui atrás dela e combinei de nos encontrarmos para o café da manhã em uma lanchonete. A maior parte da sua carreira foi construída sendo professora, e perguntei-lhe sobre sua vida e as comunidades das quais fazia parte em Waco.

Cada jornalista tem seu estilo de entrevista. Alguns repórteres são sedutores; cativam o entrevistado com acolhimento e aprovação para que ele lhes forneça o máximo de informações. Outros são negociadores, cujas entrevistas são como barganhas implícitas: se você me der tais informações, eu lhe dou dados sobre aquela outra coisa. Há, ainda, os que simplesmente têm personalidades encantadoras e magnéticas. (Tenho uma teoria de que meu amigo Michael Lewis conseguiu escrever tantos livros excelentes porque ele é tão simpático que as pessoas compartilhariam qualquer coisa, apenas para mantê-lo por perto.) Meu estilo, suponho, é o de um estudante. Sou sincero e respeitoso, mas sem intimidade. Peço aos entrevistados que me expliquem coisas. Em geral, não ajo de maneira muito pessoal.

Naquele café da manhã, a sra. Dorsey apresentou-se a mim como uma sargenta severa; uma mulher, ressaltou, que era dura, que tinha critérios, que ditava a lei. "Eu amava meus alunos o suficiente para discipliná-los", ela me disse. Fiquei um pouco intimidado por ela.

No meio da refeição, um amigo em comum chamado Jimmy Dorell entrou na lanchonete. Jimmy é um homem branco, na casa dos sessenta anos, com aparência de ursinho de pelúcia. Ele construiu uma igreja para moradores de rua sob um viaduto da rodovia e agora gerenciava também um abrigo para essa população perto de sua casa. Jimmy e a sra. Dorsey trabalharam juntos em vários projetos ao longo dos anos.

Ele a avistou do outro lado da lanchonete e veio até a nossa mesa sorrindo tão amplamente quanto é possível que um rosto humano sorria. Então, ele a agarrou pelos ombros e a sacudiu com mais força do que deveria chacoalhar uma pessoa de 93 anos. Jimmy se inclinou, a centímetros do rosto da sra. Dorsey, e gritou com uma voz que encheu todo o ambiente: "Sra. Dorsey! Sra. Dorsey! A senhora é a melhor! A melhor! Eu te amo! Eu te amo!".

Nunca vi o aspecto de uma pessoa se transformar tão repentinamente. O rosto envelhecido e severo de disciplinadora que ela sustentava sob o meu olhar desapareceu, e uma menina alegre e encantada de nove anos surgiu. Ao projetar uma qualidade diferente de atenção, Jimmy fez emergir outra versão da mulher. Ele é um Iluminador.

Naquele momento, apreciei de modo pleno o poder da atenção. Cada um de nós tem uma maneira característica de se colocar no mundo, uma presença física e mental que define o tom de como as pessoas interagem conosco. Algumas chegam a um ambiente com uma expressão calorosa e envolvente; outras, parecendo distantes e fechadas. Há quem se dirija pela primeira vez com um olhar generoso e amoroso; outras pessoas dirigem-se àquelas que encontram com um olhar formal e indiferente.

Esse olhar, essa primeira vista, representa uma postura voltada para o mundo. Uma pessoa que procura beleza provavelmente encontrará coisas maravilhosas; já quem está à procura de ameaças encontrará perigo. Alguém que irradia calor traz à tona o lado mais brilhante dos outros, enquanto uma pessoa que transmite formalidade pode extrair dos demais uma postura rígida e distante. "Ter atenção", afirma o psiquiatra Iain McGilchrist, "é um ato moral: cria e faz emergirem características das coisas ao viver".[1] A qualidade da sua vida depende bastante da qualidade da atenção que você projeta no mundo.

Sendo assim, a moral da minha história de Waco é que deveríamos ser mais como Jimmy e menos como eu.

Talvez você esteja pensando que essa é uma comparação injusta. Jimmy conhecia a sra. Dorsey havia anos. Claro que ele teria mais familiaridade com ela do que eu. Ele tem uma personalidade extrovertida e expansiva. Se eu tentasse cumprimentar as pessoas como Jimmy as cumprimenta, pareceria falso. Simplesmente não seria eu.

Mas o que estou tentando enfatizar é mais profundo do que isso. O olhar de Jimmy ao cumprimentar alguém deriva de certa percepção sobre o que é uma pessoa. Jimmy é pastor. Quando vê alguém, qualquer um, enxerga uma criatura que foi feita à imagem de Deus. Ao olhar para cada rosto, está olhando, pelo menos um pouco, para o rosto de Deus. Quando Jimmy vê alguém, qualquer pessoa, também está vendo uma criatura dotada de uma alma imortal, uma alma de valor e dignidade infinitos. Quando Jimmy cumprimenta alguém, ele também está tentando viver de acordo com um dos grandes chamados de sua fé: tentar ver aquele indivíduo da maneira que Jesus o veria. Está tentando vê-lo com os olhos de Jesus – olhos que esbanjam amor pelos fracos e humildes, pelos marginalizados e sofredores, e por todas as pessoas vivas. Quando Jimmy vê alguém, sua crença de que aquela pessoa é tão importante que Jesus estava disposto a morrer por ela está no pano de fundo. Como resultado, ele cumprimenta todos com respeito e reverência. Foi assim que sempre me cumprimentou.

Você pode ser ateu, agnóstico, cristão, judeu, muçulmano, budista ou qualquer outra coisa, mas tal postura de respeito e reverência, a consciência da dignidade infinita de cada pessoa, é uma precondição para enxergar os outros. Você pode achar toda a ideia de Deus ridícula, mas peço-lhe que acredite no conceito de alma. Você pode estar apenas conversando com alguém sobre o clima, porém peço que presuma que o indivíduo à sua frente contém algo sem peso, sem tamanho, sem cor nem forma, mas que ainda lhe dá valor e dignidade infinitos. Se considerar que cada pessoa tem uma alma, você saberá que ela tem uma centelha transcendente. Estará ciente de que, no nível mais profundo, somos todos iguais. Não somos iguais em poder, inteligência ou riqueza, no entanto somos todos iguais no nível de nossa alma. Se vê as pessoas que conhece como almas preciosas, provavelmente você vai acabar tratando-as bem.

Se puder abordar alguém dessa maneira, não ficará apenas observando ou examinando. Você o iluminará com um olhar caloroso, gentil e admirador. Apresentará um olhar que diz: "Confiarei em você antes que confie em mim". Ser um Iluminador é uma forma de estar com outras pessoas, um estilo de presença, um ideal ético.

Quando praticamos o Iluminacionismo, oferecemos um olhar que fala: "Quero conhecê-lo e ser conhecido por você". Trata-se de um olhar que responde positivamente à pergunta que todos se fazem, de modo inconsciente, ao conhecerem alguém: "Sou uma pessoa para você? Você se importa comigo? Sou sua prioridade?". As respostas serão transmitidas em seu olhar antes de serem transmitidas por suas palavras. Trata-se de um olhar que irradia respeito, afirmando que cada pessoa que conhecemos é única, singular, e, sim, superior a nós de algum modo. Cada um que conhecemos é fascinante em determinado aspecto. Se eu me aproximar de você dessa maneira respeitosa, saberei que você não é um quebra-cabeça a ser resolvido, mas um mistério que nunca poderá ser desvendado. Eu lhe darei a honra de suspender meu julgamento e lhe deixarei ser quem você é. O respeito é um presente oferecido por seus olhos.

No capítulo anterior, listei algumas das qualidades que tornam difícil ver os outros: egoísmo, ansiedade, objetivismo, essencialismo e assim por diante. Neste, eu gostaria de listar algumas das características do olhar do Iluminador:

TERNURA. Quer ver um ótimo exemplo de como iluminar pessoas? Pense em como o pedagogo Fred Rogers interagia com crianças. Veja como Ted Lasso olha para seus jogadores naquela série de TV. Veja como Rembrandt pintou rostos. Em um retrato desse artista, vemos verrugas e machucados no rosto da pessoa, mas também suas profundezas, sua dignidade, a complexidade incomensurável de sua vida interior. O romancista Frederick Buechner observou que nem todos os rostos pintados por Rembrandt eram notáveis. Às vezes, o modelo é apenas um idoso ou uma idosa para os quais não olharíamos duas vezes se passássemos por eles na rua. Mas mesmo os rostos mais simples "são tão notavelmente vistos por Rembrandt que somos levados a vê-los de modo notável".[2]

"A ternura é uma profunda preocupação emocional com outro ser", a romancista Olga Tokarczuk declarou em seu discurso de aceitação do Prêmio Nobel. "A ternura percebe os laços que nos unem, as similaridades e as semelhanças entre nós." A literatura, ela argumentou, "é construída com base na ternura para com qualquer ser que não seja nós mesmos". E assim também é ver.

RECEPTIVIDADE. Ser receptivo significa superar inseguranças e autopreocupação, abrindo-se para a experiência do outro. Significa resistir ao impulso de projetar sua própria visão sobre o outro; você não pergunta: "Como *eu* me sentiria se *eu* estivesse em seu lugar?". Em vez disso, você tem a paciência de receber o que o outro oferece. Como disse o teólogo Rowan Williams, devemos deixar nossa mente em repouso e estado de atenção ao mesmo tempo; os sentidos relaxados, abertos e vivos, os olhos ternamente posicionados.

CURIOSIDADE ATIVA. Devemos ter um coração de explorador. A escritora Zadie Smith escreveu uma vez que, quando era criança, sempre imaginava como seria crescer na casa de seus amigos. "Raramente entrava na casa de um amigo sem imaginar como seria nunca mais partir", escreveu. "Como seria ser polonês, ganês, irlandês ou bengali, ser mais rico ou mais pobre, fazer aquelas orações ou seguir aqueles ditames políticos. Eu era uma voyeurista de todas as oportunidades. Queria saber como era ser todo mundo. Acima de tudo, eu me perguntava como seria acreditar nas coisas em que eu não acreditava."[3] Que modo fantástico de treinar a imaginação na arte de ver os outros.

AFEIÇÃO. Nós, filhos do Iluminismo, vivemos em uma cultura que separa a razão da emoção. Conhecer, para nós, é um exercício intelectual. Quando queremos "saber" sobre algo, estudamos, coletamos dados, dissecamos. Mas muitas culturas e tradições nunca caíram nessa separação absurda entre razão e emoção, e, assim, nunca conceberam o conhecimento como uma atividade apenas cerebral e desmembrada. No mundo bíblico, por exemplo, "conhecer" é uma experiência de corpo inteiro.[4] Na Bíblia, "conhecer" pode envolver estudar, fazer sexo, demonstrar preocupação, fazer um pacto com, estar familiarizado com, compreender a reputação de. Deus é descrito como o conhecedor perfeito, aquele que vê todas as coisas, que vê não apenas com o olhar objetivo de um cientista, mas com os olhos cheios de graça e de amor perfeito.

Os personagens humanos na Bíblia são medidos pela capacidade de imitar essa abordagem afetuosa de conhecer. Muitas vezes mostram-se falhos nos dramas de reconhecimento. Na parábola do Bom Samaritano, um judeu ferido é espancado e deixado para morrer ao lado da estrada. Pelo menos dois outros judeus, um deles sacerdote, passam pelo homem machucado e atravessam a rua, sem fazer nada para ajudar. Ambos o veem de maneira estritamente intelectual. Somente o samaritano, o homem de um povo estranho e odiado, de fato o vê. Somente o samaritano entra na experiência do homem ferido e faz algo para ajudá-lo. Nesses relatos bíblicos, nos quais alguém avista o outro sem de fato enxergá-lo, as falhas de conhecimento não são falhas intelectuais; são falhas do coração.

GENEROSIDADE. Dr. Ludwig Guttmann era um judeu-alemão que escapou da Alemanha nazista em 1939 e arranjou emprego em um hospital na Grã-Bretanha que atendia paraplégicos, sobretudo homens feridos na guerra. Quando ele começou a trabalhar lá, o hospital sedava fortemente esses homens e os mantinha confinados na cama. Guttmann, porém, não via os pacientes da mesma forma que os outros médicos os viam. Ele reduziu o uso de sedativos, forçava-os a sair do leito e começou a jogar bola e realizar outras atividades com eles para mantê-los ativos. Como resultado, o médico foi convocado para um tribunal de seus pares, no qual seus métodos foram questionados.

"Trata-se de aleijados moribundos", afirmou um médico. "Quem você acha que eles são?".

"*Eles são os melhores entre os homens*", respondeu Guttmann.

Sua generosidade de espírito mudava a forma como ele os definia. O médico continuou organizando jogos, primeiro no hospital, depois para paraplégicos em todo o país. Em 1960, seus esforços resultaram nos Jogos Paralímpicos.

UMA ATITUDE HOLÍSTICA. Um ótimo modo de enxergar mal as pessoas é vendo apenas partes delas. Alguns médicos veem mal seus pacientes quando observam apenas seu corpo. Alguns empregadores veem mal seus funcionários quando focam apenas em sua produtividade. Temos de resistir a qualquer impulso de simplificação. Uma vez perguntaram ao historiador de arte John Richardson, biógrafo de Pablo Picasso, se o pintor era misógino e mau-caráter. Ele não permitiria que seu biografado fosse simplificado demais ou privado de suas contradições. "Isso é muita bobagem", ele respondeu. "Seja o que você disser sobre ele – que era um canalha –, o fato é que ele era também um homem angelical, compassivo, terno e doce. O inverso é sempre verdade. Você diz que ele era mesquinho. Mas ele também foi incrivelmente generoso. Você diz que ele era boêmio em excesso, mas ele também tinha um lado neurótico burguês. Quero dizer, ele era uma mistura de antíteses."[5] Assim como todos nós.

Como escreveu certa vez o grande romancista russo Liev Tolstói:

> Um dos preconceitos mais arraigados e geralmente mais aceito é o que admite em todo homem qualidades próprias e definidas, é bom ou mau, inteligente ou estúpido, enérgido ou apático, e assim por diante.
>
> Entretanto, na realidade não é assim. Podemos dizer que um homem é, na maioria das vezes, bom ou mau, antes inteligente do que estúpido, antes enérgido do que apático, ou inversamente; mas afirmar, como em geral o fazemos, que um homem é bom ou inteligente e que outro é mau ou estúpido é desconhecer o verdadeiro caráter da natureza humana. Os homens são como os rios, feitos todos com a mesma água; uns, porém, são largos, outros, estreitos;

corre um lentamente, outro deságua com rapidez – este tem a água tépida e cristalina; aquele, toldada e fria.

Assim também são os homens, todos eles igualmente depositários dos germes de todas as qualidades humanas; ora manifestam uma de preferência, ora outra, aparentando, muitas vezes, o que habitualmente não são. [6]

––––––

Ser um Iluminador é um ideal, e um ideal que a maioria de nós, por vezes, não alcançará. Mas, se dermos o nosso melhor para iluminar as pessoas com um olhar reluzente, terno, generoso e receptivo, estaremos pelo menos no caminho certo. Enxergaremos além dos clichês preguiçosos que, em geral, impomos às pessoas: a avó amorosa, o treinador inflexível, o empresário exigente. Estaremos no caminho para melhorar o modo como nos colocamos no mundo.

"Toda epistemologia torna-se uma ética", disse o educador Parker J. Palmer. "A forma do nosso conhecimento torna-se a forma do nosso viver; a relação do conhecedor com o ser conhecido torna-se a relação do eu com o mundo mais amplo."[7] Palmer está afirmando que a maneira como abordamos os outros determina o tipo de pessoa que nos tornamos. Se as virmos com generosidade, nós nos tornaremos generosos; se as encararmos com frieza, ficaremos frios. A observação do educador é essencial, porque ele aponta para uma resposta moderna a uma antiga questão: como posso ser uma pessoa melhor?

Ao longo dos séculos, os escritores e filósofos do gênero masculino – Immanuel Kant, por exemplo – construíram vastos sistemas morais que retratam a vida moral como algo que indivíduos racionais e desinteressados seguiriam ao aderirem a princípios universais abstratos: sempre trate os seres humanos como um fim em si mesmos, e não como um meio para obter algo. Não há problema nessa ênfase nos princípios universais abstratos, creio eu, mas não deixa de ser impessoal e descontextualizado. Não se refere ao encontro de uma pessoa única com outra pessoa única. É como se esses filósofos estivessem tão interessados em princípios abstratos coerentes e filosoficamente inexpugnáveis que acabavam temendo os indivíduos em sua especificidade – criaturas bagunçadas que somos nas situações complicadas em que nos encontramos – e os encontros pessoais, que são a soma e a substância de nossa existência diária.

Já a filósofa e romancista Iris Murdoch, da segunda metade do século XX, oferece-nos algo a mais. Ela argumenta que a moralidade não diz respeito, sobretudo, a princípios abstratos universais ou mesmo a tomar grandes decisões morais em momentos-chave, do tipo "devo denunciar uma fraude que descobri no trabalho?". A moralidade teria a ver com como prestamos atenção uns aos outros. O comportamento moral é contínuo ao longo do dia, mesmo durante os momentos rotineiramente monótonos e cotidianos.[8]

Para Murdoch, o ato imoral essencial é a incapacidade de ver as pessoas do modo correto.[9] Os seres humanos, ela sugere, são seres egocêntricos, cheios de ansiedade e ressentimento. Constantemente tentamos atrair pessoas de forma egoísta, para gratificar nosso ego e servir aos nossos fins. Estereotipamos e agimos de modo condescendente; ignoramos e desumanizamos. E, porque não vemos os outros com precisão, nós os tratamos mal. O mal acontece quando as pessoas não enxergam, quando não reconhecem a personalidade de outros seres humanos. Por isso, o ato moral indispensável para Murdoch é ser capaz de dirigir uma "atenção justa e amorosa" a outra pessoa.[10] "O amor é o conhecimento do indivíduo", ela escreve. Isso não significa que você tenha de morrer de amor, romanticamente, por todos que conhece. Significa que uma boa pessoa tenta olhar para os demais com paciência e discernimento; tenta resistir ao egocentrismo e superar preconceitos para, de fato, ver o próximo de modo mais profundo e com o maior discernimento possível. Quem é bom tenta dirigir uma atenção altruísta e ver o que a outra pessoa vê. Esse tipo de atitude leva à grandeza dos pequenos atos: acolher um recém-chegado ao local de trabalho, detectar ansiedade na voz de alguém e perguntar o que há de errado, saber organizar uma festa na qual todos se sintam incluídos. Na maioria das vezes, a moralidade tem a ver com a habilidade de ter consideração para com os outros nas situações complexas da vida. Tem a ver com estar disponível em diversas situações.

Mas esse tipo de atenção também provoca algo mais profundo. Para usar uma linguagem rebuscada, perpetrar tal atenção faz de você uma pessoa melhor. Em sua célebre palestra "A soberania do Bem sobre outros conceitos", Murdoch descreve uma sogra, a quem ela chama de M., que tem desprezo pela nora, D. A sogra é sempre perfeitamente educada com D., mas, por dentro, ela a menospreza.

M. tem consciência de que pode ser um pouco metida, tradicional e antiquada. M. também está ciente de que talvez nutra um sentimento de rivalidade para com D.; as duas competem pelo tempo do filho dela e, claro, por seus afetos. Talvez, conforme percebe, ela veja D. de uma forma indigna. Então, um dia, como um ato de caridade intelectual e de aperfeiçoamento moral, ela decide que vai mudar a maneira como vê D. Se antes via a nora como "grosseira", agora resolve vê-la como "espontânea". Se antes pensava que D. era "vulgar", agora a vê como "moderna". M. está tentando se livrar do esnobismo e se tornar uma pessoa melhor. Isso não tem nada a ver com seu comportamento exterior, que permanece exemplar. Tem a ver com a purificação de quem ela é por dentro. O bem e o mal, Murdoch acredita, começam na vida interior, e M. anseia que sua vida interior seja um pouco mais gentil e um pouco menos cruel.

A ênfase de Murdoch na forma como abordamos os outros é pessoal, concreta e muito acionável. "Nada na vida tem qualquer valor,[11] exceto a tentativa de ser virtuoso", afirma a filósofa. Nós podemos, ela escreve, "crescer ao observarmos".[12] Considero tal filosofia da moral muito atraente e convincente.

———

Deixe-me dar um exemplo de alguém que incorpora a "atenção justa e amorosa" sobre a qual Murdoch falou. Entrevistei uma terapeuta e escritora chamada Mary Pipher algumas vezes ao longo dos últimos anos, para ter uma ideia melhor de como ela encara a questão sobre conhecer pessoas. Pipher tem formação nesse campo, é claro, mas me contou que seu truque no consultório é não adotar nenhum truque, apenas conversar com o paciente. Ser terapeuta, ela argumenta, tem menos a ver com fornecer soluções e mais com "um modo de prestar atenção, que é a mais pura forma de amor".[13]

Ela foi criada em uma cidade da zona rural do estado de Nebraska, em meio a conflitos de opiniões. Ela tinha uma tia rica liberal e um tio fazendeiro conservador. Os membros de sua família exibiam toda a gama de personalidades, dos emotivos aos reservados, dos viajantes aos que nunca saíam do lugar, dos sofisticados aos provincianos. Uma educação em meio à variedade humana prepara você para receber novas pessoas em sua vida. "Na terapia, como na vida, o ponto de vista é tudo",[14] Pipher escreve em seu livro *Letters to a Young Therapist*. Em sua prática, ela projeta um realismo feliz. Os antigos grandes mestres de sua área, como Freud, viam as pessoas como movidas por impulsos obscuros, repressões e instintos competitivos, mas Pipher, que começou a vida profissional trabalhando como garçonete, vê como indivíduos vulneráveis e em busca de amor às vezes estão presos em situações ruins. Ela tenta habitar o ponto de vista de cada paciente e vê-lo com compaixão, como alguém que está tentando fazer o melhor que pode. Sua perspectiva inicial é caridosa para com todos.

Alguns terapeutas tentam separar os pacientes de suas famílias. Pipher diz que tais profissionais são precipitados ao verem os problemas de uma família e logo a rotulam como disfuncional, culpando-a pelo que está afligindo o paciente. E, claro, em muitos casos, as famílias são mesmo abusivas, e as vítimas precisam se libertar. Mas Pipher sempre procura o bem. "Embora as famílias sejam instituições imperfeitas, elas também são nossa maior fonte de significado, conexão e alegria", a psicóloga escreve. "Todas as famílias são um pouco loucas, mas isso é porque todos os seres humanos são um pouco loucos."[15] Depois de uma sessão difícil de terapia familiar, ela ouviu um pai se oferecendo para levar todos para tomar sorvete. Pipher os chamou de volta ao consultório, a fim de parabenizar o pai por ser tão generoso e gentil, e viu os olhos dele ficarem marejados.

Ela não sente a necessidade de encher o ar com um fluxo constante de palavras. "A inspiração é muito educada", afirma. "Ela bate suavemente e depois vai embora se não atendermos à porta".[16] As questões que Pipher coloca têm como objetivo orientar as pessoas para o positivo: já não é tempo de se perdoar por isto? Quando você e seus pais se reaproximarem, o que você deseja que eles entendam sobre este momento da sua vida? No início da carreira, Pipher tentou entender as pessoas perguntando como as outras as tratavam ou maltratavam. Ao amadurecer, porém, ela passou a achar mais útil perguntar: como você trata os outros? Como você os faz sentir?

Assim, ela oferece o tipo de atenção que pode mudar os indivíduos.

Pipher conta a história de outro terapeuta que trabalhava com uma mãe e uma filha, uma irremediavelmente furiosa com a outra. Durante uma sessão, lá estavam ambas se alfinetando, fazendo comentários cheios de ressentimento, críticas e culpas. Depois, houve um breve silêncio, quebrado pela mãe, dizendo: "Estou pensando naquela expressão 'beco sem saída'".[17] A filha ficou chocada. Essa era a expressão exata que circulava em sua mente ao refletir sobre como ela e a mãe haviam chegado àquela situação. Naquele momento, após toda a briga, as duas largaram as armas e se viram de maneira diferente. O terapeuta parabenizou a mãe e disse: "Vou deixar vocês duas sozinhas para falarem mais sobre isso". Foi um momento de iluminação.

CAPÍTULO 4

Acompanhamento

Loren Eiseley, um naturalista estadunidense, estava fazendo pesquisas de campo no rio Platte, que atravessa o Nebraska de Mary Pipher, cruza o Missouri e, por fim, deságua no Golfo do México. Ele caminhava pelos arbustos densos quando, de repente, encontrou-se entre muitos salgueiros, mergulhado até os tornozelos no rio, com os pés encharcados. Estava com calor e com sede depois de quilômetros de caminhada, e não havia ninguém por perto, então ele tirou a roupa e sentou-se na água. Naquele momento, ele experimentou o que chamou de "extensão dos sentidos", uma consciência de que o rio no qual estava imerso era parte de toda a bacia hidrográfica da América do Norte, começando nos pequenos riachos frios nas geleiras cobertas de neve, depois fluindo para o sul em rios caudalosos e, em seguida, para os oceanos. Agora, ele também fazia parte daquele vasto fluxo. Um pensamento lhe ocorreu: "Vou boiar".[1]

Há um ditado sobre o rio Platte que diz que ele tem uma milha de largura e uma polegada de profundidade [equivalente a 1.852 metros de largura e 2,54 centímetros de profundidade]. É um rio raso, na altura dos joelhos. Mas, para Eiseley, aquela não era uma profundidade sem importância, pois ele não sabia nadar. Na infância, uma experiência de quase morte lhe rendera um medo permanente de água. O rio, embora raso, tem redemoinhos, buracos e trechos de areia movediça, então a ideia de boiar veio embrulhada de medo, nervosismo e euforia. Ainda assim, ele se deitou de costas na água e pôs-se a boiar, saboreando o movimento e perguntando-se: qual é a sensação de ser um rio? Eiseley eliminava as fronteiras entre ele e o rio, do qual agora fazia parte. "O céu girava sobre mim. Por um instante, enquanto entrava no canal principal, tive a impressão de deslizar pela vasta face inclinada do continente. Foi então que senti as agulhadas frias das fontes alpinas na ponta dos dedos e o calor do Golfo me puxando para o sul", escreveu ele mais tarde. "Eu estava flutuando sobre antigos fundos marinhos, uma vez habitados por répteis gigantes; estava desgastando a face do tempo e levando ao esquecimento as cordilheiras envoltas em nuvens. Toquei minhas margens com a delicadeza das antenas de um lagostim e senti grandes peixes deslizarem em suas atividades corriqueiras."

O ensaio de Eiseley sobre a experiência é chamado "The Flow of the River". Ele não descreve apenas o Platte; descreve como sentiu que estava se fundindo com o rio. Relata uma espécie de consciência das conexões entre todas as criaturas, entre toda a natureza. Ele não estava nadando no rio. Não estava investigando o rio. Estava acompanhando o rio. Depois do olhar iluminador, o acompanhamento é o próximo passo para se conhecer uma pessoa.

––––––

Dedicamos 90% de nossa vida às resoluções práticas. Reuniões de trabalho, compras no supermercado, conversa-fiada com outros pais enquanto deixamos nossos filhos na escola. Em geral, há outras pessoas por perto. Nesses momentos cotidianos, não estamos mirando profundamente nos olhos de quem está ao redor nem construindo uma intimidade profunda com eles. Estamos apenas fazendo coisas juntos – não cara a cara, mas lado a lado. Estamos acompanhando uns aos outros.

Ao conhecer alguém, você não deve tentar analisar sua alma de imediato. É melhor observar algo juntos. O que você acha do clima, da Taylor Swift, de jardinagem ou da série de TV *The Crown*? Você não está estudando a pessoa, apenas se acostumando com ela. Por meio da conversa fiada e do ato de fazer coisas mundanas juntos, nossa mente inconsciente move-se com a do outro, sentindo sua energia, seu temperamento e seu jeito. Entramos em sintonia com os ritmos e os humores um do outro, e adquirimos um tipo de conhecimento sutil e tácito um sobre o outro, que é necessário antes que os demais tipos de conhecimento possam ser abordados. Estamos nos tornando confortáveis mutuamente, e conforto não é pouca coisa. Nada pode ser ouvido na mente até que a situação pareça segura e familiar para o corpo.

O bate-papo e a proximidade com alguém costumam ser um estágio subestimado no processo de se conhecer. Às vezes você pode aprender mais sobre uma pessoa observando como ela conversa com um garçom do que fazendo alguma pergunta profunda sobre sua filosofia de vida. Mesmo quando conhece bem alguém, acho que, sem falar sobre as pequenas coisas regularmente, será difícil falar sobre as grandes coisas.

Este capítulo aborda como conhecer um pouco melhor as pessoas na vida cotidiana. Existem maneiras de estar presente que aprofundam a conexão e a confiança, e outras que não. Se passar a vida com uma mentalidade de eficiência/otimização, simplesmente deixará seus filhos na escola pelo menor tempo possível, e você e os outros pais serão como navios navegando durante a noite. Mas acredito que a experiência de boiar no rio de Eiseley nos dê um modelo diferente de como estar presente com quem está ao redor.

Obviamente, boiar em um rio não é a mesma coisa que estar em uma reunião ou tomar um café com um conhecido. Mas há algo na atitude de Eiseley que é instrutivo e inspirador. O acompanhamento, nesse sentido, é uma forma de se mover pela vida centrado no outro. Quando acompanha alguém, você fica em um estado relaxado de consciência – atento, sensível e sem pressa. Você não está liderando ou dirigindo a outra pessoa. Está apenas andando ao seu lado enquanto vivenciam juntos os altos e baixos da vida diária. Está ali para ajudar, para ser uma presença fiel, aberta ao que vier. Seus movimentos são marcados não pela obstinação, mas pela disposição – você está disposto a deixar o relacionamento se aprofundar ou não, sem forçá-lo de alguma maneira. Está agindo de modo a permitir que o outro seja ele mesmo.

––––

A primeira qualidade que associo ao acompanhamento é a *paciência*. A confiança é construída lentamente. Quem é bom em acompanhamento exerce o que a filósofa Simone Weil chamou de "esforço negativo". Trata-se da capacidade de se conter e estar ciente dos compromissos do outro. "Não obtemos os presentes mais preciosos indo em busca, mas estando à espera deles", escreveu Weil. A pessoa que acompanha bem os demais desacelera o ritmo da vida social. Conheço um casal que valoriza amigos que são, como eles chamam, "demoradores". São do tipo com quem você deseja permanecer à mesa depois de uma refeição ou em cadeiras à beira da piscina, deixando as coisas fluírem, o relacionamento emergir. É um grande talento ser alguém que é considerado "demorador".

Conhecer um indivíduo sempre será uma proposição vulnerável. As verdades pessoais ressentem-se de abordagens demasiadamente agressivas, intensas, impacientes. As pessoas protegem, com razão, o próprio espaço psicológico e erguem barreiras que só podem ser atravessadas quando lhes for conveniente. Antes que alguém esteja disposto a compartilhar detalhes pessoais, ele precisa saber que será respeitado. Precisa saber que você vê sua reserva como uma forma de dignidade, e sua retenção de informações como um sinal de que se respeitam.

O acompanhamento é uma etapa necessária para conhecer alguém precisamente porque é muito gentil e comedido. Como disse D. H. Lawrence:

> Seja lá quem queira a vida deve caminhar suavemente em direção à vida, suavemente como se fosse em direção a um cervo e seu filhote aninhados debaixo de uma árvore. Um gesto de violência, uma afirmação violenta de obstinação, e a vida desaparece… Mas, com tranquilidade, com o abandono da autoafirmação e com a plenitude do profundo e verdadeiro eu, podemos aproximar-nos de outro ser humano e conhecer o que há de melhor e mais delicado na vida, o toque.[2]

A próxima qualidade de acompanhamento é a *ludicidade*. Eiseley não boiava naquele rio com suas lentes científicas; estava se divertindo, brincando, desfrutando de uma atividade que considerava espontânea e gostosa. Quando os anfitriões de retiros e oficinas desejam que os participantes se conheçam rapidamente, eles os incentivam a brincar juntos – por meio de um esporte, jogo de baralho, música, charadas, passeios, artesanato, ou mesmo boiando em um rio.

Fazemos isso porque as pessoas são mais plenamente humanas quando estão brincando. Como observa a ensaísta Diane Ackerman em seu livro *Deep Play*, brincar não é uma atividade, é um estado de espírito.

Para alguns, jogar tênis é trabalho. Eles estão presos a uma mentalidade de realização, tentando progredir em direção a alguma meta de proficiência. Mas, para outros, o tênis é uma brincadeira – um movimento divertido e envolvente. Seus movimentos são relaxados, comemoram alegremente quando acertam uma boa bola e celebram quando o adversário faz o mesmo. Para alguns, ciência é trabalho – serve para ganhar *status* e obter bolsas de estudo. Mas conheço uma astrônoma para quem a ciência é uma brincadeira. Quando fala sobre buracos negros ou galáxias distantes, ela parece uma criança de onze anos transbordando de excitação e tem telescópios bacanas para poder ver coisas bacanas!

Quando jogo basquete com meus amigos, a qualidade do nosso jogo pode ser ruim, mas estamos jogando, e isso nos une. Estamos coordenando movimentos. Passando a bola uns para os outros, tentando nos abrir. Há uma espécie de comunicação espontânea: a torcida, os cumprimentos, a elaboração de estratégias, a conversa-fiada. Conheço alguns caras que participam de um jogo mensal de basquete há anos. Eles podem nunca ter tido uma conversa profunda, mas dariam a vida uns pelos outros, tão profundo é o vínculo entre o grupo – um vínculo formado na brincadeira.

No meio da brincadeira, as pessoas relaxam, tornam-se elas mesmas e conectam-se sem sequer perceber. O riso não é apenas o que vem depois da piada. O riso acontece quando nossa mente se une, então algo inesperado acontece: sentimos a pontada do reconhecimento mútuo. Rimos para celebrar nosso entendimento compartilhado.[3] No riso, vemos uns aos outros.

Em seu livro de memórias, *Let's Take the Long Way Home*, a escritora Gail Caldwell descreve como a profunda amizade com uma mulher chamada Caroline foi formada. Aconteceu durante atividades lúdicas, seja remando no rio Charles, em Boston, seja passeando na floresta para treinar seus cães juntas. Gail e Caroline ficavam horas trabalhando com os cães, dissecando os diferentes significados que a palavra "não" pode ter quando falada a um canino. "Se tivéssemos nossa confiança abalada em outros relacionamentos péssimos, era ali que ela era reconstruída, com ferramentas que nem sabíamos que possuíamos", ela escreve. "Para nós, o treinamento de cães foi uma experiência compartilhada tão gratificante que se espalhou por toda a amizade. Muito do treinamento de um cão é instintivo; é também um esforço complexo de paciência, observação e respeito mútuo."[4] Enquanto vivenciavam os ritmos desse tipo de atividade, Gail e Caroline viveram uma intimidade exponencial. Passaram de "cautela mútua para conforto inseparável, e muito disso se parece agora com um cuidado, até mesmo uma troca silenciosa".[5]

É incrível o quanto você pode conhecer alguém mesmo antes de qualquer conversa profunda. Quando meu filho mais velho era criança, ele acordava todas as manhãs por volta das quatro horas. Na época, morávamos em Bruxelas, onde não há luz no inverno até quase nove. Então tínhamos mais quatro ou cinco horas todas as manhãs para brincar no escuro – eu podia embalá-lo, empurrava seu trenzinho, fazia cócegas nele e ria. Um dia, enquanto eu estava deitado no sofá, segurando suas mãos, e ele pulava na minha barriga com suas pernas trêmulas, ocorreu-me que eu o conhecia melhor do que qualquer pessoa do planeta e, de todas as pessoas do planeta, ele provavelmente me conhecia melhor, porque, enquanto brincávamos de modo tão inocente, eu estava emocionalmente aberto e espontâneo. Também me ocorreu que, embora nos conhecêssemos tão bem, nunca havíamos conversado, porque ele ainda não sabia falar. Toda a nossa comunicação se dava por meio do jogo, do toque e do olhar.

A terceira qualidade de acompanhamento que devo mencionar é a *centralização no outro*. Eiseley não estava pensando em si ou em seu ego naquele rio. Estava parcialmente se perdendo e, assim, transcendendo o ego. Estava se deixando guiar pelo rio.

Na vida cotidiana, quando acompanha alguém, você está compactuando com o plano de outra pessoa. Estamos mais familiarizados com o conceito de acompanhamento no mundo da música. O pianista acompanha o cantor. Ambos são parceiros, fazendo algo juntos, mas o acompanhante está no papel de apoio, sutilmente trabalhando para embelezar a música e ajudar o cantor a brilhar. O acompanhante é sensível ao que o cantor está fazendo, embarcando na experiência que ele está tentando criar. O acompanhamento é uma maneira humilde de ser uma parte útil da jornada de outra pessoa, conforme a sua dupla cria a própria música.

O acompanhante não controla a viagem, mas também não é um espectador passivo. Deixe-me tentar ilustrar esse delicado equilíbrio descrevendo uma época em que estraguei tudo, um exemplo tirado da vida cotidiana. Meus dois filhos jogaram beisebol em alto nível. Um menino é oito anos mais velho que o outro, então, quando o mais novo tinha cerca de doze anos, eu já convivia com beisebol juvenil por quase uma década, observando os treinadores que a liga contratava para administrar os times dos garotos mais velhos. O técnico do meu caçula naquele ano era outro pai, não um profissional, então me ofereci para ajudar. Rapidamente ficou claro, pelo menos para mim, que eu sabia muito mais sobre como treinar beisebol juvenil do que o treinador, apenas porque eu tinha mais experiência.

Então, comecei a bombardeá-lo com minhas ideias geniais sobre como praticar corrida, arremesso, rebatidas e ajustes no meio do jogo. Obviamente, aquele foi um puro caso de altruísmo da minha parte para com o time. Obviamente, não se tratava de nenhum desejo latente de mostrar o quanto eu sabia ou de estar no controle. Obviamente, meu comportamento não poderia ter nada a ver com o ego masculino quando o assunto são esportes competitivos.

De imediato, o treinador percebeu que eu estava entrando em seu território e ameaçando sua autoridade. Então é claro que suas muralhas defensivas se ergueram. O que poderia ter sido uma diversão mútua com os meninos transformou-se em uma disputa sutil pelo poder. Nosso relacionamento, que poderia ter sido caloroso, porque ele era um cara legal, esfriou. Era raro o treinador aceitar as dicas brilhantes que eu oferecia.

Se naquela época eu fosse instruído na arte do acompanhamento, teria entendido o quão importante é honrar a capacidade da outra pessoa de fazer escolhas. Imagino que eu fosse ter entendido, como fazem os bons acompanhantes, que todos estão em seu local de direito, na própria jornada, e que o trabalho de acompanhamento é encontrá-los onde estão, ajudá-los a traçar o próprio caminho. Eu gostaria de ter seguido conselhos que estão rapidamente se tornando um lema: deixe os outros evoluírem de modo voluntário. Eu gostaria de ter entendido que a confiança é construída quando as diferenças individuais são apreciadas, quando os erros são tolerados. Sempre que uma pessoa fala mais com expressões faciais do que com qualquer outra coisa: "Estarei lá quando você me quiser. Estarei lá quando for a hora certa".[6]

O acompanhamento muitas vezes envolve uma renúncia ao poder que é lindo de testemunhar. Um professor poderia oferecer as respostas, mas ele quer acompanhar os alunos conforme eles descobrem como resolver um problema. Um gerente pode dar ordens, porém, às vezes, a liderança significa ajudar a equipe à medida que os funcionários se tornam mestres das próprias tarefas. Um escritor poderia expor suas opiniões, mas os escritores fazem o seu melhor não quando dizem às pessoas o que pensar, contudo quando fornecem um contexto dentro do qual possam pensar. O papa Paulo VI afirmou isso de maneira maravilhosa: "O homem moderno ouve mais voluntariamente as testemunhas do que os professores e, se ouve os professores, é porque eles são testemunhas".

Por fim, uma pessoa boa em acompanhamento entende a arte da *presença*. Trata-se de mostrar-se disponível. Em casamentos e funerais, e, sobretudo, quando alguém está de luto, foi demitido ou sofreu algum revés ou humilhação. Quando alguém está passando por um momento difícil, você não precisa dizer nada sábio, só precisa estar presente, bem consciente do que a pessoa está vivenciando naquele momento.

Há pouco tempo li sobre uma professora chamada Nancy Abernathy, que dava aulas para o primeiro ano de Medicina, conduzindo um seminário sobre habilidades de tomar decisão, quando seu marido, aos cinquenta anos, morreu de ataque cardíaco praticando esqui *cross-country* perto de casa, em Vermont. Com alguma dificuldade, ela foi capaz de terminar o semestre e prosseguiu com sua carreira. Um dia, Nancy mencionou na aula que temia lecionar a mesma disciplina no ano seguinte, porque, todos os anos, nas primeiras aulas, ela pedia a todos que trouxessem fotos de família, a fim de se conhecerem. Ela não tinha certeza se conseguiria compartilhar uma foto do marido falecido sem chorar.

A disciplina terminou. O verão veio e se foi, o outono chegou e, com ele, o dia que ela temia. A professora entrou na sala, ansiosa, e percebeu algo estranho: a sala estava muito cheia. Sentados ali, com sua turma atual, estavam os alunos do segundo ano – os que tinham assistido às aulas de

Nancy no ano anterior. Eles queriam estar presentes naquela aula difícil. Sabiam exatamente do que ela precisava e não havia necessidade de oferecer nada além disso. "Isso é compaixão", afirmou Abernathy mais tarde. "Uma simples ligação humana entre aquele que sofre e aquele que consola."[7]

Quando eu lecionava em Yale, tive uma aluna, Gillian Sawyer, cujo pai morreu de câncer no pâncreas. Antes do falecimento, ela e o pai falaram sobre como ele perderia eventos importantes da vida da filha: o casamento que ela poderia ter algum dia, os filhos crescendo. Depois que ele morreu, Gillian foi madrinha no casamento de uma amiga. O pai da noiva fez um lindo discurso sobre a curiosidade e a coragem da filha. Quando chegou a hora de o pai dançar com a noiva, sua filha, Gillian pediu licença para ir ao banheiro e chorou. Ao sair, ela viu que todas as pessoas de sua mesa, muitas delas amigas da faculdade, estavam ali do lado de fora, na porta. Ela me deu permissão para citar seu artigo, que descrevia aquele momento:

> O que vou lembrar para sempre é que ninguém disse uma palavra. Ainda estou impressionada com a profundidade que pode ecoar no silêncio. As pessoas, inclusive amigos mais recentes, que eu não conhecia tão bem, me deram abraços consoladores e voltaram para suas cadeiras. Ninguém demorou ou tentou validar minha dor de forma desajeitada. Estavam ali por mim, apenas por um momento, e era exatamente disso que eu precisava.

———

Em seu livro *Consolations*, o poeta e ensaísta David Whyte observa que o pilar mais importante da amizade

> não é o aperfeiçoamento, nem do outro nem de si mesmo, mas o testemunho, o privilégio de ter sido visto por alguém e o igual privilégio de ter a visão da essência do outro, de ter caminhado com ele e ter acreditado nele, às vezes de apenas tê-lo acompanhado por um breve período em uma jornada impossível de realizar sozinho.

Loren Eiseley, durante sua flutuação no rio Platte, deu um exemplo para nós de acompanhamento no ambiente natural. Tenho tentado capturar aquela atitude e mostrar como ela pode inspirar uma maneira de estar no ambiente social. O argumento central de Eiseley em seu ensaio é que tudo na natureza está conectado entre si e que você só pode entender isso ao deixar essa consciência tomar conta. Na vida social também, todos estamos conectados por nossa humanidade comum compartilhada. Às vezes, precisamos pegar carona na jornada de alguém e acompanhá-la durante parte do caminho.

CAPÍTULO 5

O que é uma pessoa?

Em 26 de dezembro de 2004, o escritor francês Emmanuel Carrère, sua namorada, Hélène, e seus respectivos filhos estavam de férias em um hotel no topo de um penhasco no Sri Lanka. A viagem, sendo sincero, provava-se ser um fracasso. Carrère pensara que aquela mulher podia ser o amor de sua vida, com quem envelheceria. Mas lhe ocorreu que ele estivera impressionado com Hélène, embora nunca a tivesse de fato amado. Era evidente que o casal estava se distanciando. Na noite anterior, no Natal, haviam conversado seriamente sobre uma separação. "Não havia hostilidade entre nós, apenas nos víamos nos afastando tristemente um do outro: era uma pena", escreveu Carrère. "Eu voltava à minha impotência de amar, ainda mais gritante na medida em que Hélène era realmente uma pessoa adorável".[1]

Ao acordar na manhã seguinte, Carrère se viu em um estado de espírito pessimista e desiludido. O fim da relação era culpa dele, que era egocêntrico, incapaz de abrir o coração. Ele revisou sua história de relacionamentos fracassados e percebeu, com uma pontada de autopiedade, que estava destinado a se tornar um velho solitário. Uma passagem do romance que ele lia acertou em cheio: "Eu queria, esta manhã, que uma mão estranha fechasse as minhas pálpebras. Eu estava sozinho; fechei-as então eu mesmo".

Não é de surpreender que uma espécie de nuvem pairasse sobre Carrère, Hélène e seus filhos. A beleza do Sri Lanka não conseguia encantar. Após três dias de viagem, eles estavam prontos para voltar para casa. Sentindo-se apáticos, decidiram cancelar a aula de mergulho agendada para aquela manhã.

Acabou sendo uma decisão importante, pois foi naquela manhã que o tsunâmi ocorreu.

Dois dias antes, Carrère conhecera outra família francesa no restaurante do hotel: Jérôme, Delphine e sua adorável filha de quatro anos, Juliette. Na manhã do tsunâmi, o casal havia ido à cidade fazer compras, deixando Juliette brincando na praia com o avô. A criança pulava ondas enquanto o avô lia o jornal em uma cadeira de praia. De repente, o homem sentiu-se arrastado por uma parede de água escura e rodopiante, quase certo de que morreria e certo de que sua neta já morrera.

A água o levou para o interior, longe da praia. Ele passou por casas, árvores, uma estrada. Então, a onda se inverteu e a vasta força do tsunâmi, que recuava, ameaçou arrastá-lo para o oceano aberto. Ele se agarrou a uma palmeira e segurou firme. A parte de uma cerca, carregada pela água, prendeu-o ao tronco. Móveis, pessoas, animais, vigas de madeira e pedaços de concreto passaram por ele.

Quando a onda baixou, ele abriu os olhos e percebeu que estava vivo – e que o verdadeiro pesadelo estava apenas começando. Ele deslizou pelo tronco e ficou em pé no que agora era água rasa. O corpo de uma mulher passou boiando. Ele entendeu que sua missão era conseguir chegar à cidade para encontrar os pais de Juliette. Quando enfim os avistou, ficou impressionado com a percepção de que vivenciavam seus últimos momentos de pura felicidade. Ele disse ao casal que Juliette estava morta.

"Delphine gritou; Jérôme não", escreve Carrère em suas memórias. "Ele pegou Delphine nos braços e a abraçou o mais forte que pôde enquanto ela gritava sem parar, e, a partir daí, ele tinha apenas um objetivo: *não posso fazer mais nada pela minha filha, então vou salvar minha esposa.*"[2]

A tarefa agora era lidar com a devastação: encontrar o corpo de Juliette e trazê-lo para casa, a fim de ser enterrado. Carrère e seu grupo jantaram com Delphine e Jérôme naquela noite, na noite da morte de Juliette, depois tomaram café da manhã no dia seguinte, almoçaram e jantaram novamente, e assim um dia após o outro. As duas famílias conviveram por vários dias, comendo juntas, procurando Juliette nos hospitais, confortando as outras vítimas do tsunâmi. Carrère observou Delphine absorver o golpe durante aquelas refeições. Ela não estava mais chorando ou gritando. Apenas olhava para o espaço. Comia muito pouco. Sua mão tremia quando ela levava uma garfada de arroz à boca. Todo o seu modelo de mundo fora organizado em torno do relacionamento com a filha. E tal modelo tinha acabado de ser destruído. Jérôme a observava constantemente, desejando que ela conseguisse manter o controle.

Hélène, a namorada de Carrère, entrou em ação, como se estivesse presente em todo lugar ao mesmo tempo, oferecendo ajuda prática e emocional aos sobreviventes destroçados e devastados que se arrastaram de volta para o hotel. Hélène era uma mulher com uma missão. Ela ligou para as empresas de seguro e as companhias aéreas, organizou viagens e sentou-se com os enlutados. Sentiu que ela e Carrère estavam unidos pela mesma causa: ajudar os sobreviventes. Ele, porém, vivenciava uma experiência diferente. Ainda estava fechado em si e se via como um inútil. "Eu me vejo como um marido insípido", escreve ele. Na primeira noite, na noite do tsunâmi, ele estendeu a mão para pegar a ponta dos dedos de Hélène sobre a cama, mas não conseguiu fazer contato. "É como se eu não existisse", pensa ele a certa altura.

Mais tarde, Carrère foi ao hospital próximo para ajudar na busca pelo corpo de Juliette, arrastando-se por salas cheirando ao fedor dos cadáveres dispostos em fileiras, inchados e cinzentos. Ele e Delphine conheceram uma escocesa de 25 anos, Ruth, que estava em lua de mel, a três metros do marido, perto da praia, quando a onda os levantou e os separou. Ela esperava dia após dia no hospital, convencida de que, se adormecesse, não o encontraria, e ele nunca mais voltaria vivo para ela. Ruth não comia nem dormia havia dias. "Sua determinação dá medo", escreve Carrère. "Sentimos que ela está bem perto de passar para o outro lado, para a catatonia, a morte viva, e Delphine e eu compreendemos que nosso papel é fazermos o que pudermos para impedi-la."[3]

Havia detalhes práticos para tratar, mas também havia muita espera, momentos em que eles estavam apenas sentados um com o outro conversando. Instintivamente, todos contaram um ao outro sua história de vida. Delphine contou a Carrère sobre sua família na França, sobre como Jérôme almoça em casa todos os dias com a esposa e a filha, sobre como Juliette amava os animais e a maneira como ela insistia em dar comida para os coelhos. Delphine a descreveu como se aquela vida houvesse se passado séculos antes.

Jérôme ainda estava em sua missão de salvar a esposa. Nas refeições, ele tentava animar a todos, contando histórias, falando alto, fumando, servindo bebidas, recusando-se a deixar o silêncio envolvê-los. Carrère observou Jérôme mirando Delphine: "Ao mesmo tempo, furtivamente, não parava de olhar para Delphine, e me lembro de ter pensado: é isso que é amar de verdade, e não há nada mais belo do que isso, um homem que ama de verdade sua mulher. Ela permanecia silenciosa, ausente, assustadoramente calma".

Gravitavam todos ao redor de Delphine, implorando de modo implícito: não vá embora, fique conosco. Certa noite, durante o jantar em um restaurante, Delphine observou um garotinho deslizar para o colo da mãe e ser acariciado por ela. Carrère colocou-se na mente de Delphine, imaginando o que ela devia estar vendo e pensando: como nunca mais iria se sentar na cama da filha e ler uma história para ela dormir. Delphine observou o menino e a mãe indo para o seu quarto. Ela encontrou os olhos de Carrère e, com um leve sorriso, murmurou: "Ele é tão pequeno".

Ruth enfim conseguiu usar o telefone de Hélène para ligar para seus pais na Escócia, para lhes dizer que estava viva. Carrère e Hélène observavam enquanto Ruth falava ao telefone. Ela começou a chorar. As lágrimas transformaram-se em soluços convulsivos. Seus pais tinham acabado de lhe dizer que seu marido estava vivo, e suas lágrimas se transformaram em risadas. Delphine, chorando, correu e abraçou Ruth.

Os membros daquela pequena comunidade, escreve Carrère, estavam intimamente conectados e, ainda assim, muito separados: conectados por sua tristeza e separados pelo golpe que atingiu um casal e poupou os outros. Carrère certamente não se sentia mais egocêntrico. Ele olhava para os demais do outro lado da mesa de jantar. "Eu sei que nós os amávamos e acredito que eles nos amavam",[4] lembra ele mais tarde. Carrère havia entrado na mente de cada uma das pessoas ao seu redor, sentindo o que elas sentiam, vendo um pouco pelo ponto de vista delas, entendendo o que cada um fazia para sobreviver. Suas memórias marcantes se chamam *Outras vidas que não a minha*, pois é isso que ele aprendeu a ver na crise: outras pessoas, outras perspectivas.

Ao embarcarem na longa viagem de volta à França, Carrère começou a ver Hélène de forma diferente. Antes ele a via um pouco abatida. Agora a imaginava "como uma heroína de romance ou filme de aventura, a bela e corajosa jornalista que, no calor da ação, dá o melhor de si mesma". Ambos foram levados em uma van para uma escola, onde puderam tomar banho e recolher seus pertences. Carrère refletiu sobre quão frágeis eram seus corpos. "Eu olhava para o de Hélène, tão bonito, tão torturado pelo cansaço e pelo pavor. Eu não sentia desejo, mas uma pena dilacerante, uma necessidade de cuidar, de proteger, de conservar para sempre. Eu pensava: ela poderia estar morta hoje. Ela é valiosa para mim. Muito valiosa. Eu queria que um dia ela fosse velha, que sua carne estivesse velha e esgotada, e continuar a amá-la. [...] Uma comporta se abria, dando vazão a uma onda de sofrimento, de alívio, de amor, tudo misturado. Apertei Hélène em meus braços e disse: não quero mais que a gente se separe, nunca mais. Ela respondeu: eu também não, não quero mais que a gente se separe."[5] Carrère tomou uma decisão: ele passaria a vida com ela. "Digo comigo que isso tem que acontecer", escreve ele. "Se devo fazer uma coisa certa antes de morrer, é isso." O que Carrère se lembra dos dias seguintes é o medo de que Hélène o deixasse. O que Hélène lembra é que aqueles foram os dias em que os dois realmente se uniram. Eles acabaram se casando e tendo uma filha juntos.

Conto essa história para ressaltar dois pontos. O primeiro é que ela mostra, de modo concreto, como pessoas podem vivenciar o mesmo evento de maneiras profundamente diferentes. Cada um dos indivíduos no relato de Carrère foi atingido por um golpe terrível, mas cada qual o sentiu de forma diferente, dependendo de como o evento os afetara, dependendo de sua história de vida e da demanda que a situação lhe impôs.

Para Jérôme, era simples: o tsunâmi lançara-o na missão desesperada para salvar sua esposa. Ele não precisou refletir sobre isso. No instante em que soube da morte de sua filha, ele sabia que seu único trabalho seria salvar Delphine. Para Delphine, a tarefa foi simplesmente resistir ao golpe. Para Hélène, o tsunâmi significou voltar a si mesma – ser a pessoa que serve aos outros em um momento de crise. Para Ruth, a tarefa foi ficar de guarda e trazer o marido de volta à vida. A princípio, Carrère vivenciou o tsunâmi através do prisma da própria infelicidade. Ele era o solitário fechado que não estava à altura da situação.

Situações acontecem em nossa vida, mas cada pessoa as processa e vivencia de maneira única. Aldous Huxley capturou a realidade central: "Experiência não é o que acontece com você, é o que você faz com o que acontece com você".

———

Em outras palavras, existem duas camadas de realidade: a realidade objetiva do que acontece e a realidade subjetiva de como o que acontece é visto, interpretado e tornado significativo. Essa segunda camada, às vezes, pode ser a mais importante. Como afirma o psicólogo de Yale, Marc Brackett: "O bem-estar depende menos de acontecimentos objetivos do que de como eles são percebidos, tratados e compartilhados com os outros".[6] A camada subjetiva é o que queremos focar em nossa busca para conhecer outros indivíduos. A questão crucial não é "O que aconteceu a essa pessoa?" nem "Quais são os itens de seu currículo?". Em vez disso, deveríamos perguntar: "Como essa pessoa interpreta o que aconteceu? Como ela vê as coisas? Como constrói a própria realidade?". É o que de fato devemos saber se quisermos compreender alguém.

Um extrovertido entra em uma festa e vê uma sala diferente daquela vista por um introvertido. Uma pessoa treinada como *designer* de interiores vê uma sala de modo diferente de alguém treinado como especialista em segurança. O terapeuta Irvin Yalom certa vez pediu a uma de suas pacientes que escrevesse um resumo de cada sessão de terapia de grupo que realizavam juntos. Ao ler os relatórios, Yalom percebeu que a moça vivenciava cada sessão de maneira muito diferente da dele. A paciente nunca percebera as contribuições supostamente brilhantes que Yalom pensava compartilhar com o grupo. Em vez disso, ela notava os pequenos atos pessoais: o modo como uma pessoa elogiava as roupas de outra, a maneira como alguém se desculpava pelo atraso.[7] Em outras palavras, podemos estar no mesmo acontecimento juntos, mas cada um está vivenciando a própria experiência. Ou, como disse a escritora Anaïs Nin: "Não vemos as coisas como elas são, vemos as coisas como nós somos".

A segunda razão pela qual contei essa história é que ela mostra como toda a perspectiva da pessoa, a sua maneira de ver, interpretar e experimentar o mundo, pode ser transformada. Em tempos normais, nossa consciência subjetiva muda gradualmente, mas, na sequência de acontecimentos chocantes, ela pode mudar de uma só vez.

No início da história, Carrère acredita ser um homem taciturno, egocêntrico e infeliz. Ele considera Hélène uma mulher admirável, todavia não a ama. O tsunâmi, porém, abre-o e revoluciona a forma como ele vê a si mesmo, como vê Hélène e como vivencia o mundo. Uma perspectiva egocêntrica é substituída por uma mais absorta no outro. Ele se vê como um homem com uma nova tarefa: comprometer-se com o amor que brotou dentro de si, para garantir que ele e Hélène passem o restante da vida juntos. Não é bem uma tomada de decisão racional na forma como ele vê Hélène e a si. Algo irrompe de suas profundezas, uma transformação de todo o seu ponto de vista.

A transformação de Delphine é ainda mais dramática. Como qualquer pai pode lhe dizer, quando um filho nasce você descobre que sua perspectiva de vida se transforma. E se transforma de novo se a criança for arrancada de sua vida. Delphine se acostumou a viver de uma certa maneira – abraçando Juliette, alimentando-a, brincando com ela. Em sua mente, Delphine tinha modelos construídos em torno dessas experiências comuns.

Agora Juliette se fora, e os modelos já não são compatíveis com a nova realidade. A história de sua vida será então organizada em torno do antes e do depois. Antes do tsunâmi, ela tinha uma perspectiva sobre a vida. Depois, terá de desenvolver uma nova. Passará por um processo de luto, com seus momentos de dor aguda, momentos nos quais velhas lembranças invadirão sua mente. É provável que ela sofra crises recorrentes de agonia e angústia ao contemplar o terror que deve ter se apoderado da filha em seus segundos finais. Mas devagar, muito devagar, os modelos em sua mente irão se reformar. Seu ponto de vista irá se ajustar à sua nova realidade externa. Delphine construirá uma perspectiva que incorpora Juliette como uma presença em suas memórias e em seu coração, para sempre parte de como a Delphine pós-tsunâmi vê o mundo. Esse processo de luto e reforma mental também não é algo que possa ser controlado conscientemente. Flui ao longo de seu curso de modo surpreendente e idiossincrático – de novo, de algum lugar profundo. Toda mente se refaz incansavelmente.

———

Se quiser ver e entender bem as pessoas, você precisa saber para o que está olhando. Tem de saber o que *é* uma pessoa. E esse relato traumático destaca uma verdade fundamental sobre o que os seres humanos são: um ponto de vista. Cada pessoa que você encontra é um artista criativo que pega os acontecimentos da vida e, com o tempo, cria uma maneira muito pessoal de ver o mundo. Como qualquer artista, cada um de nós toma os acontecimentos e as experiências de uma vida e os integra em uma representação complexa do mundo. Essa representação, a consciência subjetiva que faz de você quem é, mistura memórias, atitudes, crenças, convicções, traumas, amores, medos, desejos e objetivos em uma maneira distinta de enxergar. Essa representação o ajuda a interpretar os dados ambíguos que seus sentidos captam, a prever o que vai acontecer, a discernir o que de fato importa em uma situação, a decidir como se sentir em relação a qualquer conjuntura, a moldar o que você quer, quem você ama, o que admira, quem você é e o que deveria estar fazendo a qualquer momento. Sua mente cria um mundo com beleza e feiura, excitação, tédio, amigos e inimigos, e você vive dentro dessa construção. As pessoas não veem o mundo com os olhos; elas o veem com toda a vida.

Os cientistas cognitivos chamam essa visão dos ser humano de "construcionismo". Trata-se do reconhecimento, apoiado pelo último meio século de investigação sobre o cérebro, de que as pessoas não aceitam passivamente a realidade. Cada indivíduo constrói ativamente a própria percepção dela. Isso não quer dizer que não exista uma realidade objetiva lá fora, mas, sim, que temos apenas um acesso subjetivo a ela. "A mente é o seu próprio lugar", escreveu o poeta John Milton, "e por si só / pode fazer do Inferno um Céu, um Inferno do Céu".

À medida que tentamos compreender outras pessoas, devemos nos perguntar de forma constante: como elas estão percebendo esta situação? Como estão vivenciando este momento? Como estão construindo sua realidade?

Deixe-me mergulhar brevemente na ciência do cérebro para tentar mostrar quão radical é esse processo de construção. Tenhamos como exemplo um ato tão simples como o de olhar ao redor de uma sala. Não parece que você está criando nada, apenas que está absorvendo o que está objetivamente lá. Você abre os olhos. Ondas de luz o inundam. Seu cérebro registra o que você vê: uma cadeira, uma pintura, um montinho de poeira no chão. Parece uma daquelas câmeras antigas – o obturador abre e a luz entra e fica gravada no filme. Mas não é assim que a percepção funciona. Seu cérebro está trancado na abóbada escura e óssea do seu crânio. Sua função é tentar dar sentido ao mundo, dada a quantidade muito limitada de informações que chegam às retinas, através dos nervos ópticos, e à camada integrativa do córtex visual. Seus sentidos fornecem um instantâneo do mundo de baixa qualidade e baixa resolução, e seu cérebro é então forçado a pegá-lo e construir um longa-metragem de alta definição.

Para fazer isso, seu sistema visual constrói o mundo pegando o que você já sabe e aplicando-o à cena à sua frente. Sua mente se pergunta sem parar: "Com o que isso se parece?" e "Da última vez que estive nessa situação, o que vi depois?". Sua mente projeta uma série de modelos daquilo que espera ver. Então, os olhos confirmam para informar se estão vendo o que a mente espera. Em outras palavras, ver não é um processo passivo de recepção de dados, é um processo ativo de previsão e correção.

A percepção, escreve o neurocientista Anil Seth, é "um ato generativo e criativo".[8] É "uma construção orientada para ação, em vez de um registro passivo de uma realidade externa objetiva".[9] Ou, como observa a neurocientista Lisa Feldman Barrett: "Evidências científicas mostram que o que vemos, ouvimos, tocamos, saboreamos e cheiramos são, em grande parte, simulações do mundo, não reações a ele".[10] A maioria de nós, que não é neurocientista, não tem consciência de toda essa atividade construtiva, porque ela acontece de modo inconsciente. É como se o cérebro estivesse compondo romances proustianos vastos e complexos, e, para a mente consciente, parece que não há trabalho algum.

Os psicólogos sociais têm um prazer perverso em expor as falhas nesse modo de ver, ou seja, corrigindo as previsões. Fazem isso introduzindo coisas em uma cena que não prevemos que estarão lá e, portanto, que não vemos. É provável que você conheça o experimento do gorila invisível. Os pesquisadores apresentam aos participantes um vídeo de um grupo de pessoas passando uma bola de basquete e pedem aos participantes que calculem o número de passes do time vestido de branco.[11] Após o vídeo, os pesquisadores perguntam: "Você viu o gorila?". Cerca de metade dos participantes da pesquisa não tem ideia do que os pesquisadores estão falando. Mas, quando assistem ao vídeo pela segunda vez, com o conceito "gorila" agora na mente, ficam surpresos ao ver que um homem com fantasia de gorila entrou no círculo, ficou ali por alguns segundos e depois saiu. Ninguém o viu porque não previram "gorila".

No meu experimento preferido desse tipo, um pesquisador pede a um estudante indicações para chegar a um local específico em um *campus* universitário.[12] O aluno começa a dar as instruções. Depois, alguns "trabalhadores" – na verdade, dois outros pesquisadores – rudemente carregam uma porta entre o solicitante de instruções e quem está dando as instruções. À medida que a porta passa entre eles, o solicitante troca de lugar com um dos trabalhadores. Depois que a porta passa, quem dá as instruções se vê fazendo isso a um ser humano completamente diferente. E a maioria deles não percebe, apenas continua dando as instruções. Não esperamos que um ser humano se transforme magicamente em outro, portanto, não vemos isso quando acontece.

Em 1951, houve um jogo de futebol particularmente brutal entre Dartmouth e Princeton. Depois, os torcedores de ambos os times ficaram furiosos, porque, segundo eles, o time adversário havia sido muito cruel. Quando os psicólogos fizeram os estudantes assistirem novamente a um filme do jogo em um ambiente mais calmo, os alunos ainda acreditavam fervorosamente que o outro lado havia cometido o dobro de penalidades que o próprio time. Ao serem questionados sobre seus preconceitos, ambos os lados apontavam o filme do jogo como uma prova objetiva de que o seu lado estava certo. Como disseram os psicólogos que pesquisam esse fenômeno, Albert Hastorf e Hadley Cantril: "Os dados aqui indicam que não existe lá fora uma 'coisa' como um 'jogo' por si só, que as pessoas meramente 'observam'. O 'jogo' 'existe' para uma pessoa e é experienciado por ela apenas na medida em que certas coisas têm significados em termos

O QUE É UMA PESSOA? 63

do seu propósito".[13] Os estudantes das diferentes universidades construíram dois jogos diferentes dependendo do que queriam ver. Ou, como diz o psiquiatra Iain McGilchrist: "O modelo que escolhemos usar para compreender algo determina o que encontramos".[14]

Os pesquisadores gostam de expor as falhas em nossa maneira de ver, mas fico constantemente surpreso com o quão brilhante a mente humana é na construção de um mundo rico e belo. Por exemplo, em uma conversa normal, muitas vezes as pessoas falam mal de outras e pronunciam palavras incorretamente.[15] Se você ouvisse cada palavra dita por alguém isoladamente, não seria capaz de entender 50% delas. Mas, como sua mente é muito boa em prever quais termos provavelmente deveriam estar em cada frase, você pode facilmente criar um fluxo coerente de significado a partir da conversa.

O universo é um lugar monótono, silencioso e incolor – e afirmo isso de modo literal. Não existem cores e sons no universo, há apenas um monte de ondas e partículas. Mas, porque temos mentes criativas, percebemos sons e músicas, sabores e cheiros, cores e beleza, admiração e maravilhamento. Todas essas coisas estão aqui, na sua mente, não lá fora, no universo.

———

Mergulhei na neurociência para dar uma breve noção de quanta arte criativa as pessoas realizam a cada segundo do dia. E, se sua mente tem de trabalhar muito construindo para que você possa ver os objetos físicos à sua frente, imagine quanto trabalho ela tem de realizar a fim de construir sua identidade, sua história de vida, suas crenças e suas ideais. Há cerca de 8 bilhões de pessoas na Terra, e cada uma delas vê o mundo de uma maneira única, que nunca será igual.

Se eu quiser ver você, pelo menos um pouquinho, preciso ver como você enxerga o mundo. Preciso ver como você constrói sua realidade, como dá sentido a ela. Quero sair, pelo menos um pouco, do meu ponto de vista e embarcar no seu. Como se faz isso? O construcionismo sugere um caminho, um método para interagir com outras pessoas. Segundo essa abordagem, a última coisa que quero fazer é prender você e inspecioná-lo, como se você fosse uma amostra de laboratório. Não devo reduzi-lo a um tipo nem o restringir a um rótulo, como fazem muitos desses sistemas de tipologia humana – Myers-Briggs, o Eneagrama, o zodíaco e assim por diante.

Em vez disso, quero perceber você como um criador ativo. Quero entender como você constrói seu ponto de vista. Quero lhe perguntar como vê as coisas. Quero que me ensine sobre a energia duradoura dos acontecimentos antigos que influenciam a forma como você enxerga o mundo hoje.

Quero ver *com* você. Olhar para uma pessoa é diferente de olhar para uma coisa, porque uma pessoa olha para você de volta. Vou conhecê-lo ao mesmo tempo que você vai me conhecer. Uma conversa de qualidade é a essência de tal abordagem. Se quisermos nos tornar Iluminadores, precisamos primeiro perguntar e interagir com as respostas. Precisamos perguntar: como você vê isto? Está vendo a mesma situação que vejo? Precisamos também questionar: quais são as experiências e as crenças que fazem com que você veja desse modo? Por exemplo: o que aconteceu na sua infância que ainda o faz ver o mundo do ponto de vista de um excluído? O que há na sua vida doméstica que torna a celebração de feriados e jantares tão importante? Você odeia pedir favores. Por que isso é um problema para você? Você parece ter tudo, mas ainda assim é inseguro. Por quê?

À medida que temos essas conversas, nós nos tornamos mais conscientes dos modelos que usamos para construir a realidade. Passamos a conhecer melhor uns aos outros. Também passamos a conhecer melhor a nós próprios.

———

Antes do tsunâmi, Emmanuel Carrère via-se como um indivíduo isolado, um homem sem amor. Via a vida pelo prisma da ambição: "Eu, que vivo na insatisfação, na tensão constante, correndo atrás dos sonhos de glória e destruindo meus amores porque sempre imagino que, um dia, em outro lugar, encontrarei algo melhor". Ele estava preso a um conjunto de modelos que o fazia sentir-se perpetuamente insatisfeito com a própria vida, perpetuamente incapaz de ver a beleza das pessoas ao redor.

O trauma reorganizou seus modelos. Ele foi empurrado para um contato íntimo com a mente dos outros enquanto estes sofriam uma grande perda e suportavam uma grande dor. Carrère se sentou com essas pessoas, conversou com elas, entrou em suas experiências. Conheceu os outros de maneiras novas e poderosas e se tornou um tipo de Iluminador.

Quando entrou em vidas diferentes da sua, as perspectivas dele foram ampliadas e aprofundadas. Ele via os demais de forma diferente e se via diferente. Foi humanizado. Sentiu-se com mais afeição e viu o mundo com mais sabedoria. Esse é o efeito de ver os outros com mais profundidade. Como observou Robert Kegan, psicólogo de Harvard, o que o olho vê mais profundamente o coração tende a amar com mais ternura.

A melhor coisa que uma pessoa pode fazer é aprender com as lições da vida, os duros golpes, as surpresas e as realidades mundanas, refinando a própria consciência para que possa, pouco a pouco, ver o mundo com uma compreensão maior e com mais sabedoria, humanidade e graça. George Bernard Shaw estava certo: "A vida não é encontrar a si mesmo. A vida é criar a si mesmo".

CAPÍTULO 6

Boas conversas

É nisto que entraremos agora. Até o momento, exploramos a atenção que prestamos a outras pessoas, a postura de acompanhamento que podemos dedicar a elas e o que é, de fato, uma pessoa. Então entraremos no que é se envolver com alguém, sondar as profundezas de sua mente. Essa é uma das coisas mais cruciais e difíceis que um indivíduo pode fazer. Se obtiver sucesso em tal tarefa, será capaz de compreender as pessoas ao seu redor; se falhar, por sua vez, não será capaz de ler essas pessoas e as fará se sentir mal compreendidas. Sendo assim, qual é o caminho para você realizar esse empreendimento grandioso e transformador?

Bem, um banco de parque pode ser um bom lugar para começar.

A atividade épica que estou descrevendo é chamada de... ter uma conversa. Se uma pessoa tem um ponto de vista, então, para conhecê-la bem, você tem de lhe perguntar como ela vê as coisas. E não adianta tentar imaginar o que está se passando na mente dela. Você tem de perguntar. Tem de conversar.

O subtítulo deste livro é "A arte de ver os outros profundamente e de ser visto profundamente". Eu o escolhi, de modo específico, porque queria entender logo de cara sobre o que eu escreveria. Mas não é bem preciso, para ser honesto. Se o que estamos fazendo aqui é estudar como se conhece outra pessoa, o ideal seria: "A arte de ouvir os outros profundamente e de ser ouvido profundamente". Porque conhecer alguém, em geral, é mais uma questão de conversar e ouvir do que de ver.

É fácil ser um conversador medíocre. Difícil é dialogar com excelência. Conforme tentava entender como me tornar melhor nisso, descobri que tinha de superar ideias estranhas do que é ser um bom conversador. Muitas pessoas acham que um bom conversador é alguém que sabe contar histórias engraçadas. Mas esse é um contador de histórias, não um conversador. Há quem pense que um bom conversador é aquele que pode oferecer *insights* inteligentes sobre diversos tópicos, porém isso é ser um palestrante. Um bom conversador é um mestre em promover uma troca de mão dupla. Ele é capaz de conduzir as pessoas em uma expedição mútua em direção ao entendimento.

O estadista britânico Arthur Balfour ficou conhecido, entre outras coisas, pela Declaração Balfour de 1917, que anunciou o apoio britânico a uma pátria judaica na Palestina. "Sem hesitação, eu o considero o melhor conversador que já conheci",[1] seu amigo John Buchan observou certa vez. A habilidade particular de Balfour não era ser capaz de desarrolhar monólogos brilhantes ou expelir pérolas de sabedoria. Em vez disso, ele criava "um efeito comunitário forte, que acelerava e elevava toda a discussão e trazia à tona o que há de melhor nas outras pessoas". Balfour, continuou Buchan,

> partiria do comentário hesitante de um homem tímido e descobriria possibilidades inesperadas; iria sondá-lo e expandi-lo até que seu autor sentisse que, de fato, dera alguma contribuição para a sabedoria humana. No último ano da Guerra, às vezes, ele me permitia levar visitantes estadunidenses para almoçar com ele nos Jardins de Carlton, e lembro-me com que admiração o observava recebendo os convidados, aproveitando alguma palavra casual e tornando-a o pivô de especulações até que o orador não fosse apenas encorajado a dar o seu melhor, mas que esse melhor fosse infinitamente ampliado pela contribuição de seu anfitrião. Os convidados iam embora andando nas nuvens.

Uma boa conversa não é um grupo de pessoas fazendo uma série de declarações umas para as outras. (Na verdade, essa é uma conversa ruim.)

Uma boa conversa é um ato de exploração conjunta. Alguém sugere uma ideia meio formada. Outro aproveita o cerne da ideia, brinca com ela, oferece a sua perspectiva baseada nas próprias memórias e devolve para que um terceiro possa responder. Uma boa conversa nos estimula a ter pensamentos que nunca tivemos antes. Ela começa em um lugar e termina em outro.

Todo mundo sabe como é ter uma boa conversa? Nem de perto. Certa vez, ao telefone, um funcionário do governo estava me dando um sermão sobre uma coisa ou outra quando, de repente, a ligação caiu. Esperei que ele me ligasse de volta. Cinco minutos se passaram. Sete. Enfim, liguei para o escritório dele. A assistente disse que ele não conseguiria falar porque estava ao telefone. Falei a ela: "Você não está entendendo. Ele está ao telefone comigo! Mas não percebeu que nossa ligação caiu dez minutos atrás. Ele está falando sozinho!". Talvez eu traga isso à tona nas pessoas, mas, com frequência, eu me vejo recebendo o que o jornalista Calvin Trillin chama de "bombas de chatice" – pessoas que pensam que conversar é dar palestra. Tive de fazer uma resolução: se alguém me ligar ou me convidar para um café e depois falar comigo sem sequer uma única molécula de interesse no que eu possa estar pensando, não voltaremos a desfrutar da companhia um do outro.

Quando se trata das minhas habilidades de conversação, é provável que eu seja como todo mundo: devo achar que sou melhor do que na verdade sou. Em minha defesa, não é tudo culpa minha. Deveríamos ensinar explicitamente às pessoas, desde a infância, a serem boas conversadoras. Mas não ensinamos. Em uma tentativa de compensar essa falta, passei algum tempo falando com especialistas em conversa e lendo seus livros. Montei uma lista de algumas das maneiras não óbvias de se tornar um conversador melhor:

TRATE A ATENÇÃO COMO UM INTERRUPTOR LIGA/DESLIGA, NÃO COMO UM CRONÔMETRO.

Todos já tivemos a experiência de contar algo a alguém e perceber que ele não está de fato ouvindo. Parece que você envia uma mensagem, mas a pessoa nem percebe. Você fica constrangido, começa a gaguejar e, por fim, desiste. O problema é que um indivíduo médio fala a um ritmo de cerca de 120 a 150 palavras por minuto,[2] o que não é suficiente para ocupar o cérebro da pessoa com quem se fala. Se você é ansioso, é provável que tenha a cabeça cheia de pensamentos que ameaçam sequestrar sua atenção de tudo o que a pessoa à sua frente está dizendo. A solução, como ouvinte, é tratar a atenção como tudo ou nada. Se você está ali naquela conversa, deve parar de fazer qualquer outra coisa e apenas ficar *atento*. Você vai aplicar o método que especialistas chamam de SLANT, na sigla em inglês, mas que pode ser traduzido nos seguintes passos: sente-se, incline-se para a frente, faça perguntas, acene com a cabeça, siga o falante. Ouça com os olhos. Isso é que é prestar 100% de atenção.

SEJA UM OUVINTE EXPLÍCITO. Quando alguém estiver falando, ouça tão ativamente que parecerá estar queimando calorias. Observe Oprah Winfrey, uma verdadeira mestra da conversação enquanto entrevista alguém. É possível notar o que ela sente, seu comportamento altamente reativo às emoções que a outra pessoa está descrevendo. Sua boca fica aberta de surpresa, seus olhos brilham de alegria. Quando a conversa toma um rumo feliz, ela responde com afirmações verbais melodiosas como "ahhh!" e "êêêê!", em um coro sutil de encorajamentos. Assim que o diálogo toma um rumo triste ou sério, ela adota um olhar preocupado e senta-se em silêncio atento, permitindo uma pausa lenta que convida a uma reflexão mais profunda.

Ou pense em meu amigo Andy Crouch, que ouve os outros como se ele fosse um congregante de uma igreja carismática. Conforme você está falando, ele enche o ar com grunhidos e *ahás*, *améns*, *aleluias* e gritos de "exato!". Adoro conversar com Andy.

Em uma conversa, todos estão enfrentando um conflito interno entre a autoexpressão e a inibição. Se você ouvir de modo passivo, a outra pessoa provavelmente ficará inibida. A escuta *ativa*, ligada ao outro lado, é um convite à expressão. Uma maneira de pensar nisso é por meio da metáfora da hospitalidade. Quando você está ouvindo, age como o anfitrião de um jantar. Prepara o cenário. Exala receptividade para seus convidados, mostrando o quão feliz está por recebê-los, aproximando-os de onde querem estar. Quando você está falando, é como se fosse o convidado de um jantar. Está trazendo presentes.

FAVOREÇA A FAMILIARIDADE. Você pode pensar que as pessoas adoram ouvir e falar sobre coisas novas e desconhecidas. Na verdade, elas adoram falar sobre um filme que já viram, o jogo a que já assistiram. O psicólogo social Gus Cooney e seus pares descobriram que existe uma "penalidade de novidade" quando falamos. Pessoas têm dificuldade em imaginar e ficar entusiasmadas com o desconhecido, mas adoram falar sobre o que já sabem. Para fazer uma conversa se desenrolar, descubra no que a outra pessoa está mais interessada. Se estiver usando uma camiseta esportiva, pergunte-lhe sobre isso. Se tiver uma bela motocicleta, comece com uma pergunta sobre ela.

FAÇA-OS AUTORES, NÃO TESTEMUNHAS. As pessoas não são específicas o suficiente quando contam histórias; tendem a deixar de fora os detalhes. Mas, se você fizer perguntas específicas – "Onde estava seu chefe quando disse isso? E o que você respondeu?" –, é provável que o outro revisite o momento de uma forma mais vívida. Bons conversadores pedem histórias sobre eventos específicos ou experiências, e aí vão ainda mais longe. Não querem apenas falar sobre o que aconteceu, querem saber como você encena o que aconteceu. Querem entender o que você sentiu quando seu chefe lhe disse que você estava demitido. Seu primeiro pensamento foi "Como vou contar para minha família?"? Que emoção mais se destacou naquele momento: medo, humilhação, talvez alívio?

Um bom conversador lhe perguntará como está se sentindo agora sobre o que experimentou naquela época. Em retrospecto, aquilo desencadeou um desastre completo ou o colocou em um novo caminho pelo qual você é grato hoje em dia? Às vezes, coisas difíceis de viver são muito gratificantes de lembrar. É seu trabalho extrair que lições seus interlocutores aprenderam e como mudaram depois do ocorrido.

NÃO TEMA A PAUSA. Algumas conversas rápidas são divertidas. As pessoas contam histórias engraçadas ou comentam completando as frases umas das outras. Mas, outras vezes, alguém diz algo importante que requer reflexão. Para seu livro *You're Not Listening*, Kate Murphy passou algum tempo com o clube de improvisação Second City para aprender como os comediantes ouvem uns aos outros. Enquanto estava lá, conheceu o diretor artístico, Matt

Hovde. Dando aulas de improvisação, Hovde segura seu braço diretamente e pergunta: "Se uma história que alguém está contando para você começa no ombro e termina na ponta dos dedos, onde paramos de ouvir?".[3] Para a maioria das pessoas, por volta do cotovelo é onde elas param de realmente ouvir e começam a formular uma resposta.[4] E isso é um problema, porque falar e ouvir envolvem muitas das mesmas áreas cerebrais, então, quando você entra no modo de resposta, sua capacidade de escutar se deteriora. Como um bom comediante de improvisação, um bom conversador controla a impaciência e ouve para entender, em vez de responder. Isso significa que esperará até o fim do comentário da outra pessoa e, em seguida, fará uma pausa por alguns instantes para considerar como responder ao que foi dito, levantando a mão, para que o outro indivíduo não continue falando. Respiros criam espaço para reflexão.

Em seu livro, Murphy observa que a cultura japonesa incentiva as pessoas a fazerem uma pausa e refletirem antes de responder.[5] Um estudo sobre empresários japoneses descobriu que, em geral, eles se sentem confortáveis com pausas de oito segundos entre um comentário e outro, aproximadamente o dobro do tempo que os estadunidenses toleram. Eles são sábios em aceitar aquela pausa.

FAÇA O *LOOPING*. Os psicólogos têm um conceito que chamam de *looping*. É quando você repete o que alguém acabou de dizer para se certificar de que entendeu com precisão o que ele estava tentando transmitir. Especialistas em conversação recomendam essa prática um tanto desajeitada porque as pessoas tendem a acreditar que são muito mais transparentes do que de fato são, julgando que estão sendo mais objetivas do que são. Alguém pode dizer: "Às vezes, minha mãe é difícil" e presumir que a outra pessoa sabe exatamente do que ele está falando. Os especialistas sugerem que, quando alguém expressa algo importante, você deve responder com uma pergunta do tipo "O que ouvi você dizer é que ficou chateado com sua mãe?". Se tentar esse método, perceberá com que frequência você interpreta as pessoas incorretamente; aquele orador pode esclarecer com: "Não, eu não estava com raiva da minha mãe. Só me senti diminuído por ela. Há uma diferença". O *looping* o força a ouvir com mais atenção. Outras pessoas irão sentir a mudança em você. Também é uma boa maneira de manter o outro focado em seu ponto central, em vez de se afastar para as tangentes. O problema é que há quem, inclusive eu, sinta-se um pouco falso com esse método. Se eu disser "Então, o que ouço de você é..." seis vezes em uma conversa de vinte minutos, vou acabar soando mais como um analista de desempenho do que como um amigo conversando. Assim, tento fazer isso de uma forma menos formal. Acho mais natural parafrasear, com algo do tipo: "Então você ficou chateado com sua mãe?", e fazer uma pausa para ver se a pessoa concorda com minha paráfrase.

O MODELO DA PARTEIRA. Muitas boas conversas são recíprocas. Cada interlocutor ocupa metade do tempo. Mas uma boa conversa é, por necessidade, desequilibrada. Uma pessoa está passando por dificuldades ou enfrentando uma grande decisão na vida, e a outra está apta a acompanhá-la em seu processo de deliberação. Em tais circunstâncias, os bons conversadores adotam a postura da parteira. Ela não está dando à luz, e sim ajudando a outra mulher nesse processo. Na conversa, uma parteira não está lá para liderar com *insights*, mas para receber e desenvolver os *insights* que sua paciente oferece. A parteira está ali para fazer a pessoa se sentir segura, no entanto também para cutucá-la. Sempre há maneiras pelas quais não somos honestos com nós mesmos. A parteira está lá para encorajar uma honestidade mais profunda.

Parker J. Palmer é um proeminente educador quáquer e o autor de *To Know as We Are Known*, que citei no capítulo 3. Na década de 1970, ele teve a chance de se tornar reitor de uma faculdade.[6] Para refletir sobre a decisão, ele se envolveu em uma prática quáquer de conversa que envolve um órgão denominado comitê de clareza. Esse comitê é um grupo que simplesmente faz perguntas e permite que a pessoa chegue às próprias conclusões. Alguém perguntou a Palmer por que ele queria ser reitor. Ele passou a listar todas as coisas de que não gostava naquele papel – a busca por recursos, a política, não poder mais ensinar. Outra pessoa disse: "Entendo do que você *não* gosta, mas do que você *gosta*?".

Palmer mencionou que gostaria de ter uma mesa com uma plaquinha dizendo "Reitor". Enfim, alguém do comitê de clareza perguntou: "Você consegue pensar em uma maneira mais fácil de colocar sua foto no jornal?". Palmer riu e percebeu que, na verdade, não queria o emprego. Ficou grato ao comitê por lhe dar uma oportunidade de ouvir a si mesmo. Às vezes não conseguimos entender verdades pessoais até que nos ouvimos dizê-las.

FOQUE A DECLARAÇÃO-CHAVE. Nas conversas difíceis, o mediador Adar Cohen julga que há uma "declaração de ouro", ou a declaração-chave que está por baixo do desacordo, algo em que ambos os interlocutores concordam: "Mesmo que não concordemos com os cuidados médicos de nosso pai, nunca duvidei de suas boas intenções. Sei que nós dois queremos o melhor para ele". Se puderem chegar à declaração-chave durante um conflito, talvez possam manter o relacionamento entre vocês forte.

ENCONTRE O DESACORDO SOB O DESACORDO. Ao discutir, o natural é reafirmar o seu ponto de vista até que a outra pessoa veja o problema da mesma forma que você. A coisa mais interessante a fazer é: "Por que, no fundo, discordamos? Qual discordância de valores está subjacente ao nosso desacordo?". Talvez vocês discordem sobre os regulamentos de armamento porque têm noções radicalmente diferentes de segurança pública ou do papel do governo, ou talvez um de vocês seja de uma cidade do interior e o outro de uma cidade grande. Ao procurar o desacordo sob o desacordo, encontram as raízes morais e filosóficas do porquê acreditam no que acreditam. Estarão envolvidos em uma exploração mútua. De repente, em vez de apenas repetir os argumentos, ouvirão histórias um do outro. Como a neurocientista Lisa Feldman Barrett diz: "Ficar curioso sobre a experiência do seu amigo é mais importante do que estar certo".

NÃO SEJA SOBERBO. Se alguém lhe disser que está tendo problemas com seu filho adolescente, não se vire e diga: "Eu sei exatamente o que você quer dizer. Estou tendo problemas inacreditáveis com meu Steven". Você pode pensar que está tentando construir uma conexão compartilhada, mas o que está fazendo é voltando a atenção para si mesmo. Está dizendo, na verdade: "Seus problemas não são tão interessantes quanto o meu; deixe-me contar sobre os meus, que são muito mais fascinantes". Se deseja construir uma conexão compartilhada, tente dialogar com a experiência do outro antes de expor a sua.

Mónica Guzmán, a jornalista que escreveu um livro chamado *I Never Thought It That Way*, atualmente trabalha para o Braver Angels, um grupo que reúne republicanos e democratas para que ambos os lados conversem. A lição que ela tirou de sua experiência é a mesma lição que aprendi: "A experiência de ser *ouvido* com atenção em um tópico – até que seu significado fique bem claro para outro ser humano – é muito rara na vida".[7]

Nosso objetivo é tornar isso menos raro. Os tipos de habilidades sociais que tentei descrever aqui podem nos conduzir a parte desse caminho. Mas aprender a fazer as perguntas certas também é uma habilidade vital no repertório de um bom conversador. É nisso que vamos nos concentrar a seguir.

CAPÍTULO 7

As perguntas certas

Tenho um amigo chamado David Bradley que faz fichamentos. Você vai até ele com um problema. Talvez tenha uma oportunidade de emprego ou esteja se perguntando se deveria se casar – ou se divorciar. Quando fui até ele uma década atrás, eu estava me sentindo sobrecarregado. Gastava meu tempo com solicitações de outras pessoas e não era capaz de concentrar minha energia nas coisas que considerava mais importantes. Apresentei meu problema para David, que começou fazendo perguntas. No meu caso, foram questões sobre três tópicos: meus objetivos (o que você quer oferecer ao mundo?), minhas habilidades (quando se sente mais vivo?) e minha agenda (como exatamente você preenche seus dias?). Esses foram os questionamentos que me tiraram das complexidades diárias de minha vida corrida e me forçaram a olhar para o quadro geral.

Após isso, David me entregou um jornal e pediu a mim que lesse enquanto ele digeria o que eu tinha respondido. Então, minutos mais tarde, começou a fazer anotações em fichas. Eu me vi lendo o jornal, mas tentando dar uma espiada no que quer que ele estivesse escrevendo naqueles cartões. Cerca de dez ou quinze minutos depois, ele os colocou diante de mim. Não continham a resposta ao meu problema, mas me ofereciam uma estrutura analítica para me ajudar a pensar sobre ele. No meu caso, David listou as coisas que eu queria fazer em um cartão e as coisas que eu estava fazendo em outro cartão. Em um terceiro, havia escrito uma estratégia para fazer com que o cartão B se parecesse mais com o cartão A.

Já se passaram anos desde que David fez seu último fichamento sobre mim, mas ainda guardo os cartões que ele me deu naquele dia em uma prateleira no escritório, como um lembrete da estrutura que me ofereceu. Suas perguntas me ajudaram a me distanciar de um problema no qual estava mergulhado demais para enxergar. David fez esse exercício com centenas de pessoas ao longo dos anos. Conheço quem tenha os cartões de David presos na moldura do espelho para o qual olham todas as manhãs. As pessoas o procuram vinte anos depois de passarem pelo fichamento para dizer o quão transformadora fora a experiência. Perguntei-lhe por que acha que isso acontece. "Muitas vezes as pessoas não tiveram alguém que lhes falasse sobre elas mesmas", ele respondeu.

David adquiriu a habilidade contratando funcionários. Na vida profissional, ele abriu duas empresas de consultoria de sucesso e depois comprou e relançou a revista *The Atlantic*. Foi bem-sucedido porque é fantástico em ver e escolher os colaboradores certos.

As entrevistas de emprego são notoriamente pouco confiáveis, em parte porque a maioria das pessoas não é boa em ver o outro e em parte porque os inivíduos se candidatam aos empregos e depois mentem para consegui-los. David contrata bem porque é muito focado. A primeira coisa que procura em um candidato é "talento extremo". E ele define esse talento de forma restrita. Não quer alguém que diz adorar dar aulas; quer ouvir alguém que identifique uma tarefa de ensino específica em que se destaca, como "adoro elaborar o plano de aula", ou "adoro alfabetizar", ou "adoro dar aulas particulares". "As pessoas adoram fazer aquilo em que são boas", diz ele. É possível ir longe com um conjunto estrito de habilidades.

Em segundo lugar, David procura um "espírito de generosidade". Será que essa pessoa é gentil com as outras? Uma maneira pela qual ele tenta discernir esse traço é usando a técnica "leve-me de volta". Ao questionar os candidatos sobre a vida deles, David percebeu, eles tendem a começar no meio, com a carreira. Então, ele pergunta: "Leve-me de volta para quando você nasceu". Assim, é possível tirar as pessoas da conversa sobre a vida profissional e falar sobre a pessoal. Pode-se começar a ter uma noção de como tratam as outras e do que fazem para tornar o mundo um lugar melhor. "As pessoas respondem melhor com histórias. Quando estão no fio de uma narrativa, ficam confortáveis e falam de forma mais ampla", diz Bradley. Em uma entrevista de emprego, ele se concentra, sobretudo, na experiência de alguém no Ensino Médio. A pessoa se sentiu excluída? Tinha empatia pelos impopulares? "A única coisa de que você pode ter certeza sobre todo mundo é que ninguém escapa ileso do Ensino Médio. Seja qual tiver sido sua escola, os medos estavam lá e ainda estão lá." David está acessando a vulnerabilidade da pessoa, tentando vê-la como um todo.

Pessoas como Bradley são questionadoras. Sentem-se confortáveis questionando os outros, seja em reuniões, seja durante uma refeição. Mas não é todo mundo assim? Bem, não, embora a maioria de nós comece assim. Em média, uma criança faz cerca de quarenta mil perguntas entre os dois e cinco anos.[1] E a maioria delas faz isso de maneira fantástica. Niobe Way é uma educadora que um dia estava ensinando alunos do oitavo ano a conduzir entrevistas. Ela se tornou a primeira entrevistada e disse-lhes que poderiam perguntar-lhe qualquer coisa. Veja como foi uma dessas entrevistas:

ALUNO A: Você é casada?

WAY: Não.

ALUNO B: Você é divorciada?

WAY: Sim.

ALUNO C: Você ainda o ama?

WAY: (Suspiro profundo)

ALUNO D: Ele sabe que você ainda o ama? Ele sabe?

WAY: (Lágrimas nos olhos)

ALUNO E: Seus filhos sabem?

As crianças não têm medo de fazer perguntas diretas. Mas, em algum momento, no fim da infância ou da adolescência, muitos de nós começamos a nos afastar da intimidade. Eu diria que é porque a sociedade envia a mensagem de que não deveríamos demonstrar emoções, não deveríamos ser pessoais; ou envia a mensagem de que, se mostrarmos ao mundo quem realmente somos, as pessoas não gostarão de nós. Fazer boas perguntas pode ser uma atividade estranhamente vulnerável. Você está admitindo que não sabe algo. Um mundo inseguro e autoprotetor tem menos perguntas.

Enquanto estive nessa jornada de descoberta, comecei a prestar muita atenção em quais pessoas são questionadoras e quais não são. Minha estimativa é de que cerca de 30% das pessoas com quem interajo sejam questionadoras naturais. Você está almoçando ou em uma chamada de Zoom, e elas viram-se para você com várias curiosidades. As 70% restantes podem ser encantadoras, mas não são questionadoras; passam a maior parte da conversa se apresentando. Às vezes, saio de uma festa e penso: "Ninguém me fez uma única pergunta".

———

Não sei se sou questionador por natureza ou não, porque não tenho escolha. Estou no jornalismo há quarenta anos. Fazer perguntas é a essência da minha profissão. Em meu primeiro emprego de verdade, fui repórter policial do City News Bureau de Chicago. Tive duas tarefas no meu primeiro dia. Um adolescente havia se suicidado e precisei ligar para os vizinhos, a fim de perguntar se sabiam o motivo. Um funcionário municipal morreu em um acidente de carro e precisei pedir um comentário à viúva dele. Odiei essas tarefas. Desde aquele dia, tive mais dificuldade em levar a expressão "ética jornalística" inteiramente a sério. Mas, durante meu breve período naquele emprego, também tive de romper algumas barreiras de reticência. Treinei-me para abordar estranhos e fazer-lhes perguntas em momentos desconfortáveis. Aprendi que às vezes perguntas simples são melhores. Uma das maiores entrevistas da minha vida aconteceu em Moscou, em 1991. Havia tanques nas ruas. A cidade inteira estava em tumulto, e o Movimento de Reforma Democrática competia com a velha guarda soviética. Conheci uma mulher de 94 anos chamada Valentina Kosieva. Perguntei sobre sua história de vida. Ela me contou sobre o pogrom de 1905, quando os cossacos atiraram em membros de sua família; sobre os acontecimentos em torno da revolução de 1917, quando ela quase foi executada por um pelotão de fuzilamento; sobre 1937, quando a polícia invadiu seu apartamento, prendeu seu marido e mandou-o para a Sibéria, para nunca mais ser visto; sobre 1944, quando os nazistas espancaram seu filho até a morte; e assim por diante. Cada trauma que foi infligido ao povo russo foi infligido também nela. Acabei por perguntar o mesmo várias vezes: "E, então, o que aconteceu?".

Aprendi outra lição valiosa sobre como fazer boas perguntas com Condoleezza Rice. Quando era secretária de Estado, ela me convidava para seu escritório a cada dois meses ou mais para uma reunião em *off*. Eu não cobria muito política externa nem sabia muito sobre suas atividades diárias, então minhas perguntas eram mal-informadas e meio burras. Por fim, perguntei por que ela continuava me convidando a ir lá. Ela disse que era porque minhas perguntas eram tão amplas e gerais que a ajudavam a se afastar do trabalho diário e enxergar o panorama como um todo. Às vezes, uma pergunta ampla e burra é melhor do que uma pergunta inteligente, sobretudo aquela destinada a mostrar o quão bem-informado você está.

Passei a pensar no questionamento como uma prática moral. Ao fazer uma boa pergunta, você está adotando uma postura de humildade. Está confessando que não sabe e que quer aprender. Também está homenageando aquela pessoa. Todos gostamos de pensar que somos tão inteligentes que podemos imaginar o que está acontecendo na mente do outro. Mas a evidência mostra que isso não é verdade. As pessoas são muito diferentes, muito complicadas, muito idiossincráticas.

Como observa o psicólogo Nicholas Epley, a *tomada* de perspectiva não é confiável, mas a *recepção* da perspectiva funciona muito bem. Se quero conhecer você, não é porque tenho a habilidade mágica de perscrutar sua alma, é porque tenho a habilidade de fazer o tipo de pergunta que lhe dará a chance de me contar quem você é.

———

Os piores tipos de perguntas são os que não envolvem uma entrega de poder, mas, sim, que avaliam, como: Onde você fez faculdade? Em que bairro você mora? O que você faz? Elas indicam: "Estou prestes a julgar você".

Perguntas fechadas também são ruins. Em vez de se passar a bola, o questionador está impondo um limite sobre como a questão pode ser respondida. Por exemplo, se você mencionar sua mãe e eu perguntar "Vocês são próximas?", limitei a descrição do relacionamento de vocês para o quadro próximo/distante. É melhor perguntar: "Como está sua mãe?". Isso dá ao respondente a liberdade de ir tão fundo ou tão superficial quanto quiser.

Uma terceira maneira certeira de encerrar conversas é fazer perguntas vagas, como "Como vai?" ou "E aí?". Estas são impossíveis de responder. São outra maneira de dizer: "Eu o estou cumprimentando, mas, na verdade, não quero que responda".

Perguntas humildes são abertas. Incentivam o outro a assumir o controle e a levar a conversa para onde ele quer que ela vá. São as que começam com frases como "Como você...", "Como é...", "Fale-me sobre...", "De que maneiras...". Em seu livro *You're Not Listening*, Kate Murphy descreve uma profissional de pesquisa de mercado que estava tentando entender por que as pessoas vão ao supermercado tarde da noite. Em vez de perguntar de forma direta: "Por que você vai tarde ao supermercado?", o que pode soar acusatório, ela pergunta: "Conte-me sobre a última vez que você foi ao mercado depois das onze da noite".[2] Uma mulher tímida e despretensiosa que dissera pouco até então levantou a mão e respondeu: "Eu tinha acabado de fumar um baseado e estava em busca de um *ménage-à-trois*: eu, o sorvete e a calda". Como a profissional fez uma pergunta aberta, a mulher sentiu-se capacitada para ir muito além do estreito tópico sobre supermercados e contar-lhe algo mais amplo sobre seus prazeres e sua vida.

Eventualmente você está em um churrasco ou em um trabalho com pessoas que não conhece ou conhece pouco. Quando um Iluminador está nessas situações, ele fará perguntas que buscam traçar semelhanças. Aprendi a perguntar às vezes: "Onde você cresceu?", o que faz as pessoas falarem sobre sua cidade natal. Viajo muito a trabalho, então há uma boa chance de saber algo sobre sua cidade. Entre outras perguntas introdutórias fáceis, estão: "Que nome lindo. Como seus pais o escolheram?". Isso estimula conversas sobre antecedentes culturais e histórias de família. Essas conversas, muitas vezes, levam a bons destinos.

Em uma festa, anos atrás, eu estava conversando com um estranho, mas rapidamente descobrimos o que tínhamos em comum. Éramos escritores, embora ele fosse um romancista e eu escrevesse não ficção. Começamos a falar sobre diferenças e semelhanças entre nossos processos de escrita, e ele me perguntou: "Você já tomou uma taça de vinho enquanto escreve?". Respondi que não poderia, pois preciso manter minha mente afiada ao escrever. Então ele questionou se eu já tinha bebido *depois* de terminar a escrita. Sim, falei, talvez eu tenha tomado uma taça de vinho, assim como ele. Esse escritor me perguntou por quê. Respondi que escrever não ficção é uma atividade tão focada e disciplinada que muitas vezes sentia a necessidade de relaxar depois. Ele me disse que escrever ficção é uma tarefa tão emocionalmente desinibida que muitas vezes precisava se recompor depois. Tínhamos a mesma prática, mas por motivos opostos, e nossa troca me fez pensar em como os trabalhos que desempenhamos definem a maneira como estamos no mundo. Se eu me tornasse um romancista, provavelmente seria mais emocionalmente intenso.

Uma conversa como essa, pautada em uma pergunta inesperada e em uma coisa que tínhamos em comum, foi uma exploração mútua. Usamos nossas experiências para saber algo sobre o outro e sobre nós mesmos. Outras vezes você estará em uma mesa de jantar ou em um evento com pessoas que conhece ao menos um pouco ou que queria conhecer. Em situações assim, os Iluminadores fazem *grandes perguntas*. É fácil passar uma noite agradável apenas com pequenas perguntas, mas é possível ter um jantar muito memorável se alguém fizer uma grande pergunta. Recentemente, estive em um jantar com um cientista político que largou o garfo e disse para nós quatro: "Tenho oitenta anos. O que devo fazer com o restante da minha vida?". Foi uma pergunta muito humilde, mas grandiosa. Em essência, ele estava perguntando: "Qual é a melhor maneira de envelhecer?". Começamos a conversar sobre seus valores e as questões às quais ele queria responder em suas pesquisas futuras, e refletimos sobre como alguém deveria passar os últimos anos de sua vida. Foi fantástico.

Grandes questões interrompem as rotinas diárias nas quais as pessoas caem e levam-nos a dar um passo para trás e enxergar nossa vida com certo distanciamento. Aqui estão algumas das minhas perguntas favoritas para isso:

- "Em que encruzilhada você está?". A qualquer momento, a maioria de nós está no meio de alguma transição. A pergunta ajuda as pessoas a se concentrarem nas delas.

- "O que você faria se não tivesse medo?". A maioria das pessoas sabe que o medo desempenha algum papel em sua vida, mas não definiu bem como isso a está bloqueando.
- "Se você morresse esta noite, do que se arrependeria de não ter feito?"
- "Se nos encontrarmos daqui a um ano, o que estaremos comemorando?"
- "Se os próximos cinco anos forem um capítulo da sua vida, serão um capítulo sobre o quê?"
- "Você pode ser você mesmo e ainda assim se encaixar em seu ambiente?"

Peter Block é um autor e consultor que escreve sobre desenvolvimento comunitário e envolvimento cívico. Ele é mestre em como fazer perguntas que tirem você da rotina e o convidem a novas reavaliações. Aqui estão algumas delas: "Qual é o não, ou a recusa, que você continua adiando?"; "Para o que você disse sim, mas não acredita mais?"; "Que perdão você está guardando?"; "Como você contribuiu para o problema que está tentando resolver?"; "Qual é o dom que você esconde?".[3]

Mónica Guzmán, a jornalista que citei no último capítulo, pergunta às pessoas: "Por que você?".[4] Por que foi *você* quem começou esse negócio? Por que foi *você* quem sentiu a responsabilidade de concorrer para o conselho da escola?

Há uns anos, conheci alguns homens que dirigem um programa para jovens membros de gangues de Chicago. Esses jovens sofreram violências e traumas que muitas vezes os levam a reagir de forma exagerada. Uma das perguntas comuns dos diretores do programa é: "Por que isso é um problema para você?". Em outras palavras, estão perguntando: "Que acontecimento no seu passado produziu essa intensa reação atual?".

Com frequência, pensamos que conversas profundas devem ser dolorosas ou destrutíveis. Tento compensar isso fazendo perguntas sobre os lados positivos da vida:

"Conte-me sobre quando você teve de se adaptar a mudanças."

"O que está funcionando muito bem em sua vida?"

"No que você é mais confiante?"

"Qual dos seus cinco sentidos é o mais forte?"

"Você já esteve sozinho sem se sentir sozinho?"

"O que ficou mais evidente para você à medida que envelheceu?"

———

Na sociedade moderna, em geral evitamos perguntar coisas assim. Acho que temos medo de invadir a privacidade alheia ou medo de que a conversa fique muito pesada. É uma preocupação legítima. Mas descobri que, em quase todos os casos, as pessoas são tímidas demais para fazer perguntas, não agressivas. Estão mais ansiosas para ter conversas profundas do que você pensa.

Ao fazer a pesquisa para este livro, entrevistei muita gente – líderes de seminários, facilitadores de conversas, psicólogos, profissionais de pesquisas de mercado, biógrafos e jornalistas – cujo trabalho é fazer perguntas sobre a vida do outro. Indaguei a esses especialistas quantas vezes alguém os observa e diz: "Não é da sua conta". Cada profissional que consultei tinha basicamente a mesma resposta: "Quase nunca". As pessoas desejam receber perguntas sobre quem elas são. "A necessidade humana de se apresentar é poderosa",[5] observa o psicólogo Ethan Kross. Um estudo de 2012 realizado por neurocientistas de Harvard mostrou que as pessoas muitas vezes sentiam mais prazer em compartilhar informações sobre si do que ganhar dinheiro.[6] O psicólogo belga Bernard Rimé descobriu que as pessoas se sentem ainda mais compelidas a falar sobre experiências negativas.[7] Quanto mais negativa for a experiência, mais vão querer falar sobre ela.

Ao longo da minha carreira como jornalista, também descobri que, se você fizer perguntas com respeito, elas serão respondidas com uma franqueza de tirar o fôlego. Studs Terkel foi um jornalista que coletou histórias orais ao longo de sua longa carreira em Chicago. Ele fazia grandes questionamentos às pessoas, depois se sentava e deixava que as respostas se desenrolassem. "Ouça, ouça, ouça, ouça e, se você ouvir, as pessoas irão falar", ele observou certa vez. "Elas sempre falam. Por quê? Porque ninguém nunca as escutara antes em sua vida. Talvez nem elas mesmas."

Cada pessoa é um mistério. E, quando se está cercado de mistérios, como diz o ditado, é melhor viver a vida na forma de uma pergunta.

PARTE 2

Eu vejo sua luta

CAPÍTULO 8

A epidemia de cegueira

Então veio a crise das conexões.

Até agora, detalhei o processo para conhecermos alguém como se vivêssemos em tempos normais. Escrevi como se estivéssemos em um ambiente cultural saudável, em uma sociedade na qual os indivíduos estão enredados em comunidades densas e teias de amizade, confiança e pertencimento, mas não é onde vivemos. Habitamos um mundo em que animosidades políticas, desumanidade e colapso social minam os vínculos, criam tensão nas amizades, apagam a intimidade e fomentam a desconfiança. Estamos vivendo em meio a uma vasta crise emocional, relacional e espiritual. É como se as pessoas tivessem perdido a capacidade de se ver e de se compreender mutuamente, produzindo, assim, uma cultura que pode ser violenta e apartada.

Os índices de depressão têm aumentado desde o início do século XXI.[1] Entre 1999 e 2019, as taxas de suicídio nos Estados Unidos aumentaram em 33%. Entre 2009 e 2019, a porcentagem de adolescentes que relataram "sentimentos persistentes de tristeza ou de falta de esperança" aumentou de 26% para 37%.[2] Em 2021, havia disparado para 44%.[3] A porcentagem de estadunidenses que disseram não ter amigos próximos quadruplicou entre 1990 e 2020. Em uma pesquisa, 54% dos estadunidenses relataram que ninguém os conhece bem. O número de adultos sem parceiro romântico aumentou em um terço.[4] Mais especificamente, 36% dos estadunidenses relataram que se sentiam sozinhos com frequência ou quase o tempo todo, entre os quais 61% de jovens adultos e 51% de jovens mães. As pessoas estão passando muito mais tempo sozinhas. Em 2013, estadunidenses passavam em média seis horas e meia por semana com amigos.[5] Em 2019, passavam apenas quatro horas semanais com amigos, uma queda de 38%. Até 2021, à medida que a pandemia de covid-19 se alastrava, esse tempo caiu para duas horas e quarenta e cinco minutos, um declínio de 58%. A pesquisa General Social Survey pediu a estadunidenses que avaliassem seus níveis de felicidade. Entre 1990 e 2018, a parcela que se colocou na categoria de felicidade mais baixa aumentou em mais de 50%.[6]

Essas são estatísticas. Todos já deparamos com essa solidão, tristeza e ansiedade na vida cotidiana. Quase toda semana, ao que parece, falo com um pai cujo filho está lidando com uma crise de saúde mental. Em 2021, dei uma palestra em Oklahoma e depois, durante o período de perguntas e respostas, uma mulher enviou uma questão: "O que fazer quando não se quer mais estar viva?". Fiquei assombrado pela pergunta, até porque não sabia como responder. Mencionei meu constrangimento em um jantar na noite seguinte, e uma das convidadas relatou que seu irmão havia cometido suicídio alguns meses antes. Então contei de novo esses eventos para um grupo de amigos em uma chamada de Zoom, e quase metade das pessoas na ligação disse ter tido algum problema com suicídio na família.

A partir de 2018, uma infinidade de livros foi publicada traçando o declínio catastrófico nas relações humanas em toda a sociedade. Trouxeram títulos como *Lost Connections* ("Conexões perdidas"), *The Crisis of Connection* ("A crise da conexão") e *The Lonely Century* ("O século solitário"). De diferentes maneiras, eles nos apresentam o mesmo mistério desconcertante: o que mais precisamos é de relacionamentos. E em que somos piores? Relacionamentos.

Os efeitos disso são prejudiciais e se reforçam. A desconexão de amizades distorce a mente. Quando se sentem invisíveis, as pessoas tendem a se desligar socialmente.[7] Pessoas solitárias e invisíveis tornam-se desconfiadas. Ficam mais ofendidas. Têm medo daquilo de que mais precisam, que é o contato íntimo com outros humanos. São varridas por ondas de autoaversão e dúvida. Afinal, é vergonhoso perceber que aparentemente você não merece a atenção de outras pessoas. Muitas endurecem em sua solidão. Criam ilusões. "A solidão ofusca", o cientista interdisciplinar Giovanni Frazzetto escreveu em seu livro *Together, Closer*. "Torna-se um filtro enganador, através do qual vemos a nós mesmos, aos outros e ao mundo. Isso nos torna mais vulneráveis à rejeição e aumenta nosso nível geral de hipervigilância e insegurança em situações sociais."[8] Nós nos vemos como os outros nos veem e, quando nos sentimos invisíveis, a tendência é nos derrubarmos.

Recentemente, perguntei a uma amiga do ramo editorial que tipo de livros são mais vendidos hoje em dia. Livros sobre cura, disse ela, acrescentando que as pessoas querem encontrar maneiras de se curar. O psiquiatra Bessel Van der Kolk lançou a obra *O corpo guarda as marcas: cérebro, mente e corpo na cura do trauma*, que é uma das mais vendidas da nossa época. É sobre trauma – e cura de trauma – e vendeu milhões de cópias. Como escreve Van der Kolk: "Saber que somos vistos e ouvidos pelas pessoas importantes em nossa vida pode nos fazer sentir calmos e seguros [...], enquanto sermos ignorados ou rejeitados pode precipitar reações de raiva ou colapso mental".[9]

Tristeza, falta de reconhecimento e solidão se transformam em amargura. Quando as pessoas acham que sua identidade não é reconhecida, encaram isso como injustiça – porque é. Quem foi tratado de modo injusto por vezes ataca e procura maneiras de humilhar aqueles que sente que o humilhou.

A solidão, portanto, leva à maldade. Como diz o ditado, dor que não é transformada é transmitida. Os dados que acabei de citar do isolamento social e da tristeza são, sem surpresa, acompanhados de outros dados sobre o aumento da hostilidade e da insensibilidade. Em 2021, crimes de ódio atingiram seus níveis mais altos em doze anos.[10] Em 2000, cerca de dois terços dos estadunidenses doaram para instituições de caridade; até 2021, menos da metade o fez.[11] O dono de um restaurante me disse recentemente que precisa banir alguém do local por comportamento grosseiro quase toda semana. Isso não acontecia. Uma amiga enfermeira diz que seu problema número um é reter funcionários. As colaboradoras de sua equipe querem deixar o trabalho porque os pacientes se tornaram abusivos, até mesmo violentos. Como disse a colunista Peggy Noonan: "As pessoas agora têm orgulho de sua amargura".

A ruptura social manifesta-se como uma crise de desconfiança. Duas gerações atrás, cerca de 60% dos estadunidenses diziam que "a maioria das pessoas é confiável". Até 2014, de acordo com a General Social Survey, apenas 30,3% acreditavam nisso e apenas 19% dos chamados *millennials*.[12] Sociedades de alta confiança têm o que Francis Fukuyama chama de "sociabilidade espontânea", o que significa que as pessoas se reúnem e trabalham em conjunto com facilidade. Sociedades de baixa confiança não têm isso, elas desmoronam.

Desconfiança semeia desconfiança, criando uma sensação de que a única pessoa com que você pode contar é você mesmo. Pessoas desconfiadas presumem que os outros querem lhes fazer mal, enxergam-os como ameaças, caem em teorias da conspiração que explicam o perigo que sentem.

Toda sociedade tem o que o filósofo Axel Honneth chama de "ordem de reconhecimento". É o critério utilizado para conferir respeito e reconhecimento de apenas certos indivíduos. Em nossa sociedade, conferimos enorme reconhecimento àqueles com beleza, riqueza ou afiliações educacionais de prestígio, o que faz com que milhões se sintam invisíveis, não reconhecidos e deixados de fora. A crise em nossa vida pessoal é refletida em nossa política. De acordo com pesquisa de Ryan Streeter, do American Enterprise Institute, pessoas solitárias são sete vezes mais propensas do que pessoas não solitárias a dizer que são ativas na política.[13] Para quem se sente desrespeitado e invisível, a política é uma forma sedutora de terapia social. Ela parece oferecer uma paisagem moral compreensível. *Nós, os filhos da luz, estamos contra eles, os filhos das trevas.* A política parece oferecer uma sensação de pertencimento. *Estou nas barricadas com os outros membros da minha tribo.* A política também parece oferecer uma arena de ação moral. *Neste mundo, para ser alguém com moral, você não precisa alimentar os famintos ou sentar-se com uma viúva. Você só precisa ser liberal ou conservador, só precisa se sentir devidamente enfurecido com as pessoas que considera desprezíveis.*

Na última década, tudo se tornou politizado. Igrejas, universidades, esportes, seleção de alimentos, premiações de filmes, *talk-shows* noturnos – tudo se transformou em arenas políticas. Exceto que nada disso é política como era antes entendida. Sociedades saudáveis produzem uma política de distribuição. Como deveríamos alocar os recursos? Sociedades infelizes produzem a política do reconhecimento. Os movimentos políticos hoje em dia são movidos, em grande parte, por ressentimento, por sentimentos de uma pessoa ou de um grupo que a sociedade não respeita nem reconhece. O objetivo da política e das personalidades da mídia é produzir episódios em que seu lado é emocionalmente validado e o outro, envergonhado. Quem pratica a política de reconhecimento não está tentando formular ideais internas ou abordar este ou aquele mal social, mas, sim, afirmar sua identidade, ganhar *status* e visibilidade, encontrar uma maneira de se admirar. É claro, contudo, que a política de reconhecimento não gera conexões na comunidade. As pessoas se juntam a tribos partidárias, mas não estão de fato se reunindo, servindo umas às outras, fazendo amizades. A política não faz de você uma pessoa melhor; trata-se de agitação externa, não de formação interna. Ela não humaniza. Se tentar amenizar sua tristeza, sua solidão ou seu anonimato por meio da política, nada mais fará do que o levar a uma luta sádica de dominação. Você pode tentar escapar de um mundo de isolamento e falta de sentido moral apenas para encontrar-se na destrutividade pulverizante das guerras culturais.

Em última análise, a tristeza e a desumanização que permeiam a sociedade levam à violência, tanto emocional quanto física. Observe os muitos jovens que cometem horríveis tiroteios em massa. Eles são fantasmas. Na escola, ninguém os conhece. Mais tarde, quando os jornalistas entrevistam seus professores, muitas vezes nem se lembram deles. É comum que esses jovens não tenham habilidades sociais. *Por que ninguém gosta de mim?* Como afirmou um pesquisador, eles não são solitários, apenas não conseguiram se juntar a ninguém.

O amor rejeitado volta como ódio. Os estressores se acumulam: é ruim na escola e no trabalho, há os encontros humilhantes com outras pessoas. Esses jovens contemplam o suicídio. E, em seu desespero, parecem experimentar algo como uma crise de identidade: *A culpa é minha ou é culpa do mundo? Sou um perdedor ou eles é que são perdedores?*

E é aqui que a vitimização se transforma em vilania. Jovens que se tornam atiradores em massa decidem que são super-homens e que o mundo está cheio de formigas. Decidem cometer suicídio de uma forma que lhes dará egoisticamente o que mais desejam: reconhecimento e fama. Elaboram uma narrativa na qual são o herói. As armas parecem ter certo efeito psicológico perfeito também. Para as pessoas que se sentiram impotentes durante toda a vida, as armas podem fornecer uma sensação narcótica de poder. São como serpentes nas árvores, sussurrando para os solitários.

Em 2014, na revista *Esquire*, o escritor Tom Junod entrevistou um jovem que ganhou o apelido de Trunk ("Baú"), porque, quando foi preso, havia rumores de que a polícia havia encontrado com ele um baú cheio de armas. Trunk tinha decidido cometer um tiroteio em massa, mas foi pego quando estava prestes a começar. Mais tarde, quando Junod lhe perguntou sobre o motivo, a resposta: "Eu queria atenção. Se alguém tivesse vindo até mim e dito: 'Você não precisa fazer isso, não precisa ter essa força estranha, nós aceitamos você', eu teria desabado e desistido".[14] A essência do mal é a tendência de obliterar a humanidade de outro.

Para o seu livro *Uma temporada de facões*, o jornalista francês Jean Hatzfeld entrevistou pessoas que participaram do genocídio de Ruanda. Ele falou com um homem que havia assassinado seu vizinho de muitos anos. "Naquele instante fatal, não vi nele o que ele fora antes",[15] lembrou o homem. O rosto do vizinho ficou embaçado nos segundos antes do golpe do facão. "Suas características eram, de fato, semelhantes às da pessoa que eu conhecia, mas nada me lembrou firmemente do que vivera ao lado dele por muito tempo." Esse homem, literalmente, não o viu.

———

Porque, nas últimas duas décadas, assistimos a essa epidemia de solidão e mesquinhez, a essa ruptura no tecido social? Podemos apontar para alguns fatores contribuintes: mídias sociais, ampliação da desigualdade, declínio da participação na vida comunitária, declínio da frequência à igreja, aumento do populismo e da intolerância, demagogia nociva entre a mídia e as elites políticas.

Concordo que tais fatores contribuíram para produzir o que estamos testemunhando. Mas, com o passar dos anos, tenho ficado cada vez mais centrado no que considero uma causa mais profunda para nossa crise social e relacional. Nosso problema, acredito, é fundamentalmente moral. Como sociedade, falhamos em ensinar as habilidades e cultivar a inclinação de nos tratarmos com bondade, generosidade e respeito.

Sei que a expressão "formação moral" pode soar pomposa e arcaica, mas ela envolve três coisas simples e práticas. Primeiro, trata-se de ajudar as pessoas a aprenderem a restringir o próprio egoísmo e abrir o coração, a fim de se preocupar mais com os outros. Segundo, trata-se de ajudar as pessoas a encontrarem um propósito, para que a sua vida tenha estabilidade, direção e significado. Terceiro, trata-se de ensinar habilidades sociais e emocionais básicas para que se possa ser gentil e atencioso para com os demais ao nosso redor.

Ao longo dos séculos, as escolas têm refletido sobre as falhas da sociedade – racismo, machismo e tudo mais. Mas, nesses séculos, apesar de todas as suas muitas falhas, as escolas se concentraram na formação moral. Pensavam que era sua principal missão criar pessoas de caráter, que seriam honestas, gentis e respeitosas com quem está ao seu redor. Depois da Segunda Guerra Mundial, porém, o foco na formação moral foi gradualmente desaparecendo. Em seu *Moral Education in America*, B. Edward McClellan argumenta que a maioria das escolas primárias começou a abandonar as questões morais nas décadas de 1940 e 1950, enquanto, "na década de 1960, a educação já se encontrava em retrocesso total". Ele continua: "Os educadores que se orgulhavam da capacidade de remodelar o caráter agora prestavam mais atenção às pontuações do vestibular de seus alunos, e pais de classe média passaram a lutar para encontrar escolas que proporcionassem aos seus filhos as melhores chances de se qualificarem para faculdades e universidades de elite".

À medida que as escolas se tornaram mais fixadas no sucesso profissional, pararam de se preocupar em produzir alunos que seriam atenciosos para com os outros. Como James Davison Hunter, o principal estudioso do país na educação do caráter, afirmou: "A cultura estadunidense é definida mais e mais por uma ausência e, nessa ausência, não oferecemos às crianças nenhum horizonte moral além do eu e de seu bem-estar". Instituições religiosas, que faziam isso, começaram a desempenhar um papel menos proeminente. Os pais começaram a praticar a "criação da aceitação". Ficaram menos inclinados a moldar a moral dos filhos e mais a apenas torcer por seus resultados acadêmicos e suas conquistas atléticas.

Em certo sentido, a cultura estadunidense tornou-se desmoralizada. A conversa moral e as categorias morais gradualmente passaram a ocupar um papel menor na vida do país. O Ngram Viewer do Google mede a frequência com que uma palavra é usada em livros publicados. Ao longo do século XX, o uso de termos relacionados à moralidade despencou: "bravura" (queda de 66%); "gratidão" (queda de 49%); "humildade" (52%). Os pesquisadores da Universidade da Califórnia há muito entrevistam estudantes da graduação sobre o que eles desejam da vida. Em 1966, quase 90% diziam que eram fortemente motivados a desenvolver uma filosofia de vida abrangente, e esse era o mais popular de todos os objetivos de vida. Em 2000, apenas 42% responderam isso. Agora, o objetivo de vida mais importante era ficar bem financeiramente. Em 2015, 82% dos estudantes disseram que o sucesso financeiro era o principal objetivo da universidade. Em 2018, o Pew Research Center perguntou aos estadunidenses o que dava significado à sua vida. Apenas 7% disseram ajudar outras pessoas.[16] Somente 11% disseram que a aprendizagem era uma fonte de sentido em sua vida.

Em suma, várias gerações, incluindo a minha, não aprenderam as habilidades de que precisariam para ver, compreender e respeitar as outras pessoas em toda a sua profundidade e dignidade. O colapso dessas competências morais básicas produziu desconexão, alienação e uma cultura em que a crueldade é permitida. Nosso fracasso em tratar bem uns aos outros nos pequenos encontros da vida cotidiana está em metástase e, acredito, levou ao horrível colapso social que vemos ao redor. Esse é um enorme fracasso civilizacional. Precisamos redescobrir caminhos para ensinar habilidades morais e sociais. A crise me motivou a escrever este livro.

CAPÍTULO 9

Conversas difíceis

À medida que a sociedade se tornava cada vez mais dividida, eu viajava. Minha profissão é percorrer o país e tentar sentir o que está acontecendo. A maioria das conversas que tive nos últimos anos foram calorosas e maravilhosas, mas, condizentes com uma época de grande amargura e desconfiança, muitas delas continham momentos difíceis, tensos e raivosos. Em Greenville, na Carolina do Sul, jantei com uma idosa negra que estava cheia de fúria latente porque as jovens negras da vizinhança onde ela cresceu enfrentavam ainda mais dificuldades agora do que na década de 1950. Em um jogo de beisebol, um fervoroso apoiador de Trump implicou com minhas posições anti-Trump e gritou na minha cara: "Você é um idiota do cacete! Um idiota!". Cerca de um ano antes disso, minha esposa e eu fomos recebidos com grande hospitalidade por uma família nativo-americana no Novo México, mas, durante a refeição, a matriarca expressou sua raiva pelos Estados Unidos que representávamos. Depois, sentada na sala, ela enfim desabafou sobre os ultrajes infligidos ao seu povo. Passei um tempo com um homem de setenta anos, antigo apoiador de Trump da classe trabalhadora da Dakota do Sul, que me contou sobre o melhor dia de sua vida. Aconteceu quando ele tinha 34 anos e foi despedido da fábrica onde trabalhava como contramestre, porque haviam atualizado o equipamento, e ele já não era mais qualificado o suficiente para desempenhar o trabalho. Ele pensou que sairia em silêncio. Colocou suas coisas em uma caixa, abriu a porta do escritório e descobriu que toda a mão de obra – 3.500 pessoas – formou uma fila dupla da porta de seu escritório até a porta de seu carro, no estacionamento. Ele percorreu a fila enquanto os funcionários o aplaudiam e torciam por ele. Ele me disse que todos os seus empregos desde então foram piores e que ele e a esposa têm se aproximado cada vez mais da pobreza. Foi um relato triste de uma vida em uma curva descendente.

Porque trabalho em lugares como *The New York Times*, *The Atlantic* e PBS, algumas pessoas me veem como um representante das elites costeiras, dos sistemas que acreditam que os estão esmagando, e entendo. Quando aqueles de nós que ocupam posições de poder na mídia e nas instituições culturais mais amplas da sociedade contam histórias que não incluem você, é uma experiência desorientadora; você se sente privado de direitos. É como se olhasse no espelho da sociedade e descobrisse que não está lá. As pessoas ficam furiosas quando isso acontece.

Na primeira parte deste livro, tentei descrever as habilidades necessárias para ver e ser visto em um nível pessoal – quando acontece de duas pessoas encontrarem-se em circunstâncias normais e "saudáveis". Penso naquela seção como um curso de nível universitário sobre como entender-se mutuamente.

Mas não nos conhecemos apenas como indivíduos únicos ou em circunstâncias sociais saudáveis. Nós nos encontramos na atual atmosfera de desconexão e desconfiança. Conhecemo-nos como membros de grupos, encontramo-nos incorporados em sistemas de poder em que alguns agrupamentos têm mais e outros, menos. Conhecemo-nos em uma sociedade na qual os membros do "time vermelho" e do "time azul" muitas vezes se distanciam e se encaram através de paredes metafóricas com amargura e incompreensão. Nossos encontros são moldados por heranças históricas – os legados de escravidão, elitismo, machismo, preconceito, intolerância e dominação econômica e social. Você não tem como conhecer outra pessoa sem ver ideologia, classe, raça, fé, identidade ou qualquer uma das outras categorias sociais mais importantes.

Hoje em dia, se quiser conhecer bem alguém, você tem de ver a pessoa à sua frente como algo distinto e singular, mas também precisa vê-la como um membro de seus grupos. E precisa, ainda, ver a localização social dela – o modo como algumas pessoas são incluídas e outras são excluídas, como algumas estão no topo da sociedade e outras, marginalizadas. O truque é conseguir ver cada pessoa nesses três níveis de uma só vez. Isso requer uma educação de nível de pós-graduação no processo de compreensão do outro, e é no que vamos embarcar agora. Se o objetivo da Parte 1 foi ajudá-lo a ver os indivíduos em um nível pessoal, o objetivo da Parte 2 é ajudá-lo a compreender as pessoas e a estar presente com elas em tempos difíceis, em meio aos conflitos sociais e à amargura da nossa era atual.

———

Acumulo bastante experiência com um certo tipo de conversa – as conversas difíceis. Refiro-me àquelas que tocam em diferenças e percepções desiguais de poder, entre as quais estão aquelas entre membros da família que se encontram em pontos diferentes do espectro político, gerentes cuja autoridade é questionada pelos funcionários mais jovens, estudantes furiosos porque estão herdando um mundo destruído, forasteiros populistas que sentem como se os membros da elite costeira os estivessem traindo. Essas conversas em geral já começam com suspeita, animosidade, ressentimento. As pessoas podem querer se conectar, mas suas comunicações começam reservadas, cautelosas.

Uma conversa específica permanece em minha mente. Aconteceu em um painel de discussão em 2022. O assunto era a "guerra cultural". Quando ouço essa expressão, penso em uma grande variedade de lutas, passando por questões LGBTQIAPN+, aborto, religião e o que é ensinado sobre sexo e raça nas salas de aula da escola pública. Mas um dos meus colegas palestrantes naquele dia foi uma proeminente intelectual negra – não vou citar o nome dela, porque não quero levar para o pessoal – que entendia "guerra cultural" como um ataque ao ensino preciso da história negra nas escolas. Para ela, a guerra cultural era a supremacia branca erguendo mais uma vez sua cabeça sobre os outros.

Concordei que o ataque ao ensino sobre afro-americanos era uma parte importante da guerra cultural nos dias de hoje e concordei com o ponto óbvio de que esses ataques são frequentemente adotados por demagogos. Mas tentei dar um passo atrás, rumo à longa história das guerras culturais, para mostrar como elas eram um choque entre valores mais progressistas, como a liberdade de seguir seja qual for o estilo de vida que você escolher, e valores mais conservadores, como a necessidade de preservar comunidades moralmente coerentes. Tentei argumentar que, na melhor das hipóteses, ambos os lados estão defendendo tradições legítimas e expressando pontos de vista legítimos, embora eu possa favorecer mais um lado do que o outro. Ela rebateu dizendo que o ataque sobre a história negra hoje é como o ataque reacionário às vidas negras no período pós-Guerra Civil – o período que viu a ascensão do linchamento, a restauração da segregação e o estabelecimento das Leis de Jim Crow. Cada vez que os Estados Unidos dão um passo em frente, ela argumentou, são necessários dois passos para trás, e é isso que estamos vendo agora mesmo. *Aquela* era a guerra cultural.

Para ser claro, não houve confronto direto entre nós. Todos permaneceram respeitosos. Na verdade, depois, vários dos participantes e alguns dos organizadores me disseram que ficaram desapontados por não ter havido mais desentendimentos. Mas o que permanece, para mim, é que as correntes emocionais entre nós estavam uma bagunça completa. Cada vez que eu falava sobre o mais amplo contexto da guerra cultural, ela fazia uma cara azeda que demonstrava seu desprezo pelo que eu estava dizendo – algo que várias pessoas mencionariam para mim mais tarde. Acho que ela me viu como outro cara branco sem noção que adota essa visão neutra e distante, e que não consegue entender a luta feroz que ela enfrenta a cada dia. O que é, pelo menos, parcialmente verdadeiro.

Em cada conversa, existe algum tipo de relação de poder entre os participantes. É possível que ela pensasse que eu tivesse o poder naquele painel. Ela é uma acadêmica radical que luta por justiça, enquanto sou membro da elite midiática. Implicitamente, estou integrado em sistemas e tiro proveito de estruturas que mantêm as pessoas para baixo. Mas, ao mesmo tempo, também me senti impotente e com medo. Sou um homem branco falando sobre raça com uma mulher negra que passou sua ilustre carreira escrevendo e pensando sobre esse assunto. Tenho direito a uma opinião? Comecei a diluir meu pensamento. Eu estava profundamente constrangido, confuso, à deriva. Foi uma conversa difícil, na qual não me saí bem. Parti com a sensação de que deveria ter feito mais para compreender o seu ponto de vista, mas também deveria ter feito mais para afirmar o meu, para esclarecer e explorar quaisquer divergências que pudéssemos ter.

Nos últimos anos, porém, sobretudo depois daquele painel de discussão, tentei aprender algumas coisas sobre como ter conversas difíceis. Conversei com especialistas e li livros sobre o assunto, claro, dos quais meus favoritos são *High Conflict*, de Amanda Ripley; o já citado *I Never Thought Of It That Way*, de Mónica Guzmán; e, especialmente, *Crucial Conversations*, de Kerry Patterson, Joseph Grenny, Ron McMillan e Al Switzler.

A primeira coisa que aprendi é que, ao se entrar em qualquer conversa difícil, é importante refletir sobre as condições antes de pensar no conteúdo. Quais são as condições em que aquela conversa vai acontecer? Se é um profissional com boa formação participando de uma conferência em um bom hotel em algum lugar, você pode ser você mesmo. Mas, se é um caminhoneiro da Virgínia Ocidental com Ensino Médio, você precisa ser muito mais consciente da dinâmica social, muito mais criterioso sobre qual versão sua é preciso apresentar. Além disso, para membros de grupos dominantes ou majoritários, em geral há pouca ou nenhuma lacuna entre como os outros o veem e como você se vê. Para pessoas de grupos marginalizados ou historicamente oprimidos, costuma haver um abismo entre quem elas são e como são percebidas. Todos têm de entrar em uma conversa difícil conscientes das dinâmicas em jogo. Se eu encontrar um caminhoneiro em uma conferência em um hotel de luxo, irei demonstrar curiosidade genuína sobre seu trabalho. Farei o que puder – o que não deve ser muito – para que ele saiba que pode ser ele mesmo comigo.

Quando entrei naquele painel de discussão sobre guerra cultural, na verdade, eu estava entrando em quatrocentos anos de relações raciais nos Estados Unidos. Graças aos meus locais de trabalho e de outras vantagens que foram concedidas a mim como um homem branco no país, a sociedade conspira para me tornar visível. Por causa da situação social da outra participante, a sociedade conspira para torná-la invisível. O encontro entre nós foi entre visibilidade e invisibilidade. A situação não foi alterada pelo fato de ela ser uma proeminente intelectual. As palavras de Ralph Ellison no início de *Homem invisível* ainda são classificadas como uma das expressões mais profundas de como é não se sentir visto, ouvido nem compreendido, nesse caso por causa da raça. "Sou invisível – compreende? – simplesmente porque as pessoas se recusam a me ver", declara o narrador sem nome. "É como se eu estivesse cercado por espelhos de vidro duro que deformam a imagem. Quando se aproximam de mim, só enxergam o que me circunda, a si próprios ou o que imaginam ver – na verdade, tudo, menos eu." Ellison escreve que uma pessoa nessa posição se pergunta "se não é simplesmente um fantasma na mente de outras pessoas". Quando colocado em tal posição, "você sofre pela necessidade de se convencer de que existe no mundo real, de que faz parte de todo o som e toda a angústia, e você sai atacando com os punhos, xingando e ameaçando para que o reconheçam. E, infelizmente, raramente consegue".[1]

A segunda questão essencial que aprendi, sobretudo com os autores de *Crucial Conversations*, é que toda conversa ocorre em dois níveis: existe a conversa oficial e a conversa propriamente dita. A oficial é representada pelas palavras que dizemos sobre qualquer tópico que estejamos discutindo nominalmente: política, economia, questões do ambiente de trabalho, tanto faz. A conversa propriamente dita ocorre no fluxo e refluxo das emoções subjacentes que são transmitidas à medida que falamos. A cada comentário, você me faz sentir um pouco mais seguro ou um pouco mais ameaçado. A cada comentário, demonstro respeito ou desrespeito. A cada comentário, cada um revela algo sobre suas intenções: *Eis por que estou lhe contando isso. Aqui está o porquê de isso ser importante para mim.* É o voleio dessas emoções subjacentes que determinarão o sucesso ou o fracasso da conversa.

Os autores do livro também lembram que cada conversa existe dentro de um quadro: qual é o seu propósito? Quais são os nossos objetivos? Um quadro é o palco no qual a conversa ocorre. Naquele painel de discussão, estávamos, na verdade, discordando sobre o enquadramento da nossa conversa. Eu via a guerra cultural como uma coisa e queria analisá-la do ponto de vista que um jornalista treinado para a imparcialidade pode adotar. Ela a via de forma totalmente diferente – como um ataque à justiça básica. Ela não queria a analisar de um ponto de vista imparcial; queria comunicá-la como uma ativista no meio da luta. Em retrospecto, eu deveria ter ficado dentro do enquadramento dela um pouco mais, em vez de tentar puxar a conversa de volta para o meu. Isso teria lhe mostrado um respeito adequado. Poderia ter suavizado as tendências emocionais do painel.

Digamos que você seja administrador de uma faculdade e os estudantes irritados vão ao seu escritório para exigir tempo extra, a fim de fazer os exames finais por causa do nível de estresse que têm experimentado. Digamos que você seja um gerente de meia-idade de funcionários mais velhos e irritados, que invadem sua sala porque a empresa não emitiu uma declaração sobre algum controle da legislação concernente ao porte de arma. Em ambos os casos, há uma tentação de ficar na defensiva, de puxar a conversa de volta para o seu enquadramento: *É assim que a situação me parece. Aqui segue o que estou fazendo para atenuar o problema. Aqui estão todos os outros problemas que tenho de enfrentar e dos quais vocês não estão cientes.* Há uma tentação, em outras palavras, de voltar para o enquadramento no qual você se sente mais confortável.

É melhor evitar essa tentação. Assim que alguém começa falando sobre momentos em que se sentiram excluídos, traídos ou injustiçados, pare e ouça. Quando alguém está falando com você sobre dor, mesmo nos casos em que *você* possa pensar que a dor dele é performática e exagerada, é melhor não tentar interromper a conversa e encaixá-la ao seu quadro. Sua primeira tarefa é ficar dentro do outro ponto de vista para compreender melhor como o mundo está sendo visto. Seu próximo passo é incentivar os interlocutores a se aprofundarem mais no que acabaram de dizer. "Quero entender seu ponto de vista o máximo possível. O que estou deixando passar?" A curiosidade é a capacidade de explorar algo mesmo em ambientes estressantes e em circunstâncias difíceis.

Lembre-se de que a pessoa que está abaixo de você em qualquer estrutura de poder tem uma consciência maior da situação do que você. O servo não é maior do que o seu senhor nem o enviado é maior do que aquele que o enviou. Alguém sobre quem se está sentado sabe muito a respeito de quem está sentado nele – a maneira como ele muda o peso e se move –, enquanto o que está sentado pode nem estar ciente de que a pessoa está lá. Os escoceses têm uma palavra útil nesse contexto: *ken.* É oriunda de marinheiros que usavam o termo para descrever a área que podiam enxergar até a linha do horizonte.[2] Se vai ter uma conversa difícil com alguém, precisa entrar no *ken* dela. Entrar nesse campo de visão mostra que você pelo menos deseja compreender como é ver pelo ângulo da pessoa. Trata-se de uma maneira poderosa de mostrar respeito. Os autores de *Crucial Conversations* observam que, em qualquer conversa, o respeito é como o ar: quando presente, ninguém percebe, mas, quando ausente, todos só pensarão nele.[3]

Quando assumimos o ponto de vista do outro – vendo o mundo sob a perspectiva dele –, os participantes da conversa contribuem para um conjunto compartilhado de conhecimento. Mas, com frequência, em conversas difíceis, não há conhecimento compartilhado. Uma pessoa descreve seu conjunto de erros; a outra descreve um conjunto diferente de erros. À medida que a conversa avança, cada uma entra em detalhes mais profundos sobre as próprias falhas, mas não uma zona compartilhada. Logo, ninguém estará mais ouvindo. Não é preciso muito para criar uma dinâmica nós/eles. Aliás, essa é uma maneira infalível de fazer isso.

Quando conversas difíceis dão errado, as motivações de todos se deterioram. Dois funcionários de uma empresa, por exemplo, podem estar debatendo uma nova estratégia de marketing. A princípio, suas intenções são evidentes: ambos querem o que é melhor para a companhia. Mas, à medida que a conversa continua, as motivações mudam, pois os dois querem vencer a discussão. Cada qual quer mostrar que é mais inteligente e tem mais poder. É aí que começam a recorrer a truques retóricos baixos. É quando, por exemplo, começam a rotular uns aos outros. Isso acontece no momento em que você tenta desacreditar alguém jogando algum descrédito seu em uma categoria desrespeitosa: *Você é um reacionário. Você é pró-establishment. Você é falso moderninho.* Colocar rótulos é uma ótima maneira de tornar o outro invisível e destruir uma conversa difícil. Micah Goodman, que leciona na Universidade Hebraica de Jerusalém, uma vez me disse: "Uma ótima conversa acontece entre dois indivíduos que pensam que um terceiro está errado. A conversa ruim acontece quando uma pessoa acha que há algo errado na outra".

Aprendi que, se você estiver em uma conversa custosa, há maneiras de driblar a situação. Primeiro, pode recuar, de modo que tentem descobrir juntos o que aconteceu de errado. Você quebra o ímpeto perguntando à outra pessoa: "Como chegamos a este lugar tenso?". Então, faz algo que os especialistas chamam de "divisão". Dividir é quando você esclarece suas razões, primeiro explicando o que não são e depois explicando o que são. Pode-se dizer algo como "Certamente eu não estava tentando silenciar sua voz. Estava tentando acrescentar seu ponto de vista aos muitos pontos de vista sobre o tema. Mas fui rápido demais. Deveria ter feito uma pausa para tentar ouvi-lo, para que pudéssemos construir a partir dessa realidade. Não foi respeitoso com você".

Então você tenta identificar de novo o propósito mútuo da conversa, procurando ampliá-lo para que ambos os interlocutores sejam incluídos. "Você e eu temos ideias muito diferentes sobre o plano de marketing que esta empresa deve seguir. Mas acreditamos no produto que estamos vendendo. Nós dois queremos distribuí-lo o quanto antes para o maior número de pessoas possível. Acho que estamos tentando levar a companhia ao próximo nível."

Enfim, você pode aproveitar que, às vezes, a ruptura é uma oportunidade para criar um vínculo mais profundo. Pode-se dizer: "Você e eu acabamos de expressar algumas emoções fortes. Infelizmente, um contra o outro. Contudo, pelo menos, nosso coração está aberto e nós dois fomos expostos. É estranho, mas agora temos a chance de nos entendermos melhor por causa dos erros que cometemos, das emoções que despertamos".

Aprendi ao longo desses anos que conversas difíceis são custosas porque pessoas em diferentes circunstâncias de vida constroem realidades díspares. Não é apenas uma questão de ter opiniões diferentes sobre o mesmo mundo; literalmente, elas veem mundos diferentes.

Permita-me fazer uma última e rápida incursão na ciência cognitiva para enfatizar esse ponto crucial. Dennis Proffitt, um psicólogo da Universidade da Virgínia, estuda percepção. Ele quer saber como as pessoas constroem a própria realidade, às vezes no nível mais elementar. Por exemplo, ele fez extensas pesquisas sobre um fenômeno curioso. As pessoas tendem a superestimar a inclinação das colinas, mesmo em lugares como São Francisco, onde as ladeiras são, na verdade, bastante íngremes.[4] Proffitt estava conduzindo experimentos nos quais ele pediu a grupos de alunos que estimassem a inclinação de vários morros ao redor do *campus*, onde uma colina pode, na verdade, chegar a uma inclinação de 5%, mas um participante típico estima esse número em 20%. Um dia, Proffitt deu uma olhada nos dados experimentais e ficou surpreso ao descobrir que, de repente, os alunos melhoraram muito em estimativas sobre uma determinada colina. O pesquisador e sua equipe investigaram o mistério e descobriram que o último lote de perguntas foi preenchido por membros do time feminino de futebol da universidade. As colinas não lhes pareciam tão íngremes porque elas eram atletas da primeira divisão em excelente forma física, que teriam relativamente pouca dificuldade de escalá-las. Como você vê, uma situação depende do que você é capaz de fazer diante dela.

Desde que Proffitt descobriu tal fenômeno, ele e outros pesquisadores o confirmaram repetidas vezes.[5] Pessoas com mochilas pesadas veem colinas mais íngremes do que pessoas sem mochilas, porque a subida é mais difícil para quem carrega peso. Pessoas que acabaram de consumir bebidas energéticas veem as colinas menos íngremes do que quem não as consumiu. Pessoas que ouviram uma música triste ("Adagietto", de Mahler) veem colinas mais íngremes do que as pessoas que ouviram uma música alegre. Pessoas com sobrepeso consideram as distâncias mais longas do que quem não está acima do peso. Jogadores de beisebol veem as bolas maiores quando estão vindo em sua direção. Quando os tenistas estão jogando bem, os saques dos adversários parecem significativamente mais lentos.

"Projetamos nossa experiência mental individual no mundo e, assim, confundimos nossa experiência mental com a experiência física no mundo, alheio à formação da percepção pelo nosso sistema sensorial de temas, histórias pessoais, objetivos e expectativas".[6] Proffitt e seu coautor Drake Baer escreveram mais tarde na obra *Perception*.

O trabalho de Proffitt baseia-se em uma teoria anterior desenvolvida por um psiquiatra chamado James J. Gibson. Em 1942, Gibson, que também estudava percepção visual aprimorada, foi convocado pelos comandantes das Forças Aéreas do Exército.[7] Eles lhe fizeram perguntas básicas: "Como os pilotos aterrissam aviões?", "Como podemos ajudá-los a aterrissar melhor?". A visão de Gibson é a de que, quando entramos em uma cena, procuramos oportunidades para ação. Como me encaixo nesta situação? O que posso fazer aqui? Que possibilidades esta situação oferece? Na linguagem de Gibson, vemos *affordances*. Um caçador armado verá um campo muito maior do que um com uma lança, porque ele tem uma gama muito maior de ação. Um policial empunhando uma arma tem maior probabilidade de "ver" outras pessoas segurando armas do que se estivesse empunhando um sapato, razão pela qual

25% dos tiroteios policiais envolvem suspeitos desarmados. Proffitt e Baer enfatizam: "Nós percebemos o mundo não como ele é, mas como é para nós".[8]

Na primeira vez que li sobre a ideia das *affordances*, não me pareceu um conceito tão poderoso. Então, conforme eu vivia minha vida, despertou em mim a percepção hora após hora de que, em todos os lugares a que eu ia, eu estava olhando para cenas através de alguma *affordance*. Inconscientemente, você e eu estamos todos perguntando: o que meu aspecto físico, intelectual, social e minhas capacidades econômicas me permitem fazer nesta situação? Se você e eu estamos com um grupo subindo uma montanha, diferentes membros dele, literalmente, verão diferentes montanhas, a depender de quão aptos ou inaptos sejamos. Pessoas ricas entram na loja Neiman Marcus e veem um ambiente diferente do que as pessoas pobres veriam, porque as ricas têm a capacidade de comprar itens expostos ali. Quando eu lecionava em Yale, meus alunos tinham uma visão diferente do *campus* em comparação às pessoas menos privilegiadas que viviam em outros bairros de New Haven. Meus alunos tinham a capacidade de ter aulas e de usar seus crachás de identificação para entrar nos prédios, de modo que o *campus* lhes parecia uma coleção de edifícios diversos, cada qual com seu propósito e suas possibilidades. Enquanto isso, para o pessoal da cidade que não tinha possibilidade de assistir às aulas ou entrar na maior parte dos prédios, o local mais parecia uma imponente fortaleza monolítica. Eu via moradores da vizinhança rondando o New Haven Green, a praça central da cidade, mas quase nunca os via rondando o *campus*, mesmo que do outro lado da rua.

Uma das razões pelas quais conversas difíceis são necessárias é que temos de fazer a outras pessoas as perguntas óbvias – "Como você vê isso?" –, se quisermos ter esperança de entrar, mesmo um pouco, em seu ponto de vista. Nossas diferenças de percepção estão profundamente enraizadas no reino oculto da mente inconsciente, e, em geral, não temos consciência do quão profundas elas são até perguntarmos.

Não há como tornar as conversas difíceis menos difíceis. Você pode nunca compreender completamente uma pessoa cuja experiência de vida é muito diferente da sua. Nunca saberei o que é ser negro, ser mulher, ser geração Z, nascer com deficiência, ser um homem da classe trabalhadora, ser um novo imigrante ou uma pessoa com qualquer outra miríade de experiências de vida. Existem profundezas misteriosas para cada indivíduo. Existem grandes diferenças entre culturas, diante das quais precisamos ter respeito e admiração. No entanto, descobri que, se trabalhar suas habilidades, sua capacidade de ver e ouvir os outros, você pode ter uma ideia do que a outra pessoa vê. E descobri que é bem possível transformar desconfiança em confiança, para construir respeito mútuo.

Como todo escritor, muitas vezes sou alvo de *e-mails* furiosos e ofensivos. Como todo escritor, descobri que, se você responder a tais *e-mails* de uma forma respeitosa e curiosa, o tom da outra pessoa quase sempre muda – imediata e radicalmente. De repente, torna-se mais civilizado, mais gentil, mais humano. Todo mundo quer ser ouvido. A maioria das pessoas está disposta a fazer um esforço extra para ser gentil, atenciosa e compassiva quando você lhes dá a chance. Boa parte dos indivíduos anseia por curar as divisões que assolam a nossa sociedade. Na base de toda conversa, reside uma realidade elementar: nós compartilhamos uma vasta gama de lutas, experiências e alegrias comuns. Mesmo em meio a conflitos civis e conversas difíceis, tento retornar à grande declaração humanista feita pelo dramaturgo romano Terêncio: "Eu sou humano, e nada de humano é estranho para mim".

CAPÍTULO 10

Como ajudar um amigo em desespero?

À medida que a vida pública tornou-se mais amarga, a vida privada tornou-se mais triste. Cada vez mais, eu me descubro tendo conversas com indivíduos que sofrem de depressão, com pessoas em meio à dor. Essas conversas representam um tipo diferente de conversa difícil em relação às das situações de conflito intenso que descrevi no último capítulo. Nos próximos três capítulos, tentarei compartilhar o que aprendi sobre como acompanhar alguém em cada uma destas provações – depressão, luta e sofrimento. Muitas vezes, há pouco que possamos fazer para quem está aflito, mas existem maneiras de fazer com que eles se sintam profundamente conhecidos.

Meu encontro mais marcante com a depressão ocorreu quando a doença atingiu meu amigo mais antigo, Peter Marks. A partir dos onze anos, Pete e eu construímos nossa amizade em torno do esporte. Jogávamos basquete, *softbol*, pique-bandeira, *rúgbi*. Nós nos provocávamos, brincávamos, zombávamos de como o outro dançava, dos encontros românticos e de praticamente todo o restante. Poderíamos tornar o simples ato de comer hambúrguer em uma brincadeira, com elaborados estalos de lábios e exclamações operísticas sobre a excelência do queijo. E assim nos mantivemos por cinco décadas.

Minha esposa tem uma frase que descreve Pete muito bem: ele era uma pessoa rara, uma combinação de normal e extraordinário. Era um homem como deveríamos ser um homem, com grande força e grande gentileza. Um pai do jeito que deveríamos ser um pai, com uma devoção sem fim, um senso de diversão e orgulho. Um marido como deveríamos ser um marido, indo para casa à noite grato por saber que a pessoa com quem ele mais deseja conversar no mundo estará sentada do outro lado da mesa de jantar.

Ao longo dos anos, Pete e eu conversamos frequentemente sobre seu estresse com alguns colegas de trabalho, mas eu não tinha a dimensão de tudo que ele estava suportando até passarmos um fim de semana com ele na primavera de 2019. Minha esposa notou uma mudança imediata. Uma luz havia se apagado. Havia uma monotonia em sua voz, uma calma em seus olhos. Em uma tarde ensolarada de junho, ele nos puxou de lado e nos contou o que já sabíamos: Pete não era mais ele mesmo. Estava fazendo o que mais amava – jogar basquete, nadar no lago –, mas não conseguia aproveitar nada. Estava preocupado com a família, e ele mesmo pediu nossa amizade e nosso apoio contínuos. Foi a primeira vez que vi tanta dor nele – o que era, na verdade, uma depressão grave. Fui confrontado com uma pergunta à qual não estava preparado para responder: como você ajuda um amigo quando ele é atingido por essa doença? Tentei o melhor que pude, mas Pete sucumbiu ao suicídio em abril de 2022. Este capítulo, com base em um ensaio que escrevi para o *Times*, tenta capturar o que aprendi naqueles três anos agonizantes de tragédia sem sentido. Reflete um aprendizado difícil, sem atenuantes.

―――――

Primeiro, preciso contar mais sobre Pete. Nós nos conhecemos quando crianças no acampamento Incarnation, em Connecticut. Fomos campistas e monitores juntos por uma década e permanecemos próximos por toda a vida. No acampamento, Pete era bonito, forte, atlético e gentil. Havia algo exuberante nele. Certa vez, em um acesso de grande tolice, ele começou a pular pelo refeitório, cantando e saltando mais e mais alto a cada vez. Ele tentou pular para fora da sala, mas havia um batente de porta, de cerca de dois metros de altura, e ele bateu com a testa no topo da moldura e caiu de bruços no chão. O restante de nós, monitores juniores de dezesseis anos, achou hilário. Pete, também com dezesseis anos, achou igualmente hilário. Lembro-me dele deitado ali, tendo um ataque de riso, com um hematoma no formato do batente se formando em sua testa.

Certo verão, Pete e eu lideramos uma equipe de meninos de doze e treze anos em um jogo de *softbol* contra um time de catorze e quinze anos. Por milagre, nosso time venceu. Na celebração, nós e o restante dos meninos nos amontoamos no campo, em uma grande pilha contorcida de êxtase desproporcional. Nós nos abraçamos, gritamos e nos cumprimentamos. Acho que nossa celebração durou mais do que o jogo – um vulcão de autoaprovação masculina que está alojado na minha memória como um dos momentos de pura alegria da vida.

Com o passar dos anos, Pete se saiu bem na faculdade, ingressou na Marinha, voltou para o curso de Medicina e tornou-se cirurgião oftalmologista. Nas noites anteriores às cirurgias, ele cuidava-se muito bem, não saía, certificava-se de que dormiria o suficiente para fazer o trabalho que amava. A cada noite após as cirurgias, ligava para os pacientes, a fim de saber como estavam se sentindo. Sua esposa, Jen, uma amiga querida que também estava no acampamento conosco, ficava por ali só para ouvir a gentileza de seu tom nessas ligações, a bondade tranquilizadora de seus modos.

Ele parecia, externamente, a pessoa menos provável do meu círculo a ser afligida por uma depressão devastadora, com uma disposição alegre, um casamento feliz, uma carreira gratificante e dois filhos muito maravilhosos, Owen e James. Mas ele carregava uma dor da infância maior do que eu imaginava e, por fim, o trauma tomou conta dele.

A princípio, não entendi a gravidade da situação. Tem a ver com temperamento. Algumas pessoas pensam demais e imaginam o pior. Tenho tendência a ser otimista e presumir que tudo dará certo. Mas também é, em parte, porque não percebi que a depressão criou outro Pete. Eu tinha ideias muito definidas na minha cabeça sobre quem ele era, e essa doença não se expressava da forma como eu entendia meu amigo.

Nos meses seguintes, uma depressão grave me foi revelada como um abismo inimaginável. Aprendi que aqueles de nós que têm sorte de nunca termos experimentado uma depressão grave não conseguimos entender o que é e mal comparamos com uma extrapolação dos nossos períodos de tristeza. Como os filósofos Cecily Whiteley e Jonathan Birch escreveram, não se trata apenas de tristeza, mas de um estado de consciência que distorce percepções de tempo, de espaço e de si mesmo.

A jornalista Sally Brampton chamou a depressão de paisagem "fria, escura e vazia. É mais assustadora e mais horrível do que em qualquer lugar onde já estive, mesmo em meus pesadelos". O romancista William Styron dissertou brilhantemente sobre a própria depressão na escuridão visível. Ele descreveu como

> [...] a loucura da depressão é, em geral, a antítese da violência. É uma tempestade, de fato, mas uma tempestade de trevas. Logo, ficam evidentes a desaceleração das respostas, a quase paralisia, a energia psíquica restringida quase a zero. [...] Experimentei uma curiosa convulsão interior que posso descrever apenas como um desespero além do desespero. Surgiu do nada; não pensei que tal angústia fosse possível.

Durante a pandemia de covid-19, Pete e eu conversamos por telefone. No começo, cometi o erro de tentar aconselhá-lo sobre como ele poderia se recuperar da doença. Anos antes, ele havia ido para o Vietnã realizar cirurgias oftalmológicas para a população em estado de vulnerabilidade. Falei-lhe que deveria fazer isso de novo, já que ele havia considerado tão gratificante. Não percebi que era energia e desejo que lhe faltavam, não ideias sobre coisas para fazer. Só mais tarde é que li que, quando você dá conselhos a uma pessoa deprimida sobre como ela pode melhorar, há uma boa chance de você só estar dizendo que não entende aquilo pelo que ela está passando.

Tentei lembrar Pete de todas as bênçãos maravilhosas de que ele desfrutava, o que os psicólogos chamam de "reenquadramento positivo". Depois, li que isso pode fazer com que o sofredor se sinta ainda pior consigo mesmo, por não ser capaz de desfrutar das coisas agradáveis.

Aprendi, muito gradualmente, que o trabalho de um amigo nessas circunstâncias não é para animar a pessoa. É reconhecer a realidade da situação, é ouvi-la, respeitá-la e amá-la; é mostrar-lhe que você não desistiu dela, não a abandonou.

Pete falava com frequência sobre seu grande medo de que, algum dia, perdesse a habilidade de cirurgião, que deixaria de ser um curador, que perderia sua identidade e seu eu. Conforme ele falava da doença, às vezes parecia que havia dois Petes. Havia aquele envolto em dor e aquele observando a situação sem conseguir entender o que estava acontecendo. Conversei com o segundo Pete durante esses três anos. Ele estava analisando a angústia. Tentando entendê-la. Ele ia aos melhores médicos. Tentavam abordagens diferentes. A nuvem não se dissipava. Disseram-me que uma das brutalidades da doença é a impossibilidade de definir a dor. Pete me falava do quadro geral: "Depressão é uma merda". Mas ele tentava não me sobrecarregar com todos os horrores do que estava passando. Havia muita coisa que ele não me contava, pelo menos não até o fim, ou nunca.

Houve momentos durante aquele ano cruel de 2020 que eu temia estar perdendo a própria cabeça. Alegria é meu estado padrão normal, mas, naquele ano, meu humor podia às vezes ser sombrio e perturbado. Quando seu amigo mais antigo está lutando contra demônios, é natural se perguntar sobre os próprios.

Embora eu tenha dedicado minha vida às palavras, cada vez mais surgiam dificuldades verbais para ajudar Pete de alguma forma significativa. A sensação de impotência era existencial.

Depois de um tempo, tentei ser normal. Tentei ser apenas o amigo descontraído que eu sempre fora com ele e ele sempre fora comigo. Eu esperava que isso aliviasse um pouco sua sensação de isolamento. Intelectualmente, Pete sabia que a esposa e os filhos o amavam muito, que os amigos o amavam, mas ele ainda se sentia preso dentro da dilacerante obsessão que faz parte da doença.

Desde a morte de Pete, aprendi mais sobre o poder de apenas permanecer presente. "Se você conhece alguém que está deprimido, por favor, nunca pergunte por quê", escreveu certa vez o ator Stephen Fry. "Esteja lá para ajudá-lo quando ele conseguir atravessar. É difícil ser amigo de alguém deprimido, mas é uma das coisas mais gentis, mais nobres e melhores que você fará."

Talvez a coisa mais útil que fiz tenha sido enviar um vídeo para ele. Meu amigo Mike Gerson, colunista do *Washington Post*, fora hospitalizado por causa de depressão no início de 2019. Ele fez um belo sermão na National Cathedral sobre sua experiência antes de morrer de complicações de um câncer em novembro de 2022. Depressão, ele afirmou, era um "mau funcionamento do instrumento que usamos para determinar a realidade". Falou sobre as vozes mentirosas que haviam surgido em sua mente, expressando clichês cruéis: *Você é um fardo para seus amigos, não tem futuro, ninguém sentiria sua falta.*

O vídeo do sermão de Mike ressoou em Pete e deu-lhe uma sensação de validação. Ele também descreveu as vozes obsessivo-compulsivas que o atacavam em sua mente. Mike também falou sobre a névoa diminuindo um dia, sobre os vislumbres de beleza e de amor, e lembrou Pete que "há algo melhor do outro lado do desespero". Continuei tentando tranquilizar Peter, dizendo-lhe que esse momento chegaria para ele também. Ainda assim, as nuvens recusaram-se a dissipar-se.

Jen usou palavras sábias quando perguntei o que ela tinha aprendido após ter convivido com ele por aqueles anos. "Eu estava muito ciente de que aquele não era o verdadeiro Pete", respondeu ela. "Tentei não levar para o pessoal." Eu gostaria de ter bombardeado Pete com toquezinhos. Apenas bilhetes e *e-mails* para que soubesse o quanto ele ocupava minha mente. Escrevendo sobre a própria depressão no *Atlantic*, Jeffrey Ruoff mencionou que seu irmão lhe enviou mais de setecentos cartões-postais ao longo dos anos, de todos os cinquenta estados dos Estados Unidos, da América Central, do Canadá e da Ásia. Esses toquezinhos diziam: estou com você. Nenhuma resposta era necessária.

"Há momentos em nossa vida", escreveu Honoré de Balzac, "em que a sensação de que nosso amigo está próximo é tudo o que podemos suportar. Nossas feridas doloridas sob as palavras consoladoras que apenas revelam o profundezas da dor".

Pete desenvolveu teorias para explicar por que a doença lhe acometera. Apontou uma série de traumas e abandonos que sofrera em casa quando criança – fatos aos quais ele se referia vagamente durante nossa amizade, mas nunca em detalhes, até seus anos finais.

Ele achava que parte de sua doença era fruto de simples biologia. Como um câncer no cérebro, ele dizia. Uma doença física aleatória. Concordo com um pouco disso, mas também sou assombrado pelo grande número de remédios que seus médicos lhe prescreveram. Ele sempre parecia estar entrando em um novo tratamento e saindo de outro. Sua trajetória no sistema de saúde mental foi preenchida por uma variedade dispersa de diferentes tratamentos e muitas decepções.

Pete e sua família se juntaram a nós no Dia de Ação de Graças em 2021. A essa altura, eu estava apenas tentando ser como sempre fora com ele, na esperança de que meu amigo seria como sempre fora comigo. Nós jogamos basquete, jogos de tabuleiro e aproveitamos o fim de semana. Senti alguma esperança. Mas, em uma das fotos que foram tiradas naqueles dias, Pete está sentado no sofá, com o rosto imóvel, envolto em sombra. Certa tarde, pediu à minha esposa que orasse por ele na cozinha, melancolicamente, buscando esperança.

Os especialistas dizem que, se você conhece alguém que está deprimido, não há problema em perguntar-lhe explicitamente sobre suicídio. Enfatizam que você não plantará assim o pensamento na cabeça da pessoa. Muitas vezes ele já habita a mente dela.

Quando Pete e eu tocamos no assunto suicídio, falamos sobre sua família magnífica, o quanto todos eles se amavam. Como Jen, tentei lhe dizer que aquilo iria melhorar, embora, com o passar dos anos e as terapias falhas, sua fé nessa libertação diminuísse.

Pete sempre fora o mais corajoso de nós dois, o que mergulhava de penhascos ou pulava fogueiras sem medo. E ele nunca foi tão corajoso quanto nos últimos três anos. Lutou com surpreendente coragem e firmeza contra um inimigo que colocaria qualquer um de joelhos. Lutou minuto a minuto, dia a dia – mais de mil dias. Foi movido pelo amor altruísta por sua família, que ele mais estimava no mundo.

Jantamos alguns dias antes de ele morrer. Jen e eu tentamos fazer a conversa fluir. Mas fiquei sabendo que a viagem de volta no carro deles foi de partir o coração. "Como posso não conseguir falar com meu amigo mais antigo?", Pete perguntou. "Brooksie consegue conversar com as pessoas. Eu não consigo."

Não sei o que ele estava pensando em seu último dia, mas já li que a depressão torna difícil imaginar uma época em que as coisas serão melhores. Não tenho provas disso, porém, conhecendo Pete, acredito mesmo que ele tenha se convencido equivocadamente de que seu suicídio ajudaria sua família e aliviaria as dificuldades que a doença havia causado. Vivendo agora nos destroços, posso lhe dizer que, caso algum dia isso passe pela sua cabeça, saiba que é um pensamento muito equivocado.

"Pouco foi escrito sobre o fato de a depressão ser ridícula", escreveu Andrew Solomon, autor de *O demônio do meio-dia*. "Lembro-me de estar deitado, congelado na cama, chorando porque estava com muito medo de tomar banho e, ao mesmo tempo, consciente de que chuveiros não são assustadores." Eu acrescentaria que a depressão é amargamente ridícula. Pete morreu algumas semanas antes da formatura na faculdade do filho mais novo, cercado de relacionamentos amorosos e amizades, com tanto para dar.

———

Se eu me encontrar de novo em uma situação semelhante, entenderei que não é preciso tentar tirar alguém da depressão. Mostrar que você tem alguma compreensão do que a pessoa está enfrentando é suficiente. Basta criar um ambiente em que possam compartilhar sua experiência. Basta oferecer-lhe o conforto de ser visto.

Meu amigo Nat Eddy, que também acompanhou Pete nesses últimos anos, escreveu-me recentemente: "Faça tudo o que puder para dar um descanso às esposas e aos filhos – uma ou duas horas em que eles não precisem se preocupar com a possibilidade de o pior acontecer (e rezar para que não seja sob seus cuidados, pois isso pode ocorrer). Faça o que for preciso para se avaliar. A amizade oferece profundas satisfações, mas também impõe vulnerabilidades e obrigações, e fingir que não é assim é desvalorizar a amizade".

Sinto tristeza por, à época, não saber o bastante para fazer isso de maneira mais eficaz no caso de Pete. Eu poderia ter-lhe feito companhia de modo mais tranquilizador; poderia tê-lo feito entender melhor o que ele significava para mim. Mas não sinto culpa.

Pete tinha o acompanhamento de alguns dos maiores especialistas do mundo. Tinha sua esposa e seus filhos maravilhosos, que o acompanhavam também, de maneira firme e amorosa, todos os dias. Ele dizia que conversar com Jen era mais útil do que conversar com qualquer especialista. Não há razão, portanto, para um de nós se sentir um fracasso por não termos podido alterar o curso do que aconteceu. Todo caso de depressão é único, e cada um deve ser enfrentado com o máximo de amor, envolvimento e conhecimento. Mas, naquele caso particular, o monstro era maior que Pete; era maior que nós.

Li muito sobre o processo de luto dos familiares, mas não tanto sobre como é o luto quando seus amigos morrem. A morte e eu nos conhecemos muito bem em 2022. Perdi três bons amigos – Pete, Mike Gerson e meu parceiro de longa data do *NewsHour*, Mark Shields – e todas as vezes fiquei surpreso com a forma como as dores internas são profundas e duradouras.

A morte de Pete me desorientou. Ele tinha sido uma presença por quase toda a minha vida, e, de repente, a amizade constante que tomei por certa se foi. É como se eu voltasse para Montana e, de repente, as montanhas tivessem desaparecido.

Uma grande fonte de conforto é a oportunidade de vislumbrar, de tempos em tempos, quão heroicamente os meninos de Pete, Owen e James, lidaram com essa perda. Em sua própria dor, ambos se uniram à sua mãe. Dois meses após a morte de Pete, meu filho mais velho casou-se. Para minha grande surpresa e gratidão, Jen e os meninos puderam fazer a viagem para comparecer. Na recepção, os meninos gentilmente persuadiram a mãe a se juntar a nós na pista de dança. Parecia apropriado, já que era isso que fazíamos no acampamento; sempre dançamos ao longo das décadas de nossa vida. Tenho uma memória nítida daqueles dois belos jovens dançando naquela noite e um milhão de lembranças dos pais que os criaram tão bem.

Olhando para trás agora, vejo o desafio essencial. Cada mente constrói a própria realidade. Em circunstâncias normais, posso ter um senso da percepção da realidade do meu amigo porque ela se sobrepõe, em grande parte, com a minha percepção da realidade. Mas a depressão muda isso. Na depressão, Andrew Solomon vivenciou uma realidade bizarra, tendo medo de chuveiros. Pete também experimentou uma realidade bizarra. Ele viu um mundo sem prazer.

Quando tentamos ver profundamente uma pessoa deprimida e fazer com que ela se sinta ouvida e compreendida, estamos diante de um mundo de pesadelo à moda de Salvador Dalí, que não segue lógica alguma, que não faz sentido e na qual o indivíduo deprimido terá dificuldade de nos descrever. Não existe uma maneira fácil de embarcar nessa realidade alternativa; só podemos ter fé e, por meio de uma flexibilidade infinita e de uma disposição à humildade, aceitar que nada daquilo faz sentido.

CAPÍTULO 11

A arte da empatia

"O reconhecimento é a primeira busca humana",[1] diz o jornalista Andy Crouch em seu livro *The Life We're Looking For*. Os bebês saem do útero em busca de um rosto que os veja, de uma mãe ou um cuidador que os acolherá e cuidará de suas necessidades. Quando não são vistos, ficam traumatizados. Às vezes, psicólogos realizam experimentos de "rosto imóvel", nos quais orientam às mães para não responderem aos seus bebês. Quando a criança pede atenção e amor, a mãe deve apenas sentar-se ali, sem expressão, com o rosto imóvel. No início, os bebês se contorcem e ficam desconfortáveis, depois choram de frustração e, por fim, entram em um colapso de tristeza. É uma crise existencial. Se um bebê se sentir invisível para os seus cuidadores por longos períodos, pode ficar com danos emocionais e espirituais permanentes. "O desenvolvimento da alma na criança", escreveu o filósofo Martin Buber, "é inextricavelmente ligado à expectativa do Thou, à satisfação e à decepção geradas por essa expectativa".[2]

Essa é a primeira forma como somos educados. Toda criança, desde o nascimento, busca por respostas para as questões básicas da vida: "Estou segura?", "Como o amor funciona?", "Eu sou digna?", "Serei cuidada?". Mesmo na infância, nós internalizamos respostas a essas perguntas com base no que vemos ao nosso redor e em como somos tratados. Essa educação acontece também mais tarde, quando já somos adultos e não temos nenhuma memória consciente desse período.

Quando, na idade adulta, você conhece alguém muito bem, com frequência desenvolve uma noção de como aquela pessoa foi criada. Você vê em algumas inseguranças atuais como deve ter sido diminuída e criticada na infância. Você vê, em seu pavor de abandono, como deve ter se sentido deixada para trás quando pequena. Por sua vez, ao conhecer indivíduos que presumem que o mundo é seguro e confiável, que os outros sorrirão naturalmente para eles, você percebe como, na infância, eles devem ter se sentido iluminados pelo amor.

Se ao menos fosse assim tão simples... Todos queremos que as crianças se sintam seguras, que saibam que o amor é constante e incondicional, que são dignas. O problema é que nós, como pais e mães, ainda carregamos, muitas vezes inconscientemente, as feridas e os terrores dos *nossos* primeiros anos, que foram, por sua vez, causados pelas feridas e pelos terrores dos primeiros anos de nossos pais, e assim por diante. As feridas e os traumas são transmitidos de geração em geração.

Em seu livro *Deep Human Connection*, o psicoterapeuta Stephen Cope escreve que sua mãe gostava mais da ideia de um bebê do que de bebês reais e, como resultado, não prestava muita atenção nem dava amor incondicional aos seus filhos:

> Minha irmã gêmea e eu concordamos plenamente, após anos refletindo sobre essas questões ao longo de décadas, que, infelizmente, estávamos destinados a sermos ansiosos e ambivalentes com relação ao apego... Tínhamos todas as características: insegurança, ansiedade, voracidade por mais e mais. Rapidamente seduzidos pela promessa do amor. Mas sempre incertos se poderíamos contar com ele.[3]

A atriz Demi Moore cresceu com pais histriônicos, instáveis, autossabotadores e melodramáticos. Eles se mudaram com tanta frequência que Demi e o irmão frequentavam, em média, duas escolas por ano. Seu pai cometeu suicídio aos 36 anos. Depois que sua mãe tentou também suicídio, a jovem Moore teve de se empenhar para tirar os comprimidos da boca dela. "Eles me amavam da maneira como se amavam", escreveu Moore, "da única maneira que sabiam: inconsistente e condicionalmente. Com eles, aprendi que o amor era algo que você tinha de lutar para manter. Poderia ser revogado a qualquer minuto por motivos que você não consegue entender, que não consegue controlar. O tipo de amor com o qual cresci é assustador de definir e doloroso de sentir. Se eu não tivesse aquela dor incômoda, aquela ansiedade espinhosa perto de alguém, como eu saberia se era amor?"[4]

"O famoso projeto Grant Study acompanhou 268 homens de Harvard de seus dias como estudantes universitários na década de 1940 até sua morte, muitas décadas depois, em uma tentativa de descobrir os padrões da vida humana de desenvolvimento e realização.[5] A pesquisa descobriu – e esta foi uma surpresa décadas atrás – que a qualidade dos relacionamentos de uma pessoa determina a qualidade da sua vida. Mas relacionamentos na infância tinham um poder especial. A certa altura, os diretores do estudo perguntaram por que alguns dos homens participantes foram promovidos a oficiais durante a Segunda Guerra Mundial e outros não.[6] Descobriram que o fator número um que se correlacionava com o sucesso em tempos de guerra não era QI, resistência física ou origem socioeconômica. O fator número um era o quão caloroso era o lar daquele homem. Os indivíduos que eram bem-amados e vistos profundamente por seus pais conseguiam oferecer amor e cuidado aos soldados sob seu comando.

Os homens com relacionamentos calorosos com os pais aproveitavam mais as férias ao longo da vida, eram mais capazes de usar o humor como mecanismo de enfrentamento e estavam mais contentes em suas aposentadorias. Um ambiente acolhedor na infância também foi um preditor melhor da mobilidade social adulta do que a inteligência.[7]

Em contrapartida, homens com um relacionamento ruim com as mães eram mais propensos a sofrer de demência na velhice. Aqueles que cresceram em lares frios tomavam mais medicamentos prescritos e passavam cinco vezes mais tempo em hospitais psiquiátricos.[8] Como disse o diretor de longa data do estudo, George Vaillant:

> Enquanto uma infância calorosa, como um pai rico, tende a inocular um homem contra a dor futura, uma infância sombria é como a

pobreza; pode não amortecer as dificuldades da vida. Sim, às vezes as dificuldades podem levar ao crescimento pós-traumático, e a vida de alguns homens melhorou ao longo do tempo. Mas há sempre um alto custo em dor e oportunidades perdidas, e, para muitos homens com infâncias sombrias, a perspectiva representa permanecerem nas sombras até morrerem, às vezes jovens e às vezes pelas próprias mãos.[9]

As crianças respondem a circunstâncias difíceis da única maneira que sabem: constroem defesas para se proteger contra dores futuras. Elas tiram lições – adaptativas ou não adaptativas – sobre o que podem esperar da vida e o que precisam fazer para sobreviver. Essas defesas e lições são, muitas vezes, inconscientes. Se espera conhecer bem alguém, você precisa saber algo sobre as alegrias e as bênçãos de sua infância, bem como a natureza de sua arquitetura defensiva, que ela carrega ao longo da vida.

Aqui estão algumas das defesas que muitas pessoas carregam dentro de si, às vezes para o resto de sua vida:

EVITAÇÃO. A evitação costuma ter a ver com medo. *Emoções e relações me machucaram, então minimizarei emoções e relações.* As pessoas que evitam se sentem mais confortáveis quando a situação permanece superficial. Com frequência, intelectualizam demais a vida. Retiram-se para o trabalho. Tentam ser autossuficientes e fingem que não têm necessidades. Muitas vezes, não tiveram relacionamentos próximos quando crianças e reduziram suas expectativas sobre relacionamentos futuros. Quem teme a intimidade assim pode estar sempre ligado ao movimento, preferindo não ficar enraizado ou imobilizado; a pessoa é, às vezes, incansavelmente otimista para não demonstrar vulnerabilidade; projeta a ideia de força para que os outros recorram a ela, mas ela não recorre aos outros.

PRIVAÇÃO. Algumas crianças crescem perto de pessoas tão egocêntricas que suas necessidades são ignoradas.[10] De modo natural, a criança aprende a lição "minhas necessidades não serão atendidas". É um pequeno passo para: "não sou digno". Uma pessoa assombrada por uma história de privação pode experimentar sentimentos de inutilidade ao longo da vida, não importam os muitos sucessos incríveis que obtenham. Muitas vezes, carregam a ideia de que existe alguma falha profunda dentro de si e que, se outras pessoas a descobrissem, fugiriam delas. Quando são maltratadas, é provável que se culpem. (*É claro que ele teve um caso, sou uma esposa patética.*) Às vezes, enfrentam uma crítica interna feroz.

EXCESSO DE REATIVIDADE. Crianças que são abusadas e ameaçadas crescem em um mundo perigoso. A pessoa afetada por essa violência muitas vezes tem, no fundo do sistema nervoso, uma capacidade hiperativa de detecção de ameaças. Interpreta situações ambivalentes como ameaçadoras, rostos neutros como irritados. Está presa a um teatro mental hiperativo em que o mundo é um lugar perigoso. Reage exageradamente às coisas e não consegue entender por quê.

ATITUDE PASSIVO-AGRESSIVA. Trata-se da agressão indireta desencadeada pela raiva. É um modo de evitar a comunicação direta por parte de uma pessoa que teme conflitos, que tem dificuldade de lidar com emoções negativas. É possível que tal pessoa tenha crescido em um lar em que a raiva era aterrorizante, em que as emoções não eram abordadas ou em que o amor era condicional e a lição era de que a comunicação direta levaria à retirada do afeto. A atitude passivo-agressiva é, portanto, uma forma de manipulação emocional, um jogo de poder sutil para extrair culpa e afeto. Um marido com comportamento passivo-agressivo pode encorajar a esposa a sair em um passeio de fim de semana com seus amigos, sentindo-se um mártir altruísta, mas depois ficar zangado com ela nos dias anteriores ao passeio e durante o fim de semana. O marido a informará por meio de vários atos de retirada e autopiedade que ela é uma pessoa egoísta e ele, uma vítima inocente.

———

Essas defesas não são totalmente ruins. Certa vez, li uma ótima frase em um livro do escritor britânico Will Storr, que captura a dupla natureza das nossas defesas. Ele propôs que a maioria dos grandes personagens de ficção – e, por implicação, a maioria das grandes pessoas – tem um "defeito sagrado".[11]

O ponto principal é que cada um de nós anda por aí com certos modelos na cabeça que moldam a forma como vemos o mundo. Você constrói esses modelos logo no início da vida, e eles funcionam para você. Eles o ajudam a proteger-se de negligência ou abuso e a antecipar como as pessoas irão se comportar. Orientam-no a agir de maneiras que o façam se sentir afirmado e amado. A grande questão que seus modelos fazem é ajudá-lo a ver sua vida como uma história na qual você é o herói. Nós procuramos pessoas, artigos e livros que confirmam nossos modelos.

Storr diz que você pode ter uma noção dos modelos de alguém, sobretudo dos defensivos, pedindo-lhe que complete frases como "A coisa mais importante na vida é..." ou "Só estou seguro quando...". Por exemplo, conheço muitas pessoas na política que construíram modelos defensivos exageradamente reativos. Para elas, o mais importante é lutar contra a injustiça. Sentem-se seguras apenas quando estão em posição de ataque, lutando com justiça contra seus inimigos. Aprenderam na infância que a vida é um combate.

Durante algum tempo, esses modelos – essas defesas – funcionaram. Eles as induziram a ver o mundo dividido entre os filhos da luz e os filhos das trevas. Enquanto travavam suas batalhas justas contra os inimigos políticos, essas pessoas subiram em *status*, poder e estima, tornando-se fortes e resilientes. Uma vez, visitei um vinhedo onde o guia nos explicou que não plantam as videiras no tipo de solo ideal para os frutos. Eles as plantam em solo argiloso, porque a argila resiste a elas, e as uvas crescem fortes, lutando contra o ambiente. Sinto que conheço muitas pessoas assim, sobretudo na política. Elas se fortaleceram ao resistir ao que há de errado em seu ambiente.

Muitas vezes, a raiva é plenamente justificada. Mas um defeito sagrado não deixa de ser uma imperfeição. O primeiro problema com, digamos, uma arquitetura de defesa excessivamente reativa é que faz com que as pessoas ataquem tudo e todos. Quando alguém critica os modelos internos de um indivíduo defensivo, ele não sente como se estivessem atacando sua mera opinião. Parece que as opiniões fazem parte de sua identidade. O psicólogo Jonathan Haidt diz que, se você localiza o que é sagrado para uma pessoa, encontrará sua "irracionalidade desenfreada".[12] Uma pessoa com uma arquitetura de defesa exageradamente reativa pensa: *Meus críticos ou oponentes não estão apenas errados; eles são maus.* Alguém assim percebe ameaças apocalípticas vindas de todas as direções e recorrem a teorias da conspiração que explicam as forças malevolentes que ela vê ao redor. Essa pessoa está perpetuamente em pé de guerra, do amanhecer ao anoitecer. Antes de qualquer coisa, tem de retaliar os outros.

O segundo problema com a arquitetura defensiva é que não a controlamos; é ela que nos controla. Um problema com a raiva desenfreada, por exemplo, é que ela precisa encontrar no que se apegar. Pessoas irritadiças estão sempre em busca de outras de quem possam ter raiva. A raiva é pouco atraente, é estúpida. Quem está constantemente irritado sempre ouve mal e interpreta mal os outros. Entende mal o que o outro disse para que possa ter um pretexto para seguir em frente com o ataque. E o pior de tudo é que a raiva vai aumentando exponencialmente. Na verdade, a raiva está sempre no controle, dominando mais e mais, consumindo seu hospedeiro.

Em seu livro de 1949, *Jesus and the Disinherited*, o grande teólogo negro Howard Thurman, que tinha muito pelo que ter raiva, escreveu: "Jesus rejeitava o ódio porque ele via que o ódio significava a morte da mente, a morte do espírito e a morte da comunhão com o Pai. Ele afirmava a vida; o ódio é sua grande negação".[13]

O terceiro problema com os modelos defensivos é que tendem a ficar desatualizados. As lições que aprendemos para sobrevivermos à infância tornam-se, com frequência, obsoletas na vida adulta. Mas continuamos a ver o mundo por meio desses velhos modelos; nossas ações ainda são guiadas por eles. É o que chamamos de "cegueira conceitual".[14] Isso explica por que pessoas muito inteligentes podem, às vezes, fazer coisas bastante estúpidas. Pense, por exemplo, nos generais da Primeira Guerra Mundial. Foram educados como cadetes na era de cavalos e rifles. Mas, décadas depois, uma vez tornados generais, encontraram-se liderando tropas na era das armas automáticas, não haviam atualizado seus modelos. Ano após ano, enviavam milhões de homens diretamente para os ninhos das automáticas, para a morte, porque não conseguiam perceber como seu modelo era obsoleto. Foi como um massacre em massa. A cegueira conceitual pode acometer qualquer um.

Em algum momento da vida, a maioria das pessoas percebe que alguns de seus modelos já não funcionam mais. As defesas que construímos na infância limitam-nos na idade adulta. A pessoa esquiva deseja se tornar mais apegada. A pessoa com um esquema de privação deseja sentir todo o seu valor. A pessoa excessivamente reativa percebe que uma vida de conflitos constantes só traz ruína para si e para aqueles que ama. Esse momento, em geral, surge como uma crise. Um indivíduo, por causa do próprio comportamento estúpido, rompe um casamento, é demitido, perde um amigo, magoa os filhos, sofre uma humilhação pública. Seu mundo desmoronou.

Em teoria, deveria ser possível reparar-se sozinho. Em teoria, deveria ser possível compreender a si mesmo, sobretudo as partes profundamente problemáticas, por meio da introspecção. Mas pesquisas mostram com clareza que a introspecção é superestimada.

Isso ocorre, em parte, porque o que está acontecendo em sua mente não é apenas mais complicado do que você entende que é e mais complicado do que você conseguiria entender. Sua mente esconde a maior parte do seu pensamento para que você possa seguir com a vida. Além disso, você está muito perto de si. Não pode enxergar os modelos que usa para perceber o mundo porque enxerga por meio deles. Por fim, quando as pessoas estão tentando entender as coisas sozinhas, elas tendem a seguir uma de duas direções. Às vezes, contentam-se com um *insight* fácil. Dizem a si mesmas que acabaram de ter uma grande epifania. Na verdade, não fizeram nada além de inventar um faz de conta que as ajudará a se sentirem bem consigo próprias. Ou, então, espiralam em uma cadeia de ruminação. Revisitam as mesmas falhas e experiências traumáticas repetidas vezes, reforçando os maus hábitos mentais e, assim, tornando-se infelizes.

A introspecção não é a melhor maneira de reparar esses modelos; a comunicação é. Quem tenta lidar com os legados adultos de suas feridas de infância precisa de amigos que o estimule a ver sua situação de modo objetivo. Precisa de amigos que possam fornecer o que há de melhor em sua vida, aquela parcela que não pode ver por dentro. Precisa de amigos que irão lembrá-lo: "A parte mais importante da sua vida está à sua frente, não atrás de você. Tenho orgulho de conhecê-lo e de tudo o que realizou e irá realizar". Precisa de pessoas que pratiquem a empatia.

É aí que você e eu entramos. A empatia está envolvida em cada etapa do processo de conhecer alguém. Mas é especialmente necessária quando acompanhamos quem está lutando com suas feridas. O problema é que muita gente não sabe o que de fato é empatia. Acham que é uma emoção fácil: você abre seu coração e experimenta uma onda de sentimento de camaradagem por outra pessoa. Por essa definição, a empatia parece simples, natural e automática: eu sinto por você.

Mas não é bem isso. Ela é um conjunto de habilidades sociais e emocionais, que são um pouco como habilidades atléticas: algumas pessoas são mais naturalmente talentosas em empatia do que outras; todo mundo pode treiná-la.

A empatia consiste em pelo menos três competências relacionadas. Primeiro, há a habilidade de *espelhar*. É o ato de capturar com precisão a emoção de quem está à sua frente.

A cada segundo, as pessoas ao seu redor estão experimentando emoções, que ora são sutis, ora são avassaladoras. Nossas emoções surgem em um fluxo contínuo, não como eventos discretos. Deparamos com algo – talvez o aroma de um *croissant* ou o som de uma porta batendo – e revestimos esse encontro com um sentimento, uma avaliação que é positiva ou negativa de certo modo. Cada experiência é revestida de uma emoção.

Esse processo de criação de emoção começa profundamente no corpo. Enquanto as pessoas ao seu redor cuidam da própria vida, o coração, os pulmões, os hormônios, as glândulas, o pâncreas, o sistema imunológico, os músculos e o intestino delas estão em constante movimento, dependendo da situação em que se encontram. Embora a maior parte da atenção tenha sido dada aos neurônios no crânio, os neurônios em nosso corpo contribuem para alguns dos pensamentos mais importantes que temos. Informações sobre esses estados básicos do corpo são enviadas ao cérebro por meio do sistema nervoso autônomo, que percorre todo o corpo até a cabeça.

O cérebro, que é responsável por regular o orçamento do corpo – quanto de energia as diferentes partes do organismo precisam em um determinado momento –, monitora os membros e reconhece diferentes estados físicos. Digamos que o cérebro perceba uma frequência cardíaca mais rápida, pupilas dilatadas, contração muscular, aceleração da respiração, aumento da pressão arterial, hormônios do estresse liberados. Ele observa tudo e tenta discernir qual conceito emocional aplicar àquele estado corporal. *É tristeza? Não. É raiva? Não exatamente. Ah, é medo!*

Historicamente, as emoções ganharam uma má reputação, como se fossem pensadas como forças primitivas que nos dominam e desencaminham. Ao longo dos séculos, muitos filósofos propuseram que a razão é separada das emoções – a razão é a calma, a prudência e a "cocheira", enquanto as emoções são como os garanhões, difíceis de controlar.

Nada disso é verdade. As emoções contêm informações.[15] A menos que estejam fora de controle, elas são faculdades mentais flexíveis que nos ajudam a guiar a vida, atribuindo valor às coisas; indicam o que queremos e o que não queremos. *Sinto amor por essa pessoa e quero me aproximar dela; sinto desprezo por essa pessoa e quero evitá-la.* As emoções ajudam você a se ajustar a diferentes contextos. Você se encontra em uma situação ameaçadora e sente ansiedade. Esse estado emocional altera seu pensamento, então você busca rapidamente a fonte do perigo. Elas também dizem se você está caminhando em direção aos seus objetivos ou para longe deles. Se quero conhecê-lo, é importante que eu saiba o que você pensa, mas é muito importante que eu tenha alguma noção do fluxo do que você sente.

O corpo é o ponto de origem das emoções e as comunica. O rosto tem mais de quarenta músculos, especialmente ao redor da boca e dos olhos. Os lábios podem produzir o cruel sorriso que os sádicos usam, o sorriso que as pessoas educadas adotam quando outro comete uma gafe, o sorriso encantador que faz outra pessoa ganhar o dia. Quando fitar alguém nos olhos, você pode ver olhos flertando, vidrados, loucos, frenéticos, distantes, tristes e muito mais. O corpo também conta a história do coração – a postura caída dos sentimentos feridos, o congelamento de medo, a agitação da ansiedade, a ruborização da raiva.

Um indivíduo bom em espelhar rapidamente experimenta as emoções da pessoa à sua frente e reencena no corpo o que a outra pessoa guarda no dela.[16] Quem espelha bem responde sorriso com sorriso, bocejo com bocejo e franze a testa para espelhar a careta. Inconscientemente, o indivíduo sintoniza seus padrões de respiração, frequência cardíaca, velocidade de fala, postura e gestos, e até mesmo o nível vocabular. Ele faz isso porque uma boa maneira de entender o que outra pessoa está sentindo é sentir o mesmo no próprio corpo, pelo menos até certo ponto. Pessoas que usam toxina botulínica e não conseguem franzir a testa são menos capazes de perceber a preocupação de outra porque não conseguem reconstituí-la fisicamente.

Quem é bom em espelhar também tem o que a neurocientista da Northeastern University Lisa Feldman Barrett chama de alta "granularidade emocional":[17] a capacidade de distinguir com precisão entre diferentes estados emocionais. Algumas pessoas não são boas em reconhecer emoções, possuem baixa granularidade emocional.[18] Elas têm apenas alguns conceitos emocionais em sua cabeça. Muitas crianças usam as palavras "triste", "louco" e "assustado" alternadamente, porque ainda não aprenderam a distinguir entre esses estados.[19] Gritam "Eu odeio você!" para as mães porque não aprenderam a diferenciar raiva de ódio. Muitos dos participantes adultos da pesquisa de Barrett não eram capazes de distinguir entre "ansioso" e "deprimido". O estado ansioso é nervoso, enquanto, no estado deprimido, a sensação é de lentidão. Mas lhes faltava a granularidade conceitual para que pudessem distinguir entre esses dois estados bem diferentes.

Pessoas boas em espelhar, por seu lado, têm alta granularidade emocional e experimentam o mundo de maneiras ricas e flexíveis. Conseguem distinguir entre emoções semelhantes, como raiva, frustração, pressão, estresse, ansiedade, angústia e irritação. Educaram suas emoções lendo literatura, ouvindo música, refletindo sobre seus relacionamentos. Estão sintonizadas com o corpo e se tornaram especialistas em lê-lo, e assim têm um amplo repertório emocional no qual se basear enquanto a vida acontece. Tornam-se especialistas em emoções. É como ser um pintor com mais cores em sua paleta.

A segunda habilidade de empatia não é espelhar, mas *mentalizar*. A maioria dos primatas consegue espelhar as emoções de outro primata, pelo menos em algum grau. Somente os humanos, porém, podem descobrir *por que* estão sentindo o que estão sentindo.[20] Fazemos isso confiando em nossa experiência e nossa memória. Tal como acontece com todos os modos de percepção, perguntamos: "Com o que isso se parece?". Quando vejo o que um amigo está vivenciando, volto a uma época da minha vida em que experimentei algo similar. Faço previsões sobre o que meu amigo irá passar. É isso que o filósofo e economista do século XVIII Adam Smith cientificamente chamou de empatia "projetiva": o ato de projetar suas memórias sobre a situação. Ao fazermos isso, ascendemos a um nível mais elevado de empatia. Não vemos "mulher chorando"; vemos "mulher que sofreu um revés profissional e uma humilhação pública". Como já vivi algo semelhante, consigo projetar o que senti sobre ela.

Quando bem praticada, essa habilidade de mentalização nos ajuda a ver os estados emocionais em toda a sua complexidade. Em geral, as pessoas têm várias emoções concomitantes. Se eu vir você em seu primeiro dia de trabalho, poderei notar sua empolgação ao começar um novo capítulo na vida, a timidez diante de tantas pessoas novas, a ansiedade de que talvez ainda não esteja à altura das tarefas à sua frente. Lembro-me dos meus primeiros dias em um novo emprego, então posso prever as emoções contraditórias que fluem através de você.

Mentalizar também nos ajuda a simpatizar com uma pessoa e, ao mesmo tempo, a nos distanciar para fazer julgamentos sobre ela. Posso me sentir mal por você estar infeliz porque alguém arranhou seu Mercedes. Também posso pensar que você está reagindo de maneira infantil, porque grande parte de sua identidade é representada pelo carro.

A terceira habilidade de empatia é *cuidar*. Golpistas são muito bons em ler as emoções das pessoas, mas não os chamamos de empáticos, porque não têm uma preocupação genuína com as pessoas que leem. As crianças são muito boas na angústia empática – sentir o que você está sentindo –, mas não são tão boas na preocupação empática: saber o que fazer a respeito. Você está chorando porque teve um dia ruim no trabalho, por isso elas lhe entregam um *band-aid* – o que é fofo, mas não é o que você gostaria que um adulto fizesse.

Se mentalizar é o projetar de minhas experiências sobre você, cuidar envolve sair das minhas experiências e entender que suas necessidades podem ser muito diferentes das minhas na situação similar. É bem difícil. O mundo está cheio de pessoas legais; há muito menos pessoas efetivamente gentis.

Digamos que esteja com alguém que está tendo uma crise de ansiedade. Cuidar não é necessariamente oferecer o que eu desejaria naquela situação, como uma taça de vinho. Cuidar começa com a consciência de que a outra pessoa tem uma consciência diferente da minha. Ela pode querer que eu segure sua mão enquanto faz exercícios respiratórios. Talvez eu ache isso estranho, mas o farei porque quero praticar uma empatia eficaz.

Da mesma forma, ao escrever um bilhete de agradecimento, meu instinto egoísta é escrever sobre todas as maneiras como usarei o presente que você acabou de me dar. Mas, se quero ser empático, preciso sair da minha perspectiva e entrar na sua. Escreverei sobre *suas intenções* – os impulsos que levaram *você* a pensar que aquele presente era o certo para mim e o processo de pensamento que o levou a comprá-lo.

Quando se conhece alguém com câncer, é empático dizer à pessoa o quanto você sente muito, mas minha amiga Kate Bowler, que tem câncer, diz que as pessoas que demonstram melhor a empatia são aquelas "que abraçam você e lhe fazem elogios admiráveis que não se parecem com um discurso de louvor. Pessoas que lhe dão presentes com temas não relacionados ao câncer. Pessoas que só querem encantar você, não tentar consertá-la, e que fazem você perceber que é apenas mais um dia lindo e que, em geral, há algo divertido para fazer".[21] Isso é cuidar.

———

As pessoas variam muito em sua capacidade de projetar empatia. O psicólogo Simon Baron-Cohen, um dos principais estudiosos desse campo, argumenta que existe um espectro de empatia e que os indivíduos tendem a se enquadrar em uma de seis categorias, dependendo da herança genética, da maneira como a vida os tratou e do quanto se dedicaram para se tornarem empáticos. No nível zero, está quem pode ferir ou até matar sem sentir absolutamente nada. No nível um, quem demonstra certo grau de empatia, mas não o suficiente para aplacar seu comportamento cruel; explodem com os outros e causam danos sem restrições. No nível dois, as pessoas simplesmente não têm noção: dizem coisas rudes e ofensivas sem perceber, invadem o espaço pessoal das outras e não captam sinais sociais, deixando os outros desconfortáveis. No nível três, as pessoas evitam encontros sociais quando possível porque é muito difícil para elas; conversas casuais são exaustivas e imprevisíveis. No nível quatro, podem interagir com facilidade com outras pessoas, mas não gostam quando a conversa muda para tópicos muito emocionais ou pessoais.

No nível cinco, têm muitas amizades íntimas e sentem-se confortáveis em expressar apoio e compaixão. No nível seis, há os ouvintes maravilhosos, intuitivos em relação às necessidades dos demais, confortáveis e eficazes em oferecer acolhimento e apoio.

Aprendi muito com o trabalho de Baron-Cohen, mas acho que sua curva de empatia está desequilibrada. Ele dá muita ênfase às pessoas com déficit de empatia, talvez porque sejam elas que ele estuda. Mas acredito que a maioria das pessoas que conheço sejam empáticas até certo ponto e seriam classificadas como quatro, cinco ou mesmo seis na escala dele. Na maioria dos encontros sociais, mesmo apenas na fila do caixa do mercado, a empatia está presente.

Você pode medir o quão empático é em termos de disposição observando o quanto concorda com as seguintes afirmações:

- Acho difícil saber o que fazer em situações sociais.
- Não me incomoda muito se eu me atrasar para encontrar um amigo.
- Muitas vezes, as pessoas me dizem que fui longe demais ao defender meu ponto de vista em uma discussão.
- O conflito interpessoal, mesmo quando não me envolve, é fisicamente doloroso para mim.
- Costumo imitar maneirismos, sotaques e linguagem corporal sem querer.
- Quando cometo uma gafe social, sinto-me extremamente perturbado.

Concordar com as três primeiras afirmações, retiradas de Baron-Cohen, são sinais de que você tem baixas habilidades de empatia. A concordância com as últimas três, extraídas de *The Art of Empathy*, de Karla McLaren, são sinais de alta empatia.[22]

Pessoas com baixa empatia podem ser criaturas cruéis e lamentáveis.[23] Carol era uma mulher de 39 anos que Baron-Cohen conheceu em seu centro de diagnóstico. Carol tinha tanta arquitetura defensiva que parecia uma fortaleza medieval em formato humano. Ela nutria um vasto reservatório

A ARTE DA EMPATIA   133

de ódio contra os pais, pois sentia que eles a maltratavam. Também explodia com qualquer pessoa que acreditasse que a estava desrespeitando. Se seus filhos não fizessem de imediato o que ela queria, ela gritava de raiva: "Como se atrevem a me tratar com tanto desrespeito? Vão se danar! Odeio vocês! Nunca mais quero ver você... Vocês não passam de malditos egoístas. Odeio vocês! Vou me matar! Espero que estejam felizes sabendo que me obrigaram a fazer isso!".

Depois desse tipo de discurso, ela saía furiosa de casa, sentindo-se melhor no mesmo instante. Tinha uma noite muito agradável com amigos enquanto seus filhos eram deixados para lidar com os destroços emocionais em casa. Carol era simplesmente incapaz de compreender o efeito que causava nos outros. Em seu universo mental, observa Baron-Cohen, suas próprias necessidades eram primordiais, e as necessidades de outras pessoas apenas não estavam em seu radar. Ela também era ruim em interpretar expressões faciais e gestos de outras pessoas. Se alguém na mesma sala que ela permanecesse em silêncio por alguns minutos, preocupado com alguma coisa, ela interpretava o silêncio como agressão e ia ao ataque, de modo violento. Ela tinha poucos amigos, mas tratava os que tinha da mesma maneira quente/fria. Carol tem transtorno de personalidade *borderline*. Os *borderlines* representam cerca de 2% da população em geral e 15% das pessoas em terapia.[24] Eles se enfurecem contra quem amam. Têm um medo constante do abandono e são impulsivos e autodestrutivos.[25] Algo entre 40% e 70% dos afetados relatam um histórico de abuso sexual na infância. A própria Carol tinha uma mãe fria que parou de amamentar depois de uma semana, absteve-se de qualquer coisa que pudesse ser chamada de cuidado maternal e a agredia quando ela se comportava mal. Carol começou a ter relações sexuais aos catorze anos, na tentativa de encontrar o amor, e começou a se cortar aos dezoito. Mesmo sendo mãe e adulta, ela deixava a família muitas noites para sair e dançar. Como diz Baron-Cohen: "Ela não quer ouvir sobre os problemas dos outros. Ela só se preocupa consigo mesma".[26] Há uma ganância triste e trágica nessas pessoas; estão presas em um vórtice desesperado de necessidade.

Pessoas altamente empáticas, por sua vez, desfrutam de relacionamentos mais profundos, exibem um comportamento mais caridoso com quem as rodeiam e, de acordo com alguns estudos, apresentam graus mais elevados de inconformismo e autoconfiança social.[27] Pessoas com grande empatia podem desenvolver ótimas habilidades sociais, como saber qual criança precisa de gentileza quando se comporta mal e qual criança precisa de severidade; compreendem quais colegas de trabalho precisam ser informados diretamente sobre o que estão fazendo de errado e quais precisam de ajuda para chegar a essa consciência sozinhos.

Os grandes empatas estão extraordinariamente conscientes das sutilezas de qualquer situação – cheiros, sabores, tremores emocionais. A romancista Pearl Buck argumentou que os artistas são pessoas que tendem a ser muito sensíveis a qualquer estímulo emocional:

> A mente verdadeiramente criativa em qualquer campo não é mais do que isto: uma criatura humana nascida de forma anormal, sensível de modo desumano. Para ela, um toque é um golpe, um som é um ruído, um infortúnio é uma tragédia, uma alegria é um êxtase, um amigo é um amante, um amante é um deus e o fracasso é a morte. Acrescente a esse organismo cruelmente delicado a necessidade avassaladora de criar, criar, criar. [...] Por alguma estranha e desconhecida urgência interior, ele não está de fato vivo, a menos que esteja criando.

Confesso que isso parece um pouco cansativo, mas também um pouco inspirador. Tenho uma amiga que tem grande empatia exatamente desse jeito. Ela sente tudo. Com frequência, precisa tirar alguns dias de folga dos outros apenas para poder descansar e se recuperar. Mas também é uma das pessoas mais atenciosas que conheço. Pode sentir os sutis tremores emocionais reverberando por uma sala, pode localizar quem está se sentindo chateado e excluído. Ela se identifica com essa pessoa de uma forma bonita e convincente. Faz as pessoas se sentirem vistas.

––––––

Como falei, todos nascemos com disposições empáticas inatas, da mesma forma que nascemos com talentos atléticos inatos. Mas também podemos melhorar com treino. Aqui estão algumas práticas que podem ajudá-lo a desenvolver suas habilidades de empatia:

TEORIA DO CONTATO. Décadas atrás, o psicólogo Gordon Allport baseou-se no ponto óbvio de que é difícil odiar as pessoas de perto. Ele descobriu que reunir indivíduos hostis entre si aumenta a empatia dentro do grupo. Mas a dinâmica do grupo deve ser estruturada da maneira certa. Ajuda, por exemplo, colocar as pessoas em círculo para demonstrar que todos ali são iguais aos demais. Também ajuda dar-lhes um foco partilhado e um objetivo comum, para que, desde o início, trabalhem a fim de construir algo juntos. Uma comunidade é um grupo de pessoas com um projeto comum.

DESENHO COM OS OLHOS FECHADOS. As pessoas se tornam mais empáticas quando reservam um tempo para observar de perto quem está ao seu redor. Descobri que os atores são particularmente bons nisso. Entrevistada sobre como ela se prepara para um papel, Viola Davis respondeu certa vez:

> Os atores caminham pela vida de forma tão diferente, porque temos de ser observadores. Sempre digo que somos observadores e ladrões – constantemente estamos vendo as minúcias de tudo. A maneira como alguém abaixa a cabeça quando dizemos uma determinada palavra. Pensamos: "Por que ele fez isso? É algo do passado dele? Um trauma? Ele não gosta de mim?". Ele está sentado no ponto de ônibus, mas veja o que está comendo e como está comendo. Viu como ele sorriu? Viu como ele não sorriu?[28]

O ator Paul Giamatti descreveu seu papel principal em *John Adams*, a minissérie de 2008 da HBO.[29] Durante sua pesquisa, ele deparou com uma lista de problemas de saúde de Adams. Percebeu que ele era atormentado por doenças reais e imaginárias, fruto da hipocondria. Começou a vê-lo como um homem perpetuamente dispéptico por causa de problemas digestivos, dores de dente, dores de cabeça e muito mais. E desempenhou o papel dessa maneira.

O ator Matthew McConaughey me disse uma vez que procura um pequeno gesto em um personagem que possa oferecer um vislumbre de toda a personalidade. Um personagem pode ser o tipo de cara que anda com as mãos nos bolsos da frente. Ou que passa a vida curvado, fechado. Quando tira as mãos dos bolsos e tenta se aprumar, ele se torna artificial, inseguro, muito agressivo. McConaughey também tenta ver como cada situação parece aos olhos de seu personagem. Um assassino não está pensando: "Sou um assassino", mas, sim: "Estou aqui para restaurar a ordem". Um bom ator, assim como um bom empata, precisa entender as histórias que o personagem conta a si mesmo.

Se deseja que seus filhos sejam mais empáticos, matricule-os no programa de teatro da escola. Interpretar outro personagem é um modo poderoso de ampliar seu repertório de perspectivas.

LITERATURA. Pesquisadores descobriram que as pessoas que leem são mais empáticas.[30] Os chamados "livros de gênero", focados no enredo – *thrillers* e histórias de detetive –, não parecem aumentar as habilidades de empatia. Mas ler biografias, romances e dramas complexos, centrados em personagens, como *Amada* ou *Macbeth*, nos quais o leitor se envolve na vida emocional instável das personagens, sim.

PONTO DE EMOÇÃO. O estudioso das emoções Marc Brackett desenvolveu uma ferramenta para melhorar a granularidade emocional de uma pessoa, algo que ele chama de "medidor de humor".[31] Baseia-se na ideia de que as emoções têm duas dimensões fundamentais: energia e prazer. Ele construiu um gráfico com quatro quadrantes. O quadrante superior direito contém emoções ricas em prazer e energia: felicidade, alegria, empolgação. O quadrante inferior direito contém emoções muito agradáveis, mas de baixa energia: contentamento, serenidade, tranquilidade. O quadrante superior esquerdo contém emoções pouco agradáveis, mas de alta energia: raiva, frustração, medo. O quadrante inferior esquerdo contém emoções de baixa energia e pouco prazerosas: tristeza, apatia.

O medidor de humor é um mapa das emoções. A qualquer momento, você pode fazer uma pausa, descobrir onde está seu humor no mapa e tentar atribuir um rótulo a ele. O exercício, observa Brackett, dá às pessoas "permissão para sentir" – permissão para escolher não reprimir suas emoções, mas reconhecê-las e investigá-las. O pesquisador relata que, quando você pergunta às pessoas em público onde elas estão no medidor de humor, quase todo mundo dirá que está tendo emoções positivas.[32] Quando pergunta em pesquisas confidenciais onde elas estão, de 60% a 70% se colocarão no lado das emoções negativas do medidor de humor. O resultado é assustador, porque sugere que muitos daqueles que você conhece, que parecem bem por fora, estão, na verdade, sofrendo por dentro.

Fazendo uma pausa de vez em quando para monitorar seu estado emocional com o medidor de humor, você pode aprender, por exemplo, a discernir a diferença entre ansiedade (preocupação com a incerteza futura) e pressão (preocupação com seu desempenho em uma dada tarefa). Brackett levou essa sua técnica para escolas e aplicou nelas o currículo RULER (a sigla em inglês para *Recognize, Understand, Label, Express, and Regulate*), ensinando aos alunos um conjunto de habilidades emocionais: como reconhecer, compreender, rotular, expressar e regular as emoções. A técnica é uma forma muito poderosa de melhorar a consciência e a capacidade de regulação emocional de crianças e adultos. Recentemente, por exemplo, Brackett e sua equipe desenvolveram maneiras de medir o nível de inteligência emocional dos supervisores em vários locais de trabalho.[33] Descobriram que funcionários cujos supervisores têm baixa pontuação em inteligência emocional dizem que se sentem inspirados cerca de 25% das vezes, enquanto funcionários cujos supervisores têm pontuações altas em inteligência emocional se sentem inspirados cerca de 75% das vezes. Em outras palavras, as pessoas que são boas em reconhecer e expressar emoções têm um efeito enorme sobre quem está ao seu redor.

SOFRIMENTO. Como Montaigne observou certa vez, você pode obter conhecimento com base no conhecimento de outros homens, mas não pode ser sábio com a sabedoria de outros homens. Há certas coisas que você apenas precisa vivenciar para entender. E outra maneira de nos tornarmos mais empáticos é simplesmente viver e suportar as pedras e os golpes que a vida traz. Indivíduos que sobreviveram a desastres naturais, por exemplo, têm maior probabilidade de ajudar os desabrigados. Os que sobreviveram a guerras civis doam mais para instituições de caridade. Aqueles que aproveitam bem os capítulos difíceis da vida saem diferentes.

A maioria das pessoas empáticas de verdade que conheço passaram por momentos difíceis, mas não foram destruídas por eles. Não fortaleceram sua arquitetura defensiva para se protegerem da vida. Em vez disso, paradoxal e heroicamente, abandonaram a arquitetura defensiva. Tornaram-se mais vulneráveis e mais abertas à vida. São capazes de usar seus momentos de sofrimento para compreender e se conectar com as outras. O rabino Ellio Kukla certa vez contou uma história que ilustra como as pessoas altamente empáticas acompanham as outras. Kukla conhecia uma mulher que, em razão de uma lesão cerebral, às vezes caía no chão. As pessoas corriam para colocá-la de pé. A mulher falou a Kukla: "Acho que as pessoas correm para me ajudar porque ficam muito desconfortáveis ao ver um adulto deitado no chão. Mas só preciso que alguém caia comigo".[34] Às vezes, você só precisa se deitar no chão com alguém.

Ao longo deste capítulo, tentei enfatizar como são as emoções físicas, que se tornar mais empático não é um empreendimento intelectual, é treinar seu corpo para responder de maneira aberta e interativa. Para se recuperar de traumas dolorosos, as pessoas precisam viver experiências que contradizem o que lhes aconteceu no início da vida. Alguém que foi abusado precisa experimentar uma intimidade segura. Alguém que foi abandonado tem de vivenciar relações estáveis. Esse é o tipo de conhecimento e de aprendizagem que ocorre no nível celular. O cérebro racional é incapaz de dissuadir o corpo emocional de sua própria realidade, então o corpo tem de experimentar em primeira mão uma realidade diferente.

Pessoas empáticas são capazes de fornecer esse tipo de apoio físico. Em nossas conversas, a médica e pesquisadora da Universidade de Columbia Martha Welch enfatizou o poder da "corregulação". Quando duas pessoas estão próximas e confiam uma na outra, podem estar apenas conversando durante o café ou podem estar se abraçando, mas algo é comunicado de corpo para corpo. Ambas acalmam fisicamente o interior uma da outra e comodulam os batimentos cardíacos, produzindo uma "calmação cardíaca", e o que Welch chama de "tônus vagal mais elevado" – um estado abrangente que ocorre quando seu intestino e suas vísceras se sentem seguros e serenos.

Com o tempo, uma pessoa que desfruta de um tônus vagal mais elevado começará a ver e a construir o mundo de forma diferente. Quero dizer isso literalmente. Como escreve a neurocientista Lisa Feldman Barrett em seu livro *How Emotions Are Made*: "Você pode pensar que, no cotidiano, as coisas que vê e ouve influenciam o que você sente, mas é principalmente o contrário: o que você sente altera sua visão e sua audição".[35] Pessoas que estão com medo encaram uma cena de maneira diferente.[36] Nossos ouvidos, por exemplo, ajustam-se de imediato para focar as frequências altas e baixas – um grito ou rosnado – em vez das frequências médias, como a fala humana normal. A ansiedade restringe a atenção e diminui a visão periférica. Um sentimento de felicidade, por sua vez, amplia a visão periférica. Uma pessoa que se sente segura em razão da presença confiável e empática de outras verá o mundo como um lugar mais amplo, mais aberto e mais feliz.

Quem pratica a empatia eficaz sofre de formas que lhe conferem compreensão e credibilidade. O dramaturgo Thornton Wilder descreveu, certa vez, a presença poderosa que uma pessoa assim traz ao mundo:

> Sem sua ferida, onde estaria seu poder? É o remorso que faz a sua voz baixa tremer no coração dos homens. Os anjos não podem persuadir as crianças miseráveis e desajeitadas da terra como pode um ser humano fraturado pelas rodas da vida. A serviço do amor, apenas os soldados feridos podem servir.

CAPÍTULO 12

Como os sofrimentos moldaram você?

O marido de Barbara Lazear Ascher, Bob, deu a notícia da maneira mais direta possível. "Parece câncer de pâncreas", ele disse à esposa com naturalidade depois que os resultados dos exames chegaram. Os médicos disseram que Bob tinha três meses de vida.

Barbara e seus amigos organizaram uma despedida maravilhosa. Tinham noites de festa temática – uma noite russa com caviar e vodca, uma noite havaiana com saias de folhas e colares de flores perfumadas com jasmim. Leram poesia e tiveram longas conversas. "Ter uma arma apontada para nossa cabeça nos inspirou a nos tornarmos o que temos de melhor, de coração mais aberto, mais honesto e mais corajoso", escreve Lazear Ascher em seu livro de memórias, *Ghosting*.[1] No fim, a vida deles juntos foi reduzida ao essencial. "Houve muitos momentos em que nos sentimos abençoados. Era como se a morte iminente tivesse nos concedido uma vida extra."

Quando Bob ficou muito doente, Barbara o trouxe do hospital para casa, a fim de que seus últimos dias fossem mais humanos. Ela o encheu de amor e atenção. "Morrer foi íntimo e próximo", escreve Ascher. "Fomos obstinados e unidos no processo daquela longa despedida."[2]

A morte foi difícil, mas o luto depois que ele morreu foi ainda mais difícil. Após o velório e o enterro, Barbara ficou sozinha no silêncio escancarado de seu apartamento. Ela descreve a sensação de que "um vento começou a soprar através do vazio do meu eu oco".[3]

Um dia, uma vizinha cujo marido havia morrido cinco anos antes chamou-a quando atravessavam a rua em direções opostas: "Você vai pensar que está sã, mas não está". Em pouco tempo, ela estava gritando com os funcionários da farmácia porque a música "I'll Be Home for Christmas" ("Voltarei para casa no Natal") estava tocando no sistema de som... e seu marido não voltaria para o Natal. Barbara começou a temer o banho, a música e as noites de sábado. Começou a doar suas coisas – e depois se arrependeu. Ela pensou ter visto Bob na rua.

C. S. Lewis observou certa vez que o luto não é um estado, mas um processo. É um rio que atravessa um longo vale, e a cada curva uma nova paisagem se revela, porém de alguma forma ela se repete sem parar. Períodos de luto e sofrimento muitas vezes destroem as nossas suposições básicas sobre quem somos e de como a vida funciona. Temos a tendência de presumir que o mundo é benevolente, que a vida é controlável, que as coisas deveriam fazer sentido, que somos basicamente pessoas boas que merecem coisas boas. O sofrimento e a perda podem partir tudo isso em pedacinhos.

"O trauma desafia nosso sistema de significado global", escreve Stephen Joseph em *What Doesn't Kill Us*.[4] "Confronta-nos com verdades existenciais sobre a vida que colidem com esse sistema. Quanto mais tentamos nos apegar ao nosso mundo imaginado, mais atolados ficamos na negação de tais verdades."

As pessoas que ficam marcadas para sempre pelo trauma procuram *assimilar* o que aconteceu nos seus modelos já existentes.[5] Quem cresce a partir dele tenta *acomodar* o que aconteceu para criar *novos* modelos. A pessoa que assimila afirma: *Sobrevivi ao câncer no cérebro e vou continuar bebendo*. A pessoa que acomoda diz: *Não, isso muda quem eu sou. Sobrevivi ao câncer. Isso muda a forma como quero passar meus dias*. O ato de refazer nossos modelos envolve reconsiderar os fundamentos: de que forma o mundo é seguro e inseguro? Às vezes acontecem coisas comigo que não mereço? Quem sou eu? Qual é o meu lugar no mundo? Qual é a minha história? Para onde quero ir de verdade? Que tipo de Deus permite que isso aconteça?

COMO OS SOFRIMENTOS MOLDARAM VOCÊ? 143

Mas o ato de refazer seus modelos é difícil. Nem todos têm sucesso nisso. Quando Joseph entrevistou pessoas que sofreram bombardeios em comboios e outros ataques terroristas, descobriu que 46% relatavam que a sua visão da vida tinha mudado para pior e, para 43%, para melhor.[6]

A jornada de reconsideração e reforma em geral envolve fazer o que Stephen Cope, aprendendo com Carl Jung, chama de "jornada noturna pelo mar", partindo para as partes de você que estão "separadas, rejeitadas, desconhecidas, indesejadas, expulsas".

Para conhecer bem uma pessoa, é preciso saber quem ela era antes de sofrer suas perdas e como refez toda a própria perspectiva depois delas. Se uma lição secundária deste livro é que a experiência não é o que acontece com você, mas o que você faz com o que lhe ocorre, então uma das lições subsequentes é que, para conhecer alguém que sofreu, é preciso saber como a pessoa processou a experiência de perda – emergiu mais sábia, mais gentil e mais forte ou fraturada, aprisionada e assustada? Para ser um bom amigo e uma boa pessoa, você precisa saber como acompanhar alguém nesse processo.

———

Em 1936, quando Frederick Buechner tinha dez anos, ele acordou em um dia de outono ao nascer do sol. Ele e o irmão, de oito anos, estavam entusiasmados porque os pais iriam levá-los a uma partida de futebol. O jogo não era o que os entusiasmava; era o pensamento de toda a família, inclusive a avó, saindo para um passeio, com guloseimas, diversão e aventuras. Ainda era muito cedo para acordar, então os meninos deitaram-se na cama. A certa altura, a porta se abriu e o pai olhou para eles. Anos depois, nenhum dos irmãos conseguia se lembrar se o pai lhes dissera algo. Parecia apenas uma verificação casual que qualquer pai poderia fazer para garantir que todos estavam seguros.

Em seguida, ouviram um grito e sons de portas se abrindo e fechando. Ambos olharam pela janela e viram o pai deitado na calçada de cascalho, com a mãe e a avó debruçadas sobre ele, descalças e ainda de camisola. Cada mulher segurava uma de suas pernas, levantando-as para cima e para baixo, como se estivessem operando duas alças de uma bomba. Perto dali, a porta da garagem estava aberta, e uma fumaça azul saía de dentro.

Um carro parou bruscamente na entrada da garagem e um médico saiu, agachou-se sobre o homem e balançou levemente a cabeça. O pai deles tinha morrido com o gás. Demorou alguns dias para encontrar o bilhete de suicídio, que ele havia rabiscado a lápis na última página de *E o vento levou*. Estava endereçado à mãe: "Eu te adoro e te amo, e não presto. [...] Dê meu relógio ao Freddy. Dê a Jamie meu alfinete de pérola. Eu te dou todo o meu amor".

Um ou dois meses depois, a mãe se mudou com os filhos para as Bermudas. A avó foi contra a sua ida, dizendo-lhes para "ficar e enfrentar a realidade". Décadas depois, Buechner pensou que ela estava certa e errada. Ele escreveu: "A realidade pode ser dura, mas fechar os olhos para ela é um risco, pois, se você não enfrenta o inimigo em todo seu poder sombrio, o inimigo surgirá por trás algum dia e o destruirá enquanto você estiver olhando para o outro lado".[7] Em contrapartida, todos amaram as Bermudas, e algum tipo de cura aconteceu lá.

"Criamos nossas próprias realidades à medida que avançamos", escreveria ele mais tarde. "A realidade para mim era aquela. Da morte do meu pai surgiu, para mim, uma vida nova e, em muitos aspectos, mais feliz. [...] Não posso dizer que a dor desapareceu porque, de certo modo, eu ainda não tinha, ao contrário do meu irmão, de fato sentido aquela dor. Levaria trinta anos ou mais para isso acontecer. A dor foi adiada."[8]

Por muito tempo, ele permaneceu fechado. Certo dia, cerca de um ano após o suicídio, Buechner viu o irmão chorando e perguntou-lhe o que havia de errado. Quando percebeu que estava chorando pelo pai, ficou surpreso. Ele havia superado aquela dor havia muito tempo – assim pensava. A mãe também havia se fechado. Buechner não a viu chorar após o ocorrido e raramente falavam do pai depois disso. Ela podia ser uma pessoa calorosa e, às vezes, generosa, mas mantinha o coração fechado ao sofrimento dos outros e também ao próprio. "A tristeza da vida de outras pessoas", lembrou Buechner, "mesmo as pessoas que ela amava, nunca pareceu tocá-la".[9]

Décadas depois, Buechner chegou à seguinte conclusão: "O problema de se fortalecer contra a dureza da realidade é que o mesmo aço que protege sua vida contra a destruição também protege sua vida contra a abertura e a transformação pelo poder sagrado do qual vem a própria vida".[10]

COMO OS SOFRIMENTOS MOLDARAM VOCÊ? 145

Buechner não poderia ficar permanentemente fechado. Ele se tornou professor e romancista. Certa noite, no início de sua vida adulta, Buechner visitou a mãe no apartamento dela em Nova York. Ambos estavam prestes a se sentar para jantar quando o telefone tocou. Era para ele. Um amigo seu chorava, pois acabara de saber que seus pais e sua irmã grávida haviam sofrido um acidente de carro, e não estava claro se alguém teria sobrevivido. Buechner podia ir ao aeroporto para ficar com o amigo até a partida do avião? Ele disse à mãe que teria de partir no mesmo instante. Ela achou toda a situação absurda. Por que um homem adulto estava pedindo a alguém que esperasse com ele? Que bem isso poderia fazer? Por que arruinar uma noite pela qual ambos estavam ansiosos?

Sua mãe estava articulando exatamente os pensamentos que acabavam de passar pela cabeça dele. Mas, quando a ouviu pronunciando-os em voz alta, ele reagiu com repulsa. Como alguém poderia ser tão insensível, tão indiferente ao sofrimento de um amigo? Alguns minutos depois, o amigo ligou de volta, informando que outro amigo havia acabado de concordar em ir para o aeroporto, então ele não era mais necessário. Mas aquele episódio chocou Buechner e o lançou a uma jornada. Era como se o tempo, que havia parado no dia em que seu pai se matou, tivesse recomeçado.

O que se seguiu pode ser descrito como uma jornada de décadas, na qual Buechner mergulhou nas profundezas do que significa ser humano. "O que de repente me atraiu foi a dimensão do que estava abaixo da superfície, sob a face. O que estava acontecendo dentro de mim, por trás do meu próprio rosto, foi o assunto que comecei a tentar abordar do meu jeito, por mais incompleto que fosse.[11] Ele percebeu que a maioria de nós está em uma jornada em busca de um ser. Compreendeu que tal jornada inevitavelmente envolve enfrentar a própria dor e usar sua experiência para ajudar os outros a enfrentar a dor.

Como era esperado, ele também saiu em busca do pai.[12] Buechner queria saber como foi para o pai crescer em uma família que, no fim das contas, produziu dois suicídios e três alcoólatras. Ao ter contato pessoas que conheciam seu pai, ele fazia perguntas sobre como o homem era, mas as respostas não o satisfaziam: o pai era charmoso, bonito, um bom atleta. Ninguém poderia resolver o mistério elementar: quais demônios o espreitavam, aqueles que o levaram a tal desfecho?

Na meia-idade, Buechner pôde chorar lágrimas de verdade pelo pai. Na velhice, escreveu que não passava um único dia sem que pensasse no pai. Cresceu e se tornou um romancista e escritor de grande compaixão, fé e humanidade. Percebeu que esse tipo de escavação não é uma atividade solitária. É compartilhando nossas tristezas com os outros e pensando juntos sobre o que elas significam que aprendemos a superar o medo e a nos conhecermos no nível mais profundo. "O que desejamos, talvez mais do que qualquer outra coisa, é ser conhecidos em toda a nossa humanidade, mas muitas vezes é exatamente isso que tememos mais do que qualquer outra coisa", escreveu ele em seu livro *Telling Secrets*.

> É importante contar, pelo menos de vez em quando, o segredo de quem somos verdadeira e plenamente [...] Porque, caso contrário, corremos o risco de perder a noção de quem somos de fato e, pouco a pouco, aceitar a versão muito editada que apresentamos na esperança de que o mundo a considere mais aceitável do que a real. É importante contar nossos segredos também porque fica mais fácil para que outras pessoas nos revelem seus segredos.

O padrão descrito por Buechner é familiar. Uma pessoa é atingida por um golpe. Há um período em que o choque da perda é grande demais para ser enfrentado. As emoções são guardadas. A vida interior da pessoa é mantida "em suspensão", como dizem os psicólogos. Mas, então, quando chega a hora certa, a pessoa percebe que tem de lidar com o passado. Tem de escavar tudo o que foi guardado. Tem de compartilhar a experiência com amigos, leitores ou o público. Só então poderá prosseguir para uma vida maior e mais profunda.

O escritor David Lodge observou certa vez que 90% do que chamamos de escrita é, na verdade, leitura. É revisar seu trabalho para que possa alterá-lo e melhorá-lo. A tarefa de escavação é assim. É voltar aos acontecimentos. O objetivo é tentar criar flexibilidade mental, a capacidade de ter múltiplas perspectivas sobre um único evento. Encontrar outras maneiras de ver o que aconteceu. Inserir a tragédia no contexto de uma história maior. Como Maya Angelou disse certa vez: "Quanto mais você conhece sua história, mais livre você fica".

COMO OS SOFRIMENTOS MOLDARAM VOCÊ? 147

———

Como funciona esse processo de escavação? Como podemos ajudar os outros a voltar ao passado e reinventar a história de sua vida? Existem exercícios que amigos podem fazer juntos. Primeiro, perguntar uns aos outros questões que os ajudem a ver mais profundamente a própria infância. Psicólogos recomendam que você peça ao amigo para preencher os espaços em branco destas duas afirmações: "Na nossa família, a única coisa que você nunca devia fazer era _____ " e "Na nossa família, a única coisa que você devia fazer acima de tudo era _____ ". Trata-se de uma forma de auxiliar a pessoa a ver com mais facilidade os valores profundos que foram incorporados em sua criação.

Depois, você pode tentar o "Esta é sua vida". É uma brincadeira adotada por alguns casais a cada fim de ano. Ambos escrevem um resumo do ano do ponto de vista do parceiro. Ou seja, escrevem, na primeira pessoa, quais desafios o parceiro enfrentou e como foram superados. Ler esses relatos de sua vida em primeira pessoa pode ser uma experiência estimulante. Você se vê através dos olhos de quem o ama. Pessoas que foram magoadas precisam de alguém em quem confiem para narrar sua vida, que desafiem o menosprezo que às vezes sentimos por nós mesmos e acreditem no que temos de melhor.

O terceiro exercício chama-se "Preenchendo o calendário". Envolve percorrer períodos da vida do outro, ano após ano. Como era sua vida no terceiro ano da escola? E no quarto ano?

A quarta atividade é a amostragem da história. Durante décadas, James Pennebaker, da Universidade do Texas, em Austin, encorajou pessoas a fazerem exercícios de escrita expressiva de forma livre. Ele dizia: "Abra o caderno. Marque no cronômetro vinte minutos. Escreva sobre suas experiências emocionais. Não se preocupe com pontuação ou desleixo. Vá aonde sua mente o levar. Escreva apenas para você. Jogue fora no final". No início, as pessoas que participavam desses exercícios às vezes usavam vozes diferentes e até estilos de caligrafia diferentes. Suas histórias eram cruas e desconexas. Mas, então, os pensamentos inconscientes acabavam vindo à tona. Elas tentavam diferentes perspectivas. As narrativas ficavam mais coerentes e autoconscientes com o passar dos dias. Passavam de vítimas a escritoras. Estudos mostram que pessoas praticantes desse processo apresentam pressão arterial mais baixa e sistema imunológico mais saudável. "Eu escrevo", observou Susan Sontag certa vez, "para me definir – um ato de autocriação – parte do processo de me tornar".

O quinto exercício é o meu favorito. Deixe de lado todos os exercícios de autoconsciência e apenas tenha conversas sérias com os amigos. Se você perdeu um ente querido, conte histórias sobre essa pessoa. Reflita sobre a estranha jornada que é o luto; conte novas histórias sobre como será a vida nos próximos anos.

———

Ao partilharem suas histórias e reinterpretarem o que significam, as pessoas criam modelos mentais que podem utilizar para construir uma nova realidade e um novo futuro. São capazes de permanecer nos escombros da vida que pensavam ser obrigados a viver e construir, a partir dessas pedras, uma vida radicalmente diferente. Como disse uma jovem a Stephen Joseph, após a experiência de ser agredida: "Se alguém tivesse me dito no dia seguinte ao ataque que eu seria capaz de fazer o que estou fazendo agora ou que veria o ataque como um ponto de virada na minha vida, a minha vontade teria sido a de estrangular a pessoa, mas *foi*, sim, um ponto de virada. Gosto de quem sou agora e estou fazendo coisas que nunca teria pensado que seria capaz de fazer. Se eu apagasse o passado, não seria quem sou hoje".[13]

O filho do rabino Harold Kushner, Aaron, morreu de uma doença rara do envelhecimento aos catorze anos. Desde então, o rabino passou os anos refletindo sobre como a tragédia o moldou e estudando como outros indivíduos são refeitos pelo sofrimento. "Sou uma pessoa mais sensível, um rabino mais eficiente, um conselheiro mais solidário por causa da vida e da morte de Aaron. E eu desistiria de todos esses ganhos em um segundo se pudesse ter meu filho de volta. Se eu pudesse escolher, renunciaria a todo o crescimento e profundidade espirituais que surgiram em meu caminho por causa dessa experiência. [...] Mas não posso escolher.[14]

———

COMO OS SOFRIMENTOS MOLDARAM VOCÊ? 149

Os seres humanos, escreveu John Stuart Mill, "têm a obrigação moral de procurar melhorar o caráter moral". Mas o que é exatamente uma boa pessoa? Como é que podemos nos tornar moralmente melhores? Como podemos cultivar o bom carácter?

Uma tradição chegou até nós ao longo dos séculos. Podemos chamar de modelo guerreiro/estadista do bom carácter. De acordo com ele, uma pessoa de caráter – ou, pelo menos, um homem de caráter – assemelha-se a um dos heróis antigos, como Péricles ou Alexandre, o Grande, ou a um dos mais modernos, como George Washington, Charles de Gaulle ou George C. Marshall.

Essa tradição moral, como todas as tradições morais, começa com um modelo da natureza humana. Nós, humanos, somos criaturas divididas. Temos forças primitivas e poderosas dentro de nós – paixões como luxúria, raiva, medo, ganância e ambição. Mas as pessoas também têm a razão, que podem usar para controlar, domar e regular essas paixões. O ato moral imprescindível nesse modelo de formação do caráter é o autodomínio. É o exercício da força de vontade para que sejamos senhores das nossas paixões e não seus escravos. Desenvolver o caráter é como ir à academia – trabalhar, por meio do exercício e do hábito, para fortalecer um conjunto de virtudes universais: honestidade, coragem, determinação e humildade. Nesse modelo, a construção do caráter é algo que se pode fazer por si próprio.

Este livro foi construído em torno de um ideal e de uma teoria diferentes de como construir um bom carácter. Ele parte do ideal de ser Iluminador, que começa com uma compreensão diversa da natureza humana. As pessoas são animais sociais. Precisam do reconhecimento dos outros se quiserem prosperar. Anseiam por alguém que as olhe nos olhos com uma aceitação amorosa.

Por isso, a moralidade tem a ver, sobretudo, com os pequenos atos diários de conexão – o olhar que diz "respeito você", a pergunta que expressa "tenho curiosidade sobre você", a conversa que afirma "estamos nisso juntos".

No modelo do Iluminador, a construção do caráter não é algo que se possa fazer sozinho. A moralidade é uma prática social; é tentar ser generoso e atencioso para com uma determinada pessoa, que, por sua vez, está envolvida em um contexto específico. Uma pessoa de caráter está tentando ser generosa e justa para com a pessoa que a está criticando. Está tentando mostrar-se presente e fiel a quem sofre de depressão. Está tentando ser uma amiga profunda e carinhosa para com alguém que tenta ultrapassar as marcas deixadas pela infância. É acolhedora para com quem tenta reconstruir seus modelos depois de perder um cônjuge ou um filho. A construção do caráter acontece à medida que nos tornamos melhores nessas tarefas.

O que mais importa não é a força de vontade de um indivíduo, mas a sua habilidade nas interações sociais. No modelo do Iluminador, desenvolvemos um bom caráter à medida que nos tornamos mais experientes em estar presentes com os outros, à medida que aprendemos a sair da nossa percepção egoísta. Como Iris Murdoch escreveu, "a virtude é a tentativa de furar o véu da consciência egoísta e juntar-se ao mundo como ele realmente é".[15]

Esse modelo de desenvolvimento de caráter não é austero, e os seus exemplos não são mais bem captados por esculturas de mármore de homens a cavalo. O modelo do Iluminador é social, humilde, compreensivo e acolhedor. A pessoa de caráter não é distante e forte; ela está bem ali ao seu lado no banco, enquanto você passa por momentos difíceis como os que tentei descrever neste capítulo. Mas o Iluminador não está lá apenas para ver as profundezas da sua dor, e sim para ver sua força, para celebrar com você seus triunfos. Como você vê e reconhece os dons que as outras pessoas trazem ao mundo? Este é o tema da última seção deste livro.

PARTE 3

Eu vejo suas forças

CAPÍTULO 13

Personalidade: que energia você traz para o ambiente?

George W. Bush é muito extrovertido. Desde criança, era óbvio o quanto o pequeno Georgie adorava estar rodeado de pessoas. "Sempre que chego em casa, ele me cumprimenta e põe-se a falar sem parar; frases desarticuladas, claro, pelo entusiasmo e pelo espírito sem limites", escreveu George H. W. Bush sobre o filho quando este era pequeno.

Na escola, era o palhaço da turma, o garoto popular.[1] Todos cumprimentavam a professora da catequese de forma educada e respeitosa. Bush dizia: "E aí, moça. Como você está *sexy*!".

Quando Bush era governador republicano do Texas, o democrata mais poderoso do Estado era um homem chamado Bob Bullock. Bush e Bullock davam-se muito bem, mas, de vez em quando, as divisões partidárias intrometiam-se na amizade. Uma vez, em 1997, Bush, Bullock e os principais dirigentes de ambos os partidos participavam de um café da manhã para falar sobre um projeto de lei proposto pelos republicanos.

Os democratas tinham decidido que não o apoiariam. "Lamento, governador", disse Bullock a certa altura, "mas vou ter de foder com você desta vez". A sala ficou em silêncio; o ambiente, tenso e incômodo. Bush levantou-se, dirigiu-se a Bullock, agarrou-o pelos ombros e beijou-o nos lábios. "Mas que merda", Bullock perguntou, limpando os lábios. "Se vai me foder", respondeu Bush, "é melhor me beijar ante". A sala irrompeu em gargalhadas.

Um biógrafo escreveu que a característica particular de Bush era a capacidade de eliminar, em milésimos de segundo, qualquer distância entre ele e outra pessoa.[2] Abraçava as pessoas, dava-lhes apelidos, tratava-as com uma familiaridade instantânea. Descobri, por mim mesmo, que estar em uma sala com Bush é uma experiência muito diferente de vê-lo na televisão. Ao vivo, é uma presença elétrica e ruidosa. As pessoas, mesmo as que o detestam politicamente, ficam contentes de estar à sua volta.

O psicólogo Dan McAdams argumenta que, se Bush tivesse uma pontuação fenomenalmente elevada em qualquer escala de extroversão, não teria uma pontuação elevada na escala da curiosidade. Quando era jovem, não prestava muita atenção aos acontecimentos históricos mundiais que se desenrolavam na sua época. Não se distinguiu como estudante. Quando era presidente dos Estados Unidos, até seus aliados notavam sua falta de curiosidade intelectual. Os encontros ocasionais que tinha conosco, colunistas de jornal, eram diferentes, segundo a minha experiência, dos encontros com outros presidentes. Em geral, essas reuniões são como uma conversa livre. Nós, de forma aleatória, enchemos o presidente de perguntas, e ele responde. Mas Bush controlava a sala de forma bastante rígida. Dirigia-se a cada um seguindo a ordem da disposição à mesa, e cada um de nós tinha direito a fazer uma pergunta por sessão. Suas respostas não eram ambíguas. Ele sempre tinha lido um livro sobre determinado assunto ou absorvido um ponto de vista e raramente tentava perspectivas alternativas.

Essa mistura de elevada extroversão (tomar medidas ousadas) e baixa curiosidade (não experimentar outras perspectivas), argumenta McAdams, contribuiu para a decisão catastrófica de Bush de iniciar a Guerra do Iraque. Em outras palavras, os traços de personalidade do ex-presidente moldaram o seu destino como líder, no bom e no mau sentido. Se quisermos compreender George W. Bush, temos de saber algo sobre sua personalidade. E o mesmo se aplica a todas as pessoas que conhecemos. Se quisermos compreender alguém, temos de ser capazes de descrever a energia específica que ele traz para um ambiente.

PERSONALIDADE: QUE ENERGIA VOCÊ TRAZ PARA O AMBIENTE?   155

———

Uma sociedade saudável depende de uma variedade de tipos humanos. É preciso haver extrovertidos para servir de líderes, pessoas organizadas para fazer com que as empresas e as escolas funcionem corretamente, curiosos para inventar novos produtos e experimentar novas ideias, pessoas nervosas para alertar sobre o perigo e pessoas bondosas para cuidar dos doentes. Felizmente, a evolução deu-nos uma ajuda nesse campo. Os seres humanos vêm a este mundo com diversas personalidades, que os preparam para servir a uma variedade de papéis sociais. Como disse o rabino Abraham Kook, Deus "foi gentil com seu mundo ao não colocar todos os talentos em um só lugar".[3]

Os traços de personalidade são como assinaturas, são formas habituais de ver, interpretar e reagir a uma situação. Cada um deles é uma dádiva – permite ao seu portador servir à comunidade de alguma forma valiosa.

Infelizmente, nossa conversa pública sobre a personalidade está toda rotulada. Por exemplo, por vezes, quando dou uma palestra, peço às pessoas que levantem a mão se conhecem o teste de personalidade Myers-Briggs. Em geral, 80% a 100% do público levanta o braço. Depois, pergunto-lhes se conhecem o Big Five, que cobre os cinco grandes traços de personalidade. Algo entre 0% e 20% levantam a mão, o que me parece ridículo.

O Myers-Briggs não tem validade científica. Cerca de metade das pessoas que o fazem duas vezes acabam por ser classificadas em categorias completamente diferentes na segunda vez. Isso se deve ao fato de os seres humanos não se enquadrarem de forma consistente nas categorias que o teste supõe serem reais. Ele quase não tem poder para prever a felicidade em uma determinada situação, o desempenho no trabalho ou a satisfação no casamento. Myers-Briggs baseia-se em falsos binários. Por exemplo, divide as pessoas entre as que são boas para pensar e as que são boas para sentir. Mas, na vida real, a investigação mostra que quem é bom para pensar também tem mais probabilidade de ser bom para sentir. Como Adam Grant, que escreve sobre Psicologia Organizacional, disse uma vez, o questionário Myers-Briggs é como perguntar a alguém "Do que gosta mais, cadarços de sapato ou brincos?" e esperar que tal pergunta produza uma resposta reveladora.[4]

Em contrapartida, nas últimas décadas, os psicólogos têm se articulado em torno de um método diferente de mapear a personalidade humana, método que tem por detrás uma tonelada de investigação rigorosa. Ele ajuda as pessoas a medir cinco traços fundamentais da personalidade. Os psicólogos o chamam de Big Five.

Os cinco grandes traços são a extroversão, a conscienciosidade, o neuroticismo, a amabilidade e a abertura. Os pesquisadores criaram uma série de questionários para ajudar a descobrir sua pontuação, por exemplo, se você é muito extrovertido (como George W. Bush), se não é tão extrovertido assim ou, como a maioria de nós, se está em algum lugar no meio.

Vamos nos aprofundar nesses cinco traços. Se compreender a essência de cada caraterística, você será capaz de ver as pessoas com olhos mais educados. Tal como os geólogos conseguem ver um afloramento rochoso de forma mais sutil porque conseguem distinguir entre rochas ígneas, sedimentares e metamórficas, ou como um *sommelier* consegue avaliar um vinho mais sutilmente porque tem uma percepção de características como a mineralidade ou qualidades como "bem-estruturado" ou "notas fortes", seremos capazes de ver as pessoas de forma mais clara se tivermos uma melhor compreensão dos traços que compõem a personalidade delas. Seremos *sommeliers* de pessoas.

EXTROVERSÃO. Muitas vezes pensamos nos extrovertidos como pessoas que obtêm sua energia por meio de outras pessoas.[5] De fato, quem tem uma pontuação elevada em extroversão é altamente atraído por emoções positivas. São aqueles que se animam diante de diferentes oportunidades de sentir prazer, procurar emoções ou ganhar aprovação social. São mais motivados pela atração de recompensas do que pelo medo do castigo. Tendem a mergulhar na maioria das situações à procura de coisas boas que possam ser obtidas. Se seguir os extrovertidos nas redes sociais, verá que suas publicações estão repletas de comentários como "Mal posso esperar!", "Estou tão entusiasmado!!!" e "Adoro a minha vida!!!".

Indivíduos com mais pontos em extroversão são acolhedores, sociáveis e procuram excitação. São mais comunicativos do que retraídos, mais divertidos

PERSONALIDADE: QUE ENERGIA VOCÊ TRAZ PARA O AMBIENTE? 157

do que sóbrios, mais afetuosos do que reservados, mais espontâneos do que inibidos e mais falantes do que quietos.

Em seu livro *Personality*, o cientista comportamental britânico Daniel Nettle descreve uma mulher altamente extrovertida chamada Erica que, como todos os extrovertidos, passou a vida buscando energicamente o prazer, a intensidade e a excitação. Ela se juntou a uma banda, conquistou seguidores e viveu uma vida de atividades físicas incessantes – caminhadas, passeios a cavalo, vela, ciclismo e dança. Seu desejo de excitação era acompanhado por um intenso desejo em particular. "Também passei toda a minha vida, desde a puberdade, totalmente movida e governada pelo meu elevado apetite sexual",[6] confessou Erica. "Até conhecer meu marido, eu era compulsivamente promíscua. Estar com ele resolveu isso; tivemos um relacionamento sexual maravilhoso por alguns anos, mas, à medida que ele envelhecia, seu impulso diminuiu. [...] Quando nos mudamos para a Itália, comecei a ter amantes, italianos casados; houve dois de quem permaneci próxima por muitos anos." À medida que envelheceu, seu desejo por sexo diminuiu, mas o desejo por outros tipos de experiências positivas não.[7] Ela apenas ansiava por um conjunto diferente de recompensas positivas. Como Erica disse a Nettle: "ADORO ficar na cama, lendo, tomando café, tirando uma soneca". Os extrovertidos não precisam sair com as pessoas o tempo todo. Apenas são levados a buscar algum tipo de prazer, algum tipo de recompensa positiva. Erica é uma clássica extrovertida.

Em geral, a extroversão é uma boa característica, já que é muito divertido conviver com quem tem esse traço. Mas todas as características têm vantagens e desvantagens. Como estudos ao longo dos anos têm mostrado, pessoas com muitos pontos em extroversão podem ficar com raiva rapidamente.[8] Assumem mais riscos e têm maior probabilidade de morrer em acidentes de trânsito. São mais propensas a abusar do álcool na adolescência e menos propensas a poupar para a aposentadoria. Extrovertidos vivem a vida como um exercício de alta recompensa/alto risco.

Indivíduos com pontuação baixa em extroversão parecem mais tranquilos. Têm respostas emocionais mais lentas e são menos voláteis. Com frequência, são criativos, atenciosos e intencionais. Gostam de ter relacionamentos mais profundos com menos pessoas. Sua maneira de vivenciar o mundo não é inferior à daqueles altamente extrovertidos, apenas diferente.

CONSCIENCIOSIDADE. Se extrovertidos são as pessoas que você deseja para animar sua festa, aqueles com pontuação alta em conscienciosidade em geral são ideais para administrar e organizar. Eles têm excelente controle dos impulsos e são disciplinados, perseverantes, organizados e controlados. Têm a capacidade de se concentrar em objetivos de longo prazo e não se distrair.

Pessoas com alto nível de conscienciosidade são menos propensas a procrastinar e tendem a ser um pouco perfeccionistas e ter mais motivação para realizações. É provável que evitem drogas e sigam rotinas de exercícios físicos. Como seria de esperar, essa pontuação alta prevê diversos bons resultados: notas mais elevadas na escola, mais sucesso na carreira, maior expectativa de vida. No entanto, não é como se esses indivíduos estivessem desfrutando de carreiras fantásticas e vivendo até os noventa anos. O mundo é complicado, e muitos fatores influenciam os resultados de uma vida. Mas pessoas mais conscienciosas tendem a demonstrar mais competência e coragem.

Essa característica tem suas vantagens, como todas as outras, contudo também há as desvantagens. Pessoas com alto nível de conscienciosidade experimentam mais culpa. São adequadas para ambientes previsíveis e menos adequadas para situações imprevisíveis, que exijam mais desenvoltura. Às vezes são *workaholics*. Pode haver um traço obsessivo ou compulsivo. Nettle descreve um homem chamado Ronald. Todas as noites, antes de ir para a cama, "ele precisa borrifar o nariz, tomar duas aspirinas, arrumar o apartamento, fazer 35 abdominais e ler duas páginas do dicionário. Os lençóis devem estar com a maciez certa, e o ambiente, silencioso. É óbvio, uma mulher que dorme com ele interfere em seu santuário".[9] Depois do sexo, Ronald pede às visitantes que saiam ou durmam na sala. Como seria de esperar, elas não toleram isso por muito tempo. Diríamos que Ronald é rigidamente consciencioso. Há uma necessidade obsessiva de controlar os mínimos detalhes da vida e, ao que parece, da vida de outras pessoas. Ele tem um dom maravilhoso, a conscienciosidade, mas estraga tudo ao levá-lo ao extremo.

NEUROTICISMO. Se os extrovertidos são atraídos por emoções positivas, as pessoas com pontuação alta em neuroticismo respondem poderosamente às emoções negativas.[10] Sentem medo, ansiedade, vergonha, nojo e tristeza de forma muito rápida e aguda. São sensíveis a ameaças potenciais. É mais provável que fiquem mais preocupadas do que calmas, mais tensas do que descontraídas, mais vulneráveis do que resilientes. Se houver um rosto zangado na multidão, elas se fixarão nele e terão dificuldade de se distrair.[11]

Pessoas com essa pontuação alta têm mais desequilíbrios emocionais ao longo do dia. Podem cair em um tipo específico de espiral emocional: são rápidas em ver ameaças e emoções negativas, interpretam eventos ambíguos de forma mais negativa e estão, portanto, expostas a experiências mais negativas; essa exposição faz com que acreditem ainda mais fortemente que o mundo é um lugar perigoso, ficando ainda mais propensas a ver ameaças, e assim por diante.[12] Muitas vezes, sentem-se desconfortáveis com a incerteza, preferindo o diabo que conhecem ao diabo que não conhecem.

Indivíduos com pontuação alta em neuroticismo geralmente têm dificuldades, pois esse traço está ligado a taxas mais altas de depressão, transtornos alimentares e transtornos de estresse.[13] Essas pessoas vão ao médico com mais frequência, fazem planos irrealistas para si próprias e logo os abandonam. Embora estejam sempre prontos para perceber o perigo, os neuróticos muitas vezes estabelecem relacionamentos precisamente com as pessoas que os ameaçam. Também têm muitas emoções negativas em relação a si e acham que merecem o que recebem.

O alto neuroticismo na adolescência prevê menor desempenho profissional e piores relacionamentos na idade adulta. Mas, como todas as características, ele também tem vantagens: prepara as pessoas para determinados papéis sociais. Se a sua comunidade estiver em perigo, será útil ter um profeta que possa identificá-lo desde o início. Se houver muita dor emocional em sua comunidade, é bom ter alguém com pontuação alta em neuroticismo, como Sigmund Freud, por perto para estudar e compreender o assunto. Se há necessidade de mudança social, é útil ter pessoas indignadas que clamam por isso. Em um mundo em que a maioria dos indivíduos tem excesso de confiança nas suas capacidades e é demasiadamente otimista quanto aos resultados do seu comportamento, há uma vantagem em ter aqueles que se inclinam para o outro lado.

AMABILIDADE. Aqueles que pontuam alto em amabilidade se dão bem com outras pessoas. São compassivos, atenciosos, prestativos e complacentes. Tendem a ser confiantes, cooperativos e gentis; bem-humorados em vez de mal-humorados, de coração mole em vez de obstinados, mais educados do que rudes, mais piedosos do que vingativos.

Aqueles com essa pontuação são naturalmente propensos a prestar atenção ao que se passa na mente dos outros. Se você ler histórias complexas para pessoas altamente amáveis, elas terão tanta inteligência emocional que serão capazes de lembrar muitos fatos sobre cada personagem. São capazes de ter em mente como as pessoas diferentes se sentem umas pelas outras.[14] Em um experimento descrito por Daniel Nettle, indivíduos com essa característica poderiam acompanhar quatro níveis de crença social: "Tom esperava que Jim acreditasse que Susan pensava que Edward queria se casar com Jenny". Alguns conseguem até lidar com uma complexidade social maior do que isso: "John pensou que Penny pensava que Tom queria que Penny descobrisse se Sheila acreditava que John sabia o que Susan queria fazer". Acho que estou um pouco acima da média em termos de amabilidade, mas pedir-me para seguir a última frase é como pedir-me para bater os braços e voar até a Lua.

Se vai se casar, você deve entender os traços de personalidade do seu companheiro para que possa se preparar para amá-lo da maneira certa. A amabilidade, que basicamente é ser gentil, não parece ser um traço muito romântico ou *sexy*, mas pessoas com alto nível dessa característica têm menor índice de divórcio e, em alguns estudos, são consideradas melhores na cama. Em seu livro *The Science of Happily Ever After*, Ty Tashiro aconselha que, ao escolher um cônjuge, é melhor optar pela amabilidade e evitar o neuroticismo. Certa vez, dei esse conselho a um amigo, que respondeu: "Mas o que fazer se eu for o neurótico?". Então lhe falei: "Case-se com outro neurótico; assim serão duas pessoas infelizes, não quatro". Eu estava apenas brincando. Qualquer tipo de pessoa pode ser um bom cônjuge, basta saber conviver com as características do outro.

No local de trabalho, a amabilidade é uma característica mista. Aqueles com alto nível desse traço nem sempre conseguem grandes promoções ou ganham mais dinheiro. As pessoas às vezes pensam, com ou sem razão, que quem é amável não consegue ser rígido o suficiente, que não tomará decisões impopulares. Com frequência, pessoas com pontuação mais baixa em amabilidade é que são nomeadas para cargos de CEO e ganham muito dinheiro.

ABERTURA. Se a amabilidade descreve o relacionamento de um indivíduo com outros, a abertura descreve o seu relacionamento com a informação.[15] Pessoas com pontuação alta nessa característica são fortemente motivadas a ter novas vivências e experimentar novas ideias. Tendem a ser mais inovadoras do que convencionais, mais imaginativas e associativas do que lineares, mais curiosas do que de mente fechada. Tendem a não impor uma ideologia predeterminada ao mundo e realmente gostam da exploração cognitiva, passeando por diferentes tópicos.

Artistas e poetas são os praticantes por excelência da abertura.[16] Picasso passou a vida constantemente experimentando novas formas. David Bowie viveu experimentando uma gama de novas personas. Pessoas com alto nível de abertura são boas em pensamentos divergentes. Se você pedir a elas que nomeiem um animal de quatro patas, elas não citarão gato ou cachorro, dirão antílope ou tatu. A realidade é um pouco mais fluida para quem é mais aberto. Esses indivíduos relatam ter experiências espirituais mais transcendentes e mais crenças paranormais. Quando acordam de manhã, às vezes não têm certeza se vivenciaram algo no dia anterior ou apenas sonharam durante a noite. Um estudo mostrou que ter uma experiência mística ao consumir cogumelos leva a um aumento acentuado na abertura, mesmo um ano depois.[17]

Essas pessoas são capazes de apreciar uma variedade de formas artísticas. Quando abordamos uma pintura ou uma música, queremos que ela seja familiar, mas também um pouco surpreendente. Isso é conhecido como ponto ideal de fluência. Pessoas com pouca abertura se sentem confortáveis quando a obra de arte lhes parece familiar, já quem tem alto nível de abertura consideram qualquer coisa moderadamente familiar chata.

A grande jornalista Nancy Dickerson certa vez descreveu John F. Kennedy de modo que me faz pensar que ele era muito aberto: "Para Jack, o pecado capital era o tédio, o seu maior inimigo, e ele não sabia como lidar com isso. Quando estava entediado, seus olhos se obscureciam e seu sistema nervoso começava a se agitar. Você poderia fazer qualquer coisa com Jack – roubar sua carteira, insultá-lo, discutir com ele –, mas entediá-lo era imperdoável".[18]

Tal como acontece com todas as características, os índices de abertura variam um pouco à medida que avançam nas diferentes fases da vida. As pessoas tendem a ficar mais abertas à medida que entram na idade adulta e diferentes oportunidades de vida se tornam disponíveis. Aquelas que conseguem reformar-se tornam-se muitas vezes mais abertas a novas experiências, sobretudo se experimentam novas atividades como jardinagem ou carpintaria, ou vão mais a museus e concertos.

Se quiser entender como você se posiciona com relação a essas cinco grandes características, pode encontrar vários questionários *on-line*. Mas, ao entrar em uma festa ou se sentar com alguém em uma reunião, provavelmente não fará um teste de personalidade. Nem precisa. A personalidade de uma pessoa não está enterrada profundamente dentro dela, está bem ali, na superfície. É a maneira dela de estar no mundo. Se você estiver bem-informado sobre a natureza de cada característica e observar os indivíduos de perto, será capaz de adivinhar quem tem pontuação alta em amabilidade, baixa em extroversão e assim por diante. E, então, é claro, se for o momento certo, você pode perguntar como o outro avalia suas próprias características. Só não espere que ele tenha uma compreensão totalmente precisa da própria personalidade. Em assuntos como esse, nossos amigos muitas vezes nos conhecem melhor do que nós mesmos.

Os traços de personalidade certamente não dizem tudo o que você gostaria de saber sobre alguém. É possível ser uma enfermeira conscienciosa ou um nazista consciencioso. Mas os traços de personalidade são parte muito importante da constituição de uma pessoa. Em um artigo intitulado "The Power of Personality", o psicólogo Brent Roberts e seus colegas calcularam que os traços de personalidade predizem certos resultados de vida tão bem quanto o QI ou o *status* socioeconômico de uma pessoa.[19] Isso significa que, se você entender as características de alguém, saberá muito sobre ele.

Além disso, compreender os traços de personalidade é a chave para saber como tratar alguém adequadamente. A geneticista e psiquiatra Danielle Dick argumenta que é muito importante para os pais ter uma noção dos traços de personalidade dos filhos.[20] Isso porque não existe a maneira certa de ser pai, existe apenas o caminho certo para ser pai que reúne a personalidade particular dos pais e a do filho. Se o pai tiver pouca amabilidade e, portanto, for rápido em criticar, e sua filha tiver um alto nível de neuroticismo e for sensível às emoções negativas, ela ouvirá até mesmo as críticas moderadas como um ataque brutal. O que parece gentil para ele parecerá violento para ela. O pai precisaria modular seu tom e sua abordagem se quisesse que sua filha ouvisse o que ele está dizendo e se quisesse preservar um relacionamento amoroso. Danielle Dick acrescenta que muitos pais pressionam atitudes que vão contra as características do filho: encorajam uma criança tímida a experimentar novas experiências ou ensinam à criança extrovertida a desacelerar e ter algum tempo de silêncio. Punir os filhos para que não repitam o mau comportamento não funciona, argumenta a psiquiatra. Focar o "oposto positivo", sim. Em vez de chamar a atenção para o comportamento que você deseja que seu filho pare, chame a atenção para o comportamento que você deseja que ele tenha.

———

A Psicologia da Personalidade sempre me pareceu um dos campos mais felizes da pesquisa acadêmica. Talvez seja porque se trata de receber dons e usá-los. A ideia geral é de que cada um de nós recebeu a característica de uma personalidade única. É claro que há traços em nossas personalidades dos quais podemos nos arrepender, mas devemos ser gratos pelo que temos. Esses conjuntos de características podem ser usados para construir uma vida maravilhosa.

Charlotte e Emily Brontë tiveram os mesmos pais, passaram a maior parte da vida na mesma pequena cidade de Yorkshire, receberam formações praticamente idênticas e ambas se tornaram romancistas. No entanto, como observou Edward Mendelson, crítico literário da Universidade de Columbia, as duas irmãs viam e desfrutavam do mundo de maneiras muito distintas. Uma delas saboreava as delícias interiores, e a outra preferia as delícias encontradas entre amigos. "Emily Brontë queria privacidade para experimentar sublimidade e contemplação", escreve Mendelson. "Charlotte Brontë queria companhia para buscar justiça e amor."[21] Ambas escreveram grandes romances, mas a escrita reflete seus temperamentos diferentes. O clássico de Emily, *O morro dos ventos uivantes*, é mais introvertido. Desenrola-se no domínio da vida privada, onde os personagens têm dificuldade em se comunicar uns com os outros. O livro mais conhecido de Charlotte, *Jane Eyre*, é mais extrovertido. A história atravessa os mundos públicos da religião e da política. No romance de Charlotte, a comunicação humana não é difícil – falar, escrever, ensinar e desenhar são basicamente o que suas personagens fazem o dia todo.

É melhor ser mais como Emily ou Charlotte? Bem, seria ótimo ser tão perspicaz quanto qualquer uma delas. Seria ótimo canalizar as nossas características para resultados tão bons. E seria ótimo viver em uma família em que as pessoas tivessem modos tão distintos de construir o mundo.

Traços de personalidade não são apenas dons, mas dons que você pode construir ao longo da vida. Como Brent Roberts e Hee J. Yoon escreveram em um artigo de revisão de literatura sobre a Psicologia da Personalidade em 2022: "Embora ainda seja amplamente pensado que a personalidade não é mutável, pesquisas recentes contradizem essa noção por completo. Em uma revisão de mais de duzentos estudos de intervenção, descobriu-se que os traços de personalidade, sobretudo o neuroticismo, são modificáveis por meio de intervenção clínica, com alterações representando, em média, metade de um desvio-padrão durante períodos tão curtos quanto seis semanas".[22] Em geral, as pessoas melhoram à medida que envelhecem. Tornam-se versões mais agradáveis, conscientes e emocionalmente estáveis de si mesmas. Se você tiver a experiência do *sommelier* na personalidade humana, poderá ver os outros com mais clareza, pois, assim como o vinho, eles melhoram com a idade.

CAPÍTULO 14

Tarefas da vida

Como mencionei anteriormente, os bebês saem do útero famintos por reconhecimento. Sua primeira tarefa da vida, no momento do nascimento, é criar vínculos com a pessoa que irá alimentá-lo e cuidar dele.

Nessa idade, a mente deles está perfeitamente adaptada a esse imperativo. Em seu livro *How Babies Think*, Alison Gopnik, Andrew Meltzoff e Patricia Kuhl apontam que os recém-nascidos são míopes.[1] Um objeto a trinta centímetros de distância – como o rosto da mãe que amamenta – está em foco, mas tudo o que está mais longe está desfocado. Para um recém-nascido, o mundo é como um retrato de Rembrandt: rostos iluminados, cheios de significado e expressão, saindo de um fundo desfocado.

Então, à medida que amadurecem, uma nova tarefa entra em cena: aprender como o mundo funciona. Seu campo de visão expande-se. Eles notam chaves, ursinhos de pelúcia, portas, chocalhos e bolas. Os bebês desenvolvem um poderoso impulso explicativo, um desejo de conhecer o mundo. Sua perspectiva se adapta para realizar a tarefa com eficácia. Adultos, Gopnik argumenta, têm uma consciência holofote. Tendemos a nos concentrar em uma coisa de cada vez. Os bebês desenvolvem um tipo muito diferente, uma consciência lanterna. Nessa fase de aprendizado máximo, prestam atenção a todo o ambiente, a tudo o que é inesperado ou interessante. Em outras palavras, eles são ruins em não manter o foco, então sua atenção muda de uma coisa para outra. A lanterna brilha em todas as direções e o bebê aprende rapidamente.

Alguns anos depois, surge outra tarefa da vida. A criança é tomada pelo desejo intenso de se estabelecer como uma pessoa separada. Antes, ela estava incorporado ao seu sistema de cuidado, vinculada à mãe e ao pai. Mas, por volta dos dois anos, a criança percebe: "Ah, eu não sou minha mãe. Tenho mãe, mas eu sou eu". E assim começam os "terríveis dois anos", como dizem, impulsionados pelo desejo da criança de dizer "Não! Não! Não!". Trata-se de uma crise de desenvolvimento, tanto para a criança como para os cuidadores. Como afirma Gopnik, Meltzoff e Kuhl, não se trata apenas de seu filho fazer algo que você não queira que ele faça; o bebê faz justamente *porque* você não quer que ele faça.[2]

As tarefas da vida continuam a surgir ao longo da vida. Este capítulo mostra que, se quiser entender bem alguém, tem de entender que tarefa da vida essa pessoa está realizando e como a mente dela evoluiu para completar tal tarefa.

Estudiosos que se dedicam a essa procissão de desafios da vida são chamados de psicólogos do desenvolvimento. Tal campo de estudo foi liderado por pessoas como Jean Piaget, Erik Erikson, Robert Kegan, Jane Loevinger e Bernice Neugarten. Por mais de um século, os psicólogos do desenvolvimento têm tentado compreender como as pessoas mudam e crescem ao longo da vida.

A Psicologia do Desenvolvimento está um pouco fora de moda agora, principalmente porque o campo foi associado a algumas ideias que são, hoje, consideradas falsas. A primeira é a de a maior parte do desenvolvimento humano acontecer na infância: os indivíduos passariam por uma série de estágios de desenvolvimento até cerca dos 21 anos e então terminariam. Isso parece estar errado. As pessoas se desenvolvem ao longo da vida. A segunda, defendida por alguns psicólogos do desenvolvimento, seria a de que a vida é um desfile através de diversas "etapas" distintas e que não se pode entrar em uma fase da vida a menos que se tenha completado a fase anterior. Você tem de fazer Álgebra I antes de poder fazer Álgebra II. Isso também estava errado. As vidas humanas não são tão estereotipadas, não podem ser reduzidas a etapas organizadas.

Mas descobri que os *insights* da Psicologia do Desenvolvimento são muito úteis para compreender pessoas. A sua sabedoria é injustamente negligenciada. Não devemos cair no velho conceito de "estágios", mas podemos ver a vida como uma sucessão de tarefas. Nem todos realizam essas tarefas na mesma ordem e nem todos as realizam por completo, contudo, quando olhamos para alguém, queremos vê-lo envolvido na atividade heroica da sua vida, enfrentando uma ou outra missão.

Nas próximas páginas, gostaria de esboçar essa teoria das tarefas da vida, que adaptei dos psicólogos do desenvolvimento, sobretudo de estudiosos como Erik Erikson, autor de *O ciclo de vida completo*, e Robert Kegan, autor de *The Evolving Self*. Ao apresentá-los para você, devo deixar claro mais uma vez que se trata apenas de modelos, não de fotografias. Nem todos passam pelas mesmas demandas da vida do mesmo modo. Os modelos apenas apontam para alguns padrões comuns de comportamento humano e nos ajudam a reconhecer como você ou eu podemos ser semelhantes ao modelo ou como podemos ser diferentes dele. Os modelos também nos lembram de que cada pessoa que você conhece está envolvida em uma luta. Aqui estão algumas tarefas comuns da vida, junto dos estados de consciência que surgem para nos ajudar a cumprir cada uma delas.

A TAREFA IMPERIAL

No início da vida, em algum momento da infância ou da adolescência, tentaremos estabelecer um senso de iniciativa própria. Temos de demonstrar a nós mesmos e aos outros que podemos assumir o controle, trabalhar duro, ser bons nas coisas. Ao realizar tal tarefa, argumenta Erikson, a pessoa tem de demonstrar diligência ou sucumbir à inferioridade. Se as crianças puderem mostrar a si mesmas e ao mundo que são competentes, desenvolverão um senso de autoconfiança. Se não conseguirem, experimentarão sentimentos de inferioridade.

Para estabelecer esse senso de iniciativa, os seres humanos desenvolvem o que Kegan chama de consciência imperial. Pessoas com essa mentalidade podem ser bastante egocêntricas. Seus próprios desejos e interesses são fundamentais. *O mundo é uma mensagem sobre mim, sobre como sou valorizado.* Também podem ser bastante competitivas nessa fase. Querem ganhar elogios, alcançar a glória. Nos esportes, nos trabalhos escolares, na música ou em qualquer outra coisa, anseiam pelos julgamentos positivos dos outros a respeito de seu valor. No romance *Uma ilha de paz*, de John Knowles, ambientado em uma escola preparatória para meninos, o narrador observa: "Havia poucos relacionamentos entre nós em Devon que não se baseassem na rivalidade".

Toleramos essa consciência um tanto egocêntrica em crianças e adolescentes, mas às vezes a consciência imperial continua na idade adulta. Um adulto que nunca superou essa mentalidade vive seus dias em uma série de disputas desconexas que deseja vencer. Nos negócios, no basquete ou na política, ele tem um desejo intenso de se ver como vencedor e tem um orgulho sensível, que o faz reagir fortemente contra qualquer sinal de desrespeito. Para pessoas com essa consciência, os relacionamentos tendem a ser instrumentais: estão sempre pescando, manipulando a situação para conseguir o que desejam. São emocionalmente fechadas, escondendo qualquer vulnerabilidade, até mesmo de si. Sua mensagem é: *Eu ganho algo com minhas amizades. Minha namorada gostosa é um sinal do meu status de vencedor.* Um cara que conheço vai a todas as festas procurando pessoas de alto *status* com quem possa fazer contato. Cada vez que você o encontra, ele tem um plano subentendido, algo que deseja de você.

Se você tentar se tornar íntimo de uma pessoa assim, ela reclamará que você não está dando espaço suficiente. Pode formar alianças com pessoas (trabalhar com os outros para conquistar o que deseja), mas não consegue estabelecer colaborações (trabalhar com os outros para atender a desejos compartilhados). Simplesmente não consegue ver o mundo da perspectiva do outro. Não consegue internalizar o afeto de alguém por ela, por isso precisa de lembretes constantes de afirmação e elogios vindos de terceiros.

Quem está inserido nessa tarefa e na consciência imperial que emerge para pressionar as pessoas a ajudarem a concluí-la provavelmente não tem uma vida interna muito rica. Não busca o autoconhecimento; está tentando tornar sua presença impressionante para o mundo. Donald Trump e Vladimir

Putin parecem-me homens que experimentaram uma consciência imperial na infância e nunca a superaram.

A TAREFA INTERPESSOAL

Há um ritmo difícil na vida. Períodos dominados por um intenso desejo de se destacar e de ser superior são, muitas vezes, seguidos por períodos de intenso desejo de se encaixar e ser aceito. Para muitos de nós, há um momento na vida, em geral na adolescência, em que a tarefa é estabelecer a identidade social. Amizades e *status* social tornam-se as obsessões centrais em nossa vida. Nessa fase, observa Erikson, a pessoa alcançará a intimidade ou sofrerá isolamento. Aquela que tem sucesso nessa tarefa da vida desenvolve a capacidade de ser um parceiro íntimo, um amante dedicado e um amigo fiel. Quem não consegue cai no isolamento.

A mente se ajusta para enfrentar o desafio. Alguém com consciência interpessoal tem a capacidade de pensar psicologicamente. Se você perguntasse a um indivíduo imbuído de uma consciência imperial quem ele é, ele poderia falar sobre suas ações e características externas: "Tenho irmãos. Sou loiro. Jogo futebol". É mais provável que uma pessoa com consciência interpessoal se descreva de acordo com seus traços psicológicos: "Sou extrovertida. Estou ficando mais confiante. Sou gentil, mas às vezes tenho medo de que as pessoas não gostem de mim".

Quem é dotado dessa consciência tem maior capacidade de vivenciar a experiência de outra pessoa.[3] Em seu livro *The Discerning Heart*, Philip M. Lewis conta a história de uma mulher casada que, durante uma conferência de negócios, passa a noite com outro homem. Alguém com consciência imperial ficaria preocupada na volta para casa – preocupada que a sua transgressão pudesse ser descoberta e tivesse consequências negativas para ela. Mas uma pessoa com consciência interpessoal sente-se culpada. Seu senso de si é definido pelo amor que compartilha com o marido.[4] Ela pode, potencialmente, magoar o marido e trair o amor compartilhado.

Em meio à tarefa interpessoal, com frequência os seres humanos tornam-se idealistas.[5] Podem não apenas vivenciar as experiências dos outros, como vivenciar a experiência da humanidade como um todo. Podem sentir a dor da comunidade e ser motivados a curá-la. Kegan escreve que, nessa fase, a pessoa passa de física a metafísica. Ela vê não apenas o que é, como também o ideal do que poderia ser. O idealismo adolescente pode ser intenso, mas também dogmático e implacável. Seu propósito, nesse momento de consciência, não é só procurar o bem comum; é também ajudar a si próprio a se relacionar mais estreitamente com algum grupo. *Luto contra a injustiça porque isso me torna legal, me ajuda a pertencer; é o que pessoas superiores como nós fazem.*

Durante tal tarefa, os indivíduos rapidamente formam grupos e pensam muito sobre *status* social. A pergunta final da pessoa interpessoal é: você gosta de mim? A essa altura, sua autoavaliação ainda não é o árbitro do seu senso de valor próprio. As opiniões dos outros ainda são os árbitros finais. Por isso, querem tanto agradar. Como disse Sêneca: "As necessidades da natureza são pequenas, enquanto as da opinião são ilimitadas". É o que também leva a muito conformismo. No shopping, você verá grupos de adolescentes – e até adultos – todos vestindo os mesmos tipos de roupas e falando com o mesmo tom de voz.

Alguém com essa consciência tende a ser avesso ao conflito, tende a agradar.[6] Tem dificuldade de dizer "não" e de ferir os sentimentos dos outros. Essa pessoa engole seus momentos de raiva. A raiva seria uma declaração de que ela tem um eu separado do contexto social. Como ainda não possui um eu separado e independente, em vez de ficar com raiva quando é ofendida, ela se sente triste, magoada ou incompleta. Parte do problema é que a própria concepção de si não é forte o suficiente para enfrentar os outros.

Por vezes, ela se relacionará com alguém com consciência imperial e vai se perguntar por que a pessoa não se abre emocionalmente e compartilha algo, assim como ela faz. Mas o outro não pode fazer tais coisas por não ter a consciência à qual ela tem acesso.

Os rompimentos, quando estamos na fase interpessoal, podem ser particularmente devastadores. Perder um amigo, um namorado, uma namorada ou um cônjuge é perder a si mesmo – a fonte de aprovação e valor.[7] Quando uma pessoa com consciência interpessoal perde a estrutura externa do relacionamento, pode descobrir que não há estrutura interna para mantê-la em pé. Atirada de volta a si por um rompimento, ela se torna ciente das limitações desse nível de consciência.[8] Percebe que, embora valorize os relacionamentos, não pode ser incorporada e controlada por eles. Tem de embarcar em outra tarefa da vida. Ao longo do caminho, como diz Kegan, ela mudará não apenas o que sabe, mas a maneira como sabe. Cada nova tarefa da vida requer um nível diferente de consciência.

CONSOLIDAÇÃO DE CARREIRA

Lori Gottlieb trabalhou como roteirista de TV, ingressou e depois saiu da faculdade de Medicina, deu à luz um filho e conseguiu um emprego como jornalista, mas estava insatisfeita. Ela queria fazer a diferença na vida das pessoas, não apenas escrever sobre elas. Pensou em se tornar psiquiatra.Como, porém, trata-se sobretudo de prescrição de medicamentos, ela se preocupou. Um dia, o ex-reitor da faculdade de Medicina que ela frequentou lhe disse: "Você devia fazer pós-graduação e se formar em Psicologia Clínica". Se ela fizesse isso, o reitor continuou, poderia conhecer melhor seus pacientes. O trabalho será mais profundo e deixará benefícios duradouros.

"Senti arrepios", escreveria Gottlieb mais tarde. "As pessoas costumam usar essa expressão vagamente, mas tive mesmo arrepios, frio na barriga e tudo mais. Foi chocante como aquilo parecia o certo, como se o plano da minha vida tivesse finalmente sido revelado."[9]

Em um determinado momento da vida, temos de encontrar a carreira à qual nos dedicaremos, a forma como faremos a diferença no mundo – no trabalho, na maternidade ou na paternidade ou em qualquer outra coisa. Ao enfrentar essa tarefa, argumenta Erikson, a pessoa deve alcançar a consolidação de carreira, ou se sentirá perdida.

A maioria de nós descobre o que fazer por meio de um processo de experimentação e adaptação. Alguns alternam entre diferentes empregos e tentam novos projetos. O psicólogo Brian Little argumenta que as pessoas costumam ter em média quinze "projetos pessoais" em andamento ao mesmo tempo.

Podem ser pequenos, como aprender a surfar, ou maiores, como trabalhar como aprendiz de encanador.

Durante esses períodos de experimentação, a vida pode parecer dispersa. Mas, no fim das contas, muitos de nós nos apaixonamos por uma vocação em particular. Robert Caro passou grande parte da vida estudando e escrevendo sobre Lyndon Johnson. Em seu livro *Working*, sobre a arte de ser biógrafo, ele descreveu o desejo intenso que dominou Johnson quando ele era um jovem assessor do Congresso.[10] Johnson deixava seu quarto no porão do hotel barato onde estava hospedado e caminhava em direção ao Capitólio, em Washington. Depois de alguns quarteirões, o prédio surgia na colina à sua frente. Ele estava tão ansioso, tão ambicioso, que seu ritmo acelerava e ele começava a correr, no inverno ou no verão, subindo a colina e atravessando a praça para chegar ao escritório. As pessoas ficavam boquiabertas com essa figura desajeitada e apressada, com braços e pernas longos e magros batendo por todo lado, correndo. A corrida era a ambição de Johnson na forma física.

Ele era impulsionado pelo sonho de fazer algo monumental. Também era levado a se afastar o máximo possível da pobreza em que cresceu no Texas e estava correndo para fugir do pai e dos fracassos. Caro escreve: "Você não pode se aprofundar na vida de Johnson sem perceber que o fato central era o relacionamento com seu pai.[11] Seu irmão, Sam Houston, uma vez me disse: 'A coisa mais importante para Lyndon era não ser como o papai'". Johnson e o pai tinham muitas semelhanças. Ambos eram estranhamente parecidos, entraram na política e tinham o hábito de persuadir as pessoas agarrando-as pelas lapelas e inclinando-se perto de seu rosto enquanto conversavam. Mas o pai de Johnson era idealista e romântico. Na década de 1870, sua família era proprietária de uma fazenda às margens do rio Pedernales, porém a perdeu porque o solo não era bom o suficiente para torná-la lucrativa. Em 1918, a fazenda foi colocada à venda, e o pai de Johnson estava determinado a comprá-la. Pagou caro por ela apenas para descobrir que, mais uma vez, sua família não conseguiria ganhar a vida com aquilo e, quatro anos depois, quando Lyndon tinha catorze anos, o pai faliu e perdeu a terra novamente. Lyndon perdeu o respeito pelo pai e tornou-se, por consequência, um homem hostil ao romantismo, à confiança e à crença no bem dos outros. Ele se tornou um preditor de votos surpreendentemente preciso no Senado porque olhava, com cinismo, para os interesses das pessoas e não para o que elas diziam.

Os que estão envolvidos na tarefa de consolidação de carreira são, muitas vezes, movidos pelo desejo de domínio – o prazer intrínseco de se tornarem muito bons em alguma coisa.[12] Levantam-se de manhã e trabalham de maneira sistemática. Há um grande campo para cultivar lá fora, o grande projeto da sua vocação, mas a cada dia só conseguem cumprir a rotina. Quando fazem isso, porém, têm uma sensação de progresso sendo feito.

Como sempre, a consciência muda para que a tarefa seja cumprida. Pessoas em meio à consolidação de carreira muitas vezes desenvolvem uma mentalidade mais individualista: *Sou o capitão do meu próprio navio, o mestre do meu próprio destino.* Tornam-se melhores no autocontrole, no controle das emoções. Têm uma capacidade maior de ir contra a multidão. São capazes de dizer "não" a coisas que possam distraí-las de sua missão principal. Nessa fase, as pessoas podem parecer um pouco egoístas e autocentradas, mas, como argumentou George Vaillant, do Grant Study, "somente quando o 'ego-ismo' desenvolvimental tiver sido alcançado é que somos capazes de entregar-nos de forma confiável".[13]

Durante essa tarefa da vida, a motivação para a intimidade dá um passo para trás e a motivação para a realização dá um passo à frente. Alguém interessado em consolidar a carreira tem uma tendência, observa Kegan, de "selar-se", tornar-se menos aberto a relacionamentos profundos. Essa pessoa também tem tendência a se desligar de suas emoções. Mais tarde, na vida, ela poderá se perguntar como conseguiu suprimir tantos sentimentos.

Você pode começar a perceber por que a maioria dos indivíduos acaba se rebelando contra essa consciência. O sucesso na carreira não satisfaz. O senso de identidade, que antes parecia tão emocionante de construir, agora parece um pouco claustrofóbico. As pessoas se cansam de seguir as fórmulas que o mundo usa para definir "sucesso". Sébastien Bras é o proprietário do Le Suquet, restaurante em Laguiole, França, que conquistou três estrelas Michelin, a mais alta distinção culinária do mundo, durante dezoito anos consecutivos. Então, um ano, ele pediu ao pessoal da Michelin que parasse de ir ao seu restaurante e nunca mais voltasse. Ele percebeu que seu desejo de agradar o sistema Michelin impusera uma pressão tremenda, esmagando sua criatividade.

Carl Jung escreveu certa vez: "As recompensas que a sociedade oferece são conquistadas à custa de uma diminuição da personalidade".[14] No fim das contas, os custos tornam-se demasiadamente elevados. Ao fim dessa tarefa, a pessoa percebe que existe uma fome espiritual que não foi satisfeita, um desejo de servir abnegadamente alguma causa, de deixar algum legado para os outros.

Tal crise às vezes surge como uma sensação de não querer mais o que costumava querer. Cristina Peri Rossi escreveu um conto chamado "Quebrando o recorde de velocidade", sobre um corredor que se dedicou a bater um recorde de distância. Ele treinou rigorosamente para a corrida e, na 17ª volta, está muito à frente de todos os outros corredores, prestes a realizar o seu sonho. "Foi então que ele sentiu uma enorme vontade de parar", escreve ela. "Não que estivesse cansado, ele treinou por muito tempo e todos os especialistas sentiram que ele teria sucesso; na verdade, ele só estava concorrendo para estabelecer um novo recorde. Mas, naquele momento, sentiu uma vontade irresistível de parar. Deitar-se na beira da pista e nunca mais se levantar." Sua compulsão para quebrar o recorde simplesmente desaparece. No fim da história, o corredor deseja parar e para. "E ele ergueu os olhos para o céu."

Isso não quer dizer que todo desejo se esvazie ao ser concluída a tarefa. Mas um conjunto de desejos é satisfeito. É nesse momento de crise que as pessoas podem se deixar capturar por desejos maiores. Finda a consolidação de carreira, elas percebem que se diferenciaram demais dos outros e do mundo ao seu redor. É hora de sair do frio e entrar em casa.

A TAREFA GENERATIVA

O Grant Study, que mencionei, é um famoso estudo longitudinal que seguiu a vida de centenas de homens no momento em que se matricularam em Harvard, nos anos 1940, até sua morte, décadas mais tarde. Adam Newman (pseudônimo) foi um dos seguidos pelos pesquisadores. Quando estes encontraram

Newman pela primeira vez, ele era um dos homens mais tristes e desafortunados da pesquisa.[15] Ele vinha de um lar sem amor. A mãe, como reportou sua irmã, "podia fazer qualquer um sentir-se diminuído". Quando Newman era criança e fazia birra, ela o amarrava à sua cama com os suspensórios do pai. Nunca falou da morte do pai, que aconteceu quando ele tinha dezessete anos.

Newman tirava notas excelentes no Ensino Médio e tornou-se um Eagle Scout, uma distinção entre os escoteiros, e era ferozmente ambicioso na faculdade – para se provar para a mãe dominadora. Tinha poucos amigos próximos. A maioria dos pesquisadores do Grant Study o consideravam distraído, rígido, autocentrado, egoísta e aversivo. Ele era bastante religioso, mas de uma maneira legalista, indo à missa quatro vezes por semana e julgando de forma dura qualquer pessoa que não estivesse de acordo com seus critérios impossíveis de atender.

Ele fez faculdade de Medicina na Universidade da Pensilvânia, casou-se no segundo ano do curso e acabou gerenciando um departamento da Nasa de bioestatística, com uma equipe de cinquenta pessoas. Sua carreira progrediu bem, e seu casamento era dedicado e incomum. Tanto ele quanto a esposa viam-se como melhores amigos um do outro e diziam não ter qualquer outro amigo.

Aos 45 anos, ele havia se tornado um pai severo lidando com duas filhas rebeldes. Newman as pressionava para que alcançassem excelência, como ele fizera. Nessa época, uma filha o chamou de "perfeccionista de extrema realização". Mais tarde, a garota disse aos pesquisadores que o pai havia destruído permanentemente sua autoestima.

À medida que envelhecia, porém, ele foi ficando mais aberto emocionalmente e mais autoconsciente. Na faculdade, insistia que seu relacionamento com a mãe era excelente. Na meia-idade, confessou que, quando pensava na mãe, tinha vontade de vomitar. "Toda minha vida tive de lutar contra o domínio da minha mãe", admitiu.

Sua vida deu uma guinada radical na meia-idade. Newman percebeu, em suas palavras, que "os pobres do mundo são responsabilidade dos ricos do mundo".[16] Largou o emprego, mudou-se para o Sudão e dedicou sua empresa de estatística para ajudar os agricultores locais a resolver problemas agrícolas.

A essa altura da vida, escreveu ele, suas filhas tinham-lhe ensinado que "havia mais na vida do que números, pensamento e lógica".

Depois, regressou aos Estados Unidos e começou a lecionar Psicologia e Sociologia em uma faculdade local, orientando a próxima geração. Dos 55 aos 68 anos, trabalhou no planejamento de cidades – seu interesse na infância –, ajudando cidades do Texas a administrar seu crescimento. No fim da vida, ele havia se tornado gentil e bondoso. Aos 72 anos, o diretor de pesquisa George Vaillant foi visitá-lo, e Newman conversou alegremente com ele por duas horas. Quando Vaillant se levantou para sair, Newman disse "Deixe-me despedir à maneira do Texas!" e o envolveu em um grande abraço.[17] Vaillant concluiu a entrevista e escreveu em suas anotações: "Fiquei em transe".

A maior parte da ação na vida de Newman aconteceu em sua segunda metade. Ele nem tinha percebido o quanto havia mudado. Quando ele tinha 55 anos, Vaillant enviou-lhe a transcrição de uma entrevista que ele concedera na época da faculdade. Newman respondeu: "George, você deve ter enviado isso para a pessoa errada". Não havia absolutamente nenhuma possibilidade de o homem naquelas transcrições ser Newman. Mas era. Ele simplesmente não reconheceu nenhuma das histórias e dos fatos que havia relatado três décadas antes. Tinha reinventado a própria consciência e reinventado também seu passado, para se adequar à pessoa que passou a ser.

Durante a tarefa generativa da vida, as pessoas tentam encontrar formas de servir ao mundo. Ou alcançamos a generatividade, argumenta Erikson, ou caímos na estagnação. Vaillant define generatividade como "a capacidade de promover e orientar as próximas gerações".[18] Gosto dessa definição porque enfatiza que as pessoas enfrentam a tarefa da generatividade em dois momentos diferentes da vida. Primeiro, quando têm filhos. A parentalidade muitas vezes ensina as pessoas a amar de maneira generosa. E, mais tarde, quando estão na meia-idade ou mais velhas, tornam-se mentoras. Adotam uma lógica do dom – *como posso retribuir* – que substitui a lógica meritocrática dos anos de consolidação de carreira.

Muitos adotam a mentalidade generativa quando são promovidos a uma posição de liderança. Uma pessoa passa de professor em sala de aula a administrador na diretoria, de repórter a editor, de trabalhar em um pequeno departamento da empresa a gerenciar uma grande divisão.

Com frequência, essas promoções afastam as pessoas da tarefa principal que as levou a se apaixonar pela profissão. Os professores vão para a educação, por exemplo, porque adoram a interação direta com os alunos. Mas, em geral, essas promoções são aceitas porque as pessoas acreditam na missão da empresa, porque sentem a responsabilidade de administrar a organização; porque sentem que, para crescerem na vida, precisam continuar avançando em direção a estados de consciência cada vez maiores – e, claro, porque os cargos de liderança geralmente pagam mais.

Às vezes, demora um pouco para quem assumiu um cargo de liderança mudar de consciência. Em seu livro *Imunidade à mudança*, Robert Kegan e Lisa Laskow Lahey descrevem um executivo de negócios, Peter, que deveria estar gerenciando uma equipe, mas estava preso naquela consciência de consolidação de carreira centrada em si.[19]

Seus valores eram estes: quero fazer as coisas do meu jeito; quero sentir orgulho de ser dono de projetos; quero preservar meu senso de mim mesmo como o super-solucionador de problemas deste ambiente. Ele nem conseguia ver que estava sendo desdenhoso e dominador com aqueles ao seu redor, tornando-os infelizes.

No fim, essas pessoas deram a notícia difícil: ele precisava mudar, tornar-se mais aberto a novas ideias, ouvir melhor, delegar autoridade. Peter tinha de superar sua lealdade à autoimagem de herói solitário e desenvolver uma maior lealdade à organização. Um líder generativo serve aqueles sob seu comando, ergue a visão de outras pessoas a objetivos mais elevados e ajuda os outros a se tornarem versões melhores de si mesmos.

Quem é generativo muitas vezes assume o papel de guardião. Com frequência, essa pessoa lidera ou serve a alguma instituição: empresa, organização comunitária, escola ou uma família. Um guardião tem um profundo respeito pela instituição que herdou. Ele se vê como alguém a quem confiaram algo, como alguém que recebeu algo precioso e, portanto, tem a responsabilidade de administrá-lo e repassá-lo de forma melhor do que quando o encontrou. Uma pessoa com essa mentalidade é definida não pelo que tira da instituição, mas pelo que investe nela.

Nessa fase da maturidade, a pessoa sabe que não criou a própria vida. A família em que ela cresceu, a escola que frequentou e os mentores, os amigos e as organizações que a ajudaram, todos implantaram nela certos valores, padrões de excelência, uma forma de ser. O indivíduo é tomado por um desejo fervoroso de transmitir tudo isso.

Philip M. Lewis escreve que, quando era um professor mais jovem, sentia-se mal sempre que seus alunos pareciam entediados.[20] A aprovação ou desaprovação definia sua experiência de ensino. Mais tarde, em um nível mais generativo, percebeu que existem conteúdos em qualquer área de conhecimento que precisam ser ensinados, mesmo que sejam áridos. Ele se dispunha a entediar os alunos, a fim de atingir um bom ensino, honrar a matéria estudada e servir à instituição.

Quem é produtivo dá aos outros o dom da admiração, vendo-os pelas criaturas preciosas que são. Dá-lhes o presente da paciência – a compreensão de que as pessoas estão sempre se desenvolvendo. Dá-lhes o dom da presença. Conheço um homem que sofreu uma desonra pública. Na sequência, um de seus amigos passou a levá-lo para jantar todos os domingos à noite durante dois anos – a definição de um ato gerativista.

Pode haver um tipo de solidão para uma pessoa nesse estágio de consciência. Como cofundador do Weave: The Social Fabric Project, entrevistei centenas de construtores comunitários – pessoas que lideraram programas para jovens, bancos de alimentos, abrigos para pessoas em situação de rua e assim por diante. Eles se mostram profundamente satisfeitos por terem a oportunidade de ajudar os outros, mas muitas vezes notam que ninguém aparecia para servi-los, para ajudá-los em seus momentos de fraqueza e exaustão. O indivíduo que parece mais forte em qualquer família ou organização também pode sentir-se sozinho.

Eu diria também que essas pessoas são tão ambiciosas, ou até mais ambiciosas, do que os jovens adultos em início de carreira. *As necessidades do mundo são tantas*, disseram-me muitas vezes. *Não posso decepcionar as pessoas*. Em minha experiência, os altruístas são tão propensos ao esgotamento quanto os egoístas – talvez até mais.

INTEGRIDADE *VERSUS* DESESPERO

A tarefa final sobre a qual Erik Erikson escreveu é a luta para alcançar a integridade ou suportar o desespero. Integridade é a capacidade de aceitar a vida diante da morte. É a sensação de paz por você ter aproveitado e estar aproveitando bem o seu tempo. Há a sensação de realização e aceitação. O desespero, por sua vez, é marcado por um sentimento de arrependimento. Você não conduziu sua vida como acredita que deveria. O desespero envolve amargura, a ruminação dos erros do passado, o sentimento de improdutividade. Com frequência, as pessoas evitam e externalizam arrependimentos. Ficam furiosas com o mundo na intenção de transformarem sua decepção consigo mesmas em raiva sobre uma decadência generalizada.

Indivíduos nesse estágio em geral têm um forte desejo de aprender. As salas de aula do mundo estão repletas de idosos que buscam mais conhecimento e sabedoria. O impulso explicativo que existia quando eram bebês persiste agora.

A sabedoria nessa fase da vida é a capacidade de ver as conexões entre as coisas. É manter verdades opostas – contradições e paradoxos – na mente ao mesmo tempo, sem lutar para impor alguma ordem linear. É ver as coisas de múltiplas perspectivas. O psicanalista Philip M. Bromberg escreveu: "Saúde é a capacidade de permanecer nos espaços entre as realidades sem perder nenhuma delas.[21] É isto que acredito que autoaceitação significa e o que realmente significa criatividade: a capacidade de se sentir um só e, ao mesmo tempo, muitos".

Quando entrevisto pessoas envolvidas nessa tarefa da vida, muitas vezes descubro que elas obtêm grande satisfação com as ações cotidianas – cuidando do jardim, partilhando o café da manhã com amigos em uma lanchonete, visitando destinos de viagem conhecidos, contemplando a beleza cotidiana. Um homem à beira da morte me contou que nunca havia gostado tanto de passear na natureza.

Talvez você imagine que essa é uma fase solitária, que a pessoa fica sentada sozinha na sala revendo a própria vida. Mas é uma fase incrivelmente social. A psicóloga Laura Carstensen descobriu que, à medida que as pessoas envelhecem, com frequência a emoção toma o lugar do pensamento racional.[22]

Elas se sentem à vontade para chorar mais, são mais hábeis em trazer emoções diferenciadas para a consciência da morte, o que tende a fazer as trivialidades da vida parecerem... triviais. "O câncer cura as psiconeuroses", disse-lhe um dos pacientes de terapia de Irvin Yalom. "Pena que tive de esperar até agora, até que meu corpo estivesse cheio de câncer, para aprender a viver."[23]

A mãe do historiador Wilfred McClay era uma matemática brilhante, vivaz, muito comunicativa, leitora, professora, conversadora. Ela foi acometida por um derrame que a deixou incapaz de falar. A princípio, pensou que não valesse a pena uma vida como essa e chorou amargamente. Mas, aos poucos, uma mudança tomou conta dela. Como McClay lembra: "Ocorreu um desenvolvimento interior que a tornou uma pessoa muito mais profunda, mais calorosa, mais afetuosa, mais grata e mais generosa do que eu jamais imaginaria que ela fosse".[24] Ela e sua família criaram formas de se comunicar, por meio de gestos, entonações e das poucas palavras que a mãe ainda possuía. Ela batia palmas e cantava. "O mais surpreendente", observa McClay, "é que minha mãe provou ser uma excelente avó para meus dois filhos, a quem ela amava sem reservas e que também a amavam da mesma forma". Seus netos enxergavam além de sua deficiência e se tornaram quem ela era, e não tinham ideia de como faziam a vida dela valer a pena. Estar perto da avó era pura alegria.

———

Minha esperança é que esse foco nas tarefas da vida possa ajudar a lembrar que cada pessoa que você conhece está em um ponto no processo de crescimento ao longo da vida. Por vezes, ficamos cegos para o quanto estamos mudando. O psicólogo Daniel Gilbert tem um ditado famoso sobre isso: "Os seres humanos são obras em andamento que erroneamente pensam que estão concluídas". Com frequência, também ficamos cegos ao fato de que uma mudança nas circunstâncias da vida exige uma renovação de toda a nossa consciência. Como disse Carl Jung: "Não podemos viver a tarde da vida de acordo com o programa da manhã da vida, pois o que era ótimo pela manhã será pouco à noite, e o que pela manhã era verdade à noite se tornará uma mentira".[25]

Como todos os modelos, a teoria das tarefas da vida é útil para nos incentivar a prestar atenção à nossa vida, para ver onde se enquadram no padrão e onde não se enquadram. No geral, devo dizer que me reconheço nessa evolução. No Ensino Médio, estava na fase interpessoal. No último ano, eu me apaixonei profundamente por uma moça, mas foi um amor desesperado e pautado na necessidade. Quando ela me largou, foi devastador. Na meia-idade, certamente eu estava envolvido na tarefa de consolidação de carreira e me familiarizei com o modo como ela nos aprisiona. Hoje, eu gostaria de estar apenas na fase generativa de doação, mas, para ser honesto, acho que estou entre a consolidação de carreira e a generatividade. Procuro servir, porém ainda presto muita atenção às métricas de sucesso. Há alguns anos, escrevi um livro sobre como viver sua vida para os outros e passei semanas após a publicação verificando minhas classificações na Amazon! Chego a um jantar determinado a ouvir profundamente, mas depois tomo uma taça de vinho e começo a contar histórias minhas. Há uma guerra civil acontecendo dentro de mim, evidentemente, entre a consciência gerativista a que aspiro e aquele pequeno ego imperial que não consigo deixar para trás. Eu suspeito de que não esteja sozinho nisso.

Os períodos de transição entre tarefas podem ser difíceis. Estar preso a uma delas significa estar incorporado a certa mentalidade. Quando essa mentalidade para de funcionar para você, é preciso deixá-la desmoronar em seu interior. "Todo crescimento custa caro", escreve Kegan. "Trata-se de deixar para trás uma velha forma de estar no mundo."[26]

É um processo de desencaixar-se de uma mentalidade e depois se reincorporar em outra. Uma criança acredita: *Eu sou meus pais.* Mas, então, por volta dos dois anos, percebe: *Não sou meus pais. Tenho pais.* Uma adolescente pode estar tão inserida na consciência interpessoal que acredita: *Eu sou minhas amizades.* Mas depois ela percebe: *Não, não sou minhas amizades. Sou uma pessoa que tem amizades.* Não é que as amizades de repente deixem de ser importantes, todavia o que antes era definitivo torna-se relativo. *Valorizo minhas amizades, mas toda a minha existência hoje não depende de esta ou aquela pessoa gostar de mim.*

Tenho amigos na casa dos cinquenta anos que sofreram graves crises quando os filhos saíram de casa a fim de partir para a faculdade ou para o trabalho. A visão que tinham de si mesmos era a de pais ativos; a paternidade estruturava seu dia a dia, então, de repente, tudo isso desaparece. Eles sofreram um pouco até encontrarem a próxima tarefa. Tenho amigos que estão se aposentando e que têm medo de perder a identidade sem o trabalho. Ainda não estão preparados para o fato de que, em algum momento, terão de deixar o currículo para trás. Não será mais quem eles são. Isso requer uma reconstrução da realidade. Como dizem, não resolverão seu problema com o mesmo nível de consciência com que o criaram.

CAPÍTULO 15

Histórias de vida

Há alguns anos, conversei com Dan McAdams, o professor de Psicologia da Northwestern que escreveu o livro sobre George W. Bush que citei no capítulo sobre personalidade. Nós dois abordamos outro aspecto de seu trabalho. Ele também estuda como os indivíduos constroem suas narrativas pessoais – como contam a história de sua vida. Para descobrir isso, ele convida participantes da pesquisa para irem ao *campus*, oferece-lhes algum dinheiro pelo seu tempo e, depois, durante cerca de quatro horas, faz-lhes perguntas que revelam sua história de vida. Ele pede às pessoas, por exemplo, que lhe contem sobre os pontos altos e baixos de sua vivência e os momentos decisivos. Metade dos entrevistados acaba chorando relembrando algum acontecimento difícil. No fim da sessão, muitos estão exultantes. Os participantes dizem que ninguém nunca lhes perguntara sobre sua história. Alguns querem devolver a taxa paga. "Não quero receber dinheiro por isso", dizem. "Esta foi a melhor tarde que tive em muito tempo." Ao que parece, vivemos em uma sociedade na qual os cidadãos não conseguem contar suas histórias. Trabalhamos e convivemos com pessoas durante anos sem nunca conhecer sua vida. Como chegamos a isso?

Em parte, podemos culpar a ocupação normal da vida: quem tem tempo para perguntar a outro ser humano sobre sua história, quando temos filhos a buscar, compras a fazer e vídeos do TikTok a assistir? Parte também se deve ao medo da rejeição, que ocorre quando faço um avanço social em sua direção e sou rejeitado. A ansiedade social de fato existe. Mas talvez haja uma razão mais simples e muito mais solucionável para as pessoas não perguntarem umas às outras sobre a vida delas ou falarem sobre a sua própria.

Certo dia, há cerca de uma década, Nicholas Epley estava indo de trem para o seu escritório na Universidade de Chicago. Como psicólogo comportamental, ele sabia que a conexão social é a fonte número um de felicidade, sucesso, boa saúde e grande parte da doçura da vida. Os seres humanos são animais sociais que adoram se comunicar uns com os outros. No entanto, naquele dia, naquele trem, ele observou ao redor e percebeu: ninguém estava falando com ninguém. Eram apenas fones de ouvido e telas. Ele se perguntou: por que essas pessoas não estão fazendo aquilo que as deixa mais felizes? Mais tarde, ele conduziu alguns experimentos nos quais induziu indivíduos a conversarem com outros passageiros durante o percurso até o centro da cidade. Quando a rota terminava e chegavam ao destino, os pesquisadores estavam lá para perguntar o quanto tinham gostado da viagem. Os comentários eram extremamente positivos. Pessoas, tanto introvertidas quanto extrovertidas, relataram que passar o trajeto conversando com alguém era muito mais divertido do que o passar preso a uma tela.

Então, por que as pessoas não conversam mais? Epley continuou a pesquisa e encontrou uma resposta para o mistério: não iniciamos conversas porque somos ruins ao prever o quanto iremos gostar delas. Subestimamos o quanto os outros querem falar, subestimamos o quanto aprenderemos, subestimamos a rapidez com que outras pessoas vão querer se aprofundar e se tornar íntimas. Se você der um empurrãozinho, as pessoas compartilharão suas histórias com entusiasmo. Como espero já ter deixado evidente, muitos estão ansiosos, até desesperados, para serem vistos, ouvidos e compreendidos. E, no entanto, construímos uma cultura e um conjunto de costumes em que isso não acontece. Corrigir isso é simples, fácil e divertido: peça às pessoas que contem suas histórias.

———

Desde que Epley me contou sobre sua pesquisa, fiquei mais propenso a conversar com estranhos no avião, no trem ou em um bar. E, como resultado, tive muito mais experiências memoráveis do que teria se estivesse apenas acomodado com meus fones de ouvido. Poucos dias antes de escrever estas palavras, eu estava em um avião que partiu do aeroporto JFK, em Nova York, para o aeroporto Reagan, em Washington. Sentei-me ao lado de um senhor idoso e, em vez de me enterrar em meu livro, questionei-lhe de onde ele vinha, depois lhe perguntei sobre sua vida. Ele nasceu na Rússia e imigrou sozinho para os Estados Unidos aos dezessete anos. Para se sustentar, começou varrendo o chão de uma fábrica e depois acabou exportando camisetas e outras peças de vestuário dos Estados Unidos para países em desenvolvimento. Ele me contou o quanto amava Donald Trump e por que ele começou a irritá-lo. Depois, pegou o celular e me mostrou fotos das férias que acabara de passar na Itália – navegando em grandes iates, cercado por pessoas de aparência glamorosa, erguendo garrafas de champanhe. Aquele cara ainda andava por aí como um *playboy*, aos oitenta anos! Ele acabou me contando toda a história de sua vida, que envolveu mais reviravoltas – e mais divórcios – do que consegui acompanhar. Não é o tipo de pessoa que faria parte do meu círculo íntimo de amizade, mas foi muito divertido espiar o mundo.

Desde que aprendi sobre a pesquisa de Epley e McAdams, também tentei transformar minhas conversas em contação de histórias, não somente trocas de comentários. O psicólogo Jerome Bruner distinguiu dois modos diferentes de pensamento, que chamou de modo paradigmático e modo narrativo. O modo paradigmático é analítico. Envolve argumentar. É um estado mental relacionado a acumular dados, coletar evidências e apresentar hipóteses. Muitos de nós vivemos nossa vida profissional de maneira paradigmática: fazendo apresentações em PowerPoint, redigindo documentos, emitindo ordens ou até, como no meu caso, redigindo colunas de opinião. O pensamento paradigmático é ótimo para compreender dados, defender uma proposta e analisar tendências entre populações. Mas não é bom para ver uma pessoa individualmente.

O pensamento narrativo, por sua vez, é necessário para compreender o indivíduo singular à sua frente. As histórias capturam a presença única de alguém e como ele ou ela muda ao longo do tempo. As histórias capturam como milhares de pequenas influências se unem para moldar uma vida, como as pessoas lutam e se esforçam, como sua vida é afetada por momentos de sorte e azar. Quando alguém lhe conta sua história, você obtém uma imagem muito mais íntima, complicada e atraente da pessoa. É possível vivenciar a experiência do outro.

Vivemos em uma cultura rica em paradigmas e pobre em narrativas. Em Washington, por exemplo, temos conversas políticas que evitam qualquer tema pessoal. Um senador ou um jornalista aparece para oferecer pontos de discussão em nome dessa ou daquela posição partidária. O anfitrião faz perguntas pegajosas, planejadas com antecedência, para desafiar essa ou aquela posição. Os convidados cospem um monte de respostas enlatadas. A coisa toda é configurada como um combate verbal de gladiadores. Pelo menos uma vez, adoraria que um anfitrião deixasse de lado as perguntas e dissesse: "Diga-me quem você é". Seria muito mais interessante e levaria a uma atmosfera política mais saudável. Mas não vivemos em uma cultura que incentiva isso.

O que você faz para viver molda quem você se torna. Caso passe a maior parte do dia no modo paradigmático, é provável que adote hábitos de pensamento despersonalizados; você pode começar a considerar a narração de histórias algo pouco rigoroso ou infantil e, se fizer isso, constantemente interpretará mal as pessoas. Então, quando estou conversando com alguém agora, tento resistir a isso e nos colocar no modo narrativo. Não me contento mais em perguntar: "O que você acha de x?". Em vez disso, pergunto: "Como você passou a acreditar em x?". Esse é um enquadramento que convida as pessoas a contarem uma história sobre quais eventos as levaram a pensar daquela maneira. Da mesma forma, não lhes peço que me falem sobre os seus valores; digo: "Conte-me sobre a pessoa que mais moldou seus valores". Isso suscita uma história.

Depois, há o hábito de levá-las de volta no tempo: onde você cresceu? Quando você soube que queria passar a vida assim? Não tenho vergonha de perguntar aos outros sobre a infância: o que você queria ser quando era pequeno? O que seus pais queriam que você fosse? Por fim, tento perguntar sobre intenções e objetivos. Quando estão falando sobre suas intenções, elas estão implicitamente contando onde estiveram e para onde esperam ir. Recentemente, por exemplo, minha esposa e eu conversávamos com uma mulher brilhante, aposentada de um emprego que ocupou por muitos anos. Fizemos-lhe uma pergunta simples: como você espera passar os próximos anos? Todo tipo de coisa foi dito sobre como ela estava lidando com a perda da identidade que seu trabalho lhe dera. Como, por tanto tempo, as pessoas iam até ela pedindo coisas, mas agora ela era forçada a se humilhar e pedir favores. A mulher nos disse que já havia percebido que era uma péssima preditora do que a fazia feliz. Suas ideias originais sobre como seria a aposentadoria não estavam funcionando; ela descobrira que era melhor se abrir para possibilidades inesperadas e deixar as coisas fluírem. A história que essa mulher nos contou sobre seus últimos anos foi fascinante, mas a melhor parte é que sua narrativa era aberta, sua postura em relação ao futuro era de prontidão, aceitação e alegria.

A capacidade de elaborar uma história de vida precisa e coerente é outra habilidade necessária que não é ensinada na escola. Mas inventar uma história pessoal é de importância central para levar uma vida significativa. Você não tem como saber quem você é a menos que saiba como contar sua história. Não é possível ter uma identidade estável a menos que pegue os acontecimentos incipientes de sua vida e lhes dê sentido, transformando esses fatos em uma história coerente. Você só poderá saber o que fazer a seguir se souber de que história faz parte. E só poderá suportar as dores do presente se puder vê-las como parte de uma história que trará benefícios futuros. "Todas as tristezas podem ser suportadas se forem colocadas numa história", como disse o escritor dinamarquês Isak Dinesen.

Assim, agora trabalho arduamente para resistir às pressões paradigmáticas da nossa cultura e para "narrativizar" a vida. "Isso é o que engana as pessoas", observou certa vez o filósofo Jean-Paul Sartre. "Um homem é sempre um contador de histórias. Ele vive rodeado de suas histórias e das histórias dos outros; vê através delas tudo o que lhe acontece e tenta viver sua vida como se as estivesse contando."

———

Enquanto as pessoas me contam suas histórias, fico atento a pontos específicos. Primeiro, ouço o *tom de voz* característico da pessoa. Assim como todo texto tem um narrador implícito – quem o escritor quer que você pense que ele é –, cada pessoa tem um tom narrativo característico: atrevido ou sarcástico, irônico ou sério, alegre ou grave. Ele reflete a atitude básica da pessoa em relação ao mundo – é seguro ou ameaçador, acolhedor, decepcionante ou absurdo? O tom narrativo revela o seu sentido de "autoeficácia", a confiança geral nas próprias capacidades.

Essa voz interior é um dos maiores milagres de toda a natureza. A própria vida muitas vezes pode parecer uma nevasca de eventos aleatórios: doenças, acidentes, traições, golpes de boa e má sorte. No entanto, dentro de cada pessoa existe uma vozinha tentando dar sentido a tudo isso. Essa voz tenta reunir os acontecimentos aparentemente dispersos de uma vida e organizá-los em uma história que tenha coerência, significado e propósito.

Pense o seguinte: você tem um monte de tecido neural de um quilo e meio em seu crânio e, de alguma forma, surgem pensamentos conscientes nele. *Você* surge. Ninguém entende como isso acontece! Ninguém entende como o cérebro e o corpo criam a mente, portanto, no centro do estudo de cada pessoa, existe apenas um mistério gigante diante do qual ficamos maravilhados.

O estranho dessa vozinha, desse contador de histórias, é que ele vai e vem. Quando os pesquisadores estudam a voz interior, descobrem que, para algumas pessoas, ela tagarela quase a cada segundo. Outros experimentam longos períodos de silêncio interior. Russell T. Hurlburt e seus colegas da Universidade de Nevada, em Las Vegas, descobriram que, em média, as pessoas têm uma experiência de fala interior cerca de 23% do tempo.[1] No período restante, a voz pode ter uma sensação de humor ou de música, mas a sensação de um narrador interior está ausente. É o que tento dizer à minha esposa quando ela me pergunta no que estou pensando: "Honestamente, querida, na maior parte do tempo é apenas um grande caixote de nada lá em cima".

Em algumas vezes, a voz soa como uma fala normal; em outras, é uma torrente de fragmentos de ideias e pensamentos incompletos. Em seu livro *A voz na sua cabeça*, o psicólogo Ethan Kross, da Universidade de Michigan, relata um estudo que sugere que tagarelamos sozinhos a uma velocidade equivalente a falar 4 mil palavras por minuto em voz alta.[2] Cerca de um quarto de todas as pessoas ouvem vozes de outras na sua cabeça.[3] Cerca de metade

HISTÓRIAS DE VIDA 189

de todos os indivíduos se dirige a si próprio como "você" com frequência ou o tempo todo. Há quem use o próprio nome ao falar consigo mesmo.[4] Aliás, quem se dirige na segunda ou mesmo na terceira pessoa tem menos ansiedade, discursa melhor, realiza tarefas com mais eficiência e se comunica com mais eficácia. Caso consiga se distanciar dessa maneira, você deve fazer isso.

Charles Fernyhough, professor da Universidade de Durham, no Reino Unido, e um dos principais estudiosos do discurso interior, salienta que às vezes parece que não estamos fazendo nosso discurso interior, mas, sim, ouvindo-o. Ou seja, pode parecer que não mandamos na voz, mas que somos seu público. A voz nos tortura com lembranças vergonhas que preferiríamos não reviver, pensamentos cruéis que preferiríamos não ter. Às vezes, parece que temos tanto controle de nossa voz quanto de nossos sonhos. Ou, como disse William James: "Os próprios pensamentos são os pensadores".

Fernyhough observa que nosso discurso interior com frequência é composto de diferentes personagens mentais conversando. A pesquisadora polonesa Małgorzata Puchalska-Wasyl pediu às pessoas que descrevessem os personagens que ouviam na cabeça.[5] Ela descobriu que comumente são nomeados quatro tipos de vozes interiores: o Amigo Fiel (que fala sobre seus pontos fortes), o Pai Ambivalente (que oferece críticas afetuosas), o Rival Orgulhoso (que insiste para que você tenha mais sucesso) e a Criança Indefesa (que tem muita autopiedade).

Então, quando ouço alguém contar sua história, também me pergunto: quais personagens essa pessoa tem na cabeça? Essa é uma voz confiante ou cansada, arrependida ou ansiosa? Por alguma razão, gosto de romances em que o narrador tem uma voz elegíaca. Em *O grande Gatsby*, de F. Scott Fitzgerald, *Todos os homens do rei*, de Robert Penn Warren, e *O bom soldado*, de Ford Madox Ford, os narradores têm um tom cansado do mundo. É como se estivessem relembrando acontecimentos gloriosos do passado, quando os sonhos eram recentes, o mundo parecia novo e as decepções da vida ainda não haviam se instalado. Essa voz me parece uma escrita feita em tom menor, e acho-a tremendamente comovente. Mas penso que não gostaria de estar perto de pessoas com essa voz na vida real. Nesse caso, preferiria estar perto da voz da minha amiga Kate Bowler. Como mencionei, Kate descobriu um câncer há alguns anos, quando era uma jovem mãe, sua voz está cheia de vulnerabilidade e convida à vulnerabilidade, porém, principalmente, diz: *A vida pode ser uma droga, mas vamos nos divertir com isso.* Ela tem uma voz que atrai você para a amizade e inspira humor; em sua voz, o riso nunca está muito longe.

A próxima pergunta que me faço enquanto as pessoas me contam suas histórias é: quem é o herói ali?

Por volta dos vinte e tantos ou dos trinta e poucos anos, a maioria de nós tem o que McAdams chama de *imago*, um arquétipo ou imagem idealizada de si mesmo que captura o papel que a pessoa espera desempenhar na sociedade.[6] Uma pessoa, ele sugere, pode se apresentar como o Curador. Outra pode ser o Cuidador. Outras talvez sejam o Guerreiro, o Sábio, o Criador, o Conselheiro, o Sobrevivente, o Árbitro ou o Malabarista. Quando alguém me conta sua história, acho que muitas vezes é útil me perguntar: que *imago* ele está habitando? Como escreve McAdams: "As imagens expressam nossos desejos e objetivos mais queridos".

Um dia, no set do filme *Esquadrão suicida*, o ator Will Smith foi até Viola Davis e perguntou quem ela era. Ela não entendeu bem a pergunta, então Smith esclareceu: "Olha, sempre serei aquele garoto de quinze anos cuja namorada terminou com ele. Esse sempre serei eu. Então, quem é você?". Davis respondeu: "Sou a garotinha que saía correndo todos os dias da escola, na terceira série, pois os meninos me odiavam porque eu era... não bonita. Porque eu era... preta".[7]

Em seu livro *Em busca de mim*, Davis retrata uma imagem muito clara. Ela é alguém que cresceu em meio a uma pobreza desesperadora, com um pai alcoólatra furioso, sempre se sentindo uma estranha e condenada. Mas sua identidade é construída em torno da sua resistência heroica a essas circunstâncias, mesmo na infância. "Quando eu ganhava concursos de ortografia", ela escreve, "ostentava minha estrela dourada para todos que via. Era a minha maneira de lembrar quem diabos eu era".[8] Davis se apresenta na imagem da Lutadora: "Minhas irmãs viravam meu pelotão. Estávamos todas em guerra, lutando por significado. Cada uma de nós era um soldado lutando por nosso valor, nossa importância".[9]

No livro de Davis, você sabe quem é a heroína e como ela é. Nem todos estabelecem uma identidade heroica tão clara. O psicólogo James Marcia argumenta que existem quatro níveis de criação de identidade. Os indivíduos mais saudáveis chegaram ao que ele chama de "conquista de identidade". Exploraram diversas identidades, contam histórias diferentes sobre si e, por fim, estabelecem uma identidade heroica que funciona. Indivíduos menos evoluídos podem estar em um estado de "execução hipotecária". Criaram uma identidade muito cedo em sua vida – *sou a criança que causou o divórcio dos meus pais*, por exemplo, ou *sou o atleta que foi uma estrela no Ensino Médio.* Eles se apegam rigidamente a essas identidades e nunca as atualizam. Outras podem ficar presas em uma "difusão de identidade". São pessoas imaturas, que nunca exploraram quem são. Passam a vida sem uma identidade clara, sem nunca saberem o que fazer. Há, ainda, a "moratória", o estado das pessoas que estão perpetuamente explorando novas identidades, mudando de forma e experimentando uma ou outra, mas jamais se contentando. Jamais encontram um *imago* estável.

A terceira coisa que me pergunto quando as pessoas me contam suas histórias é: qual é o enredo em questão? Tendemos a elaborá-lo gradualmente, ao longo da vida. As crianças ainda não o têm. Mas, na adolescência, a maioria das pessoas começa a impor uma narrativa em sua vida. No início, há muita experimentação. Em um estudo, por exemplo, McAdams pediu a um grupo de estudantes universitários que listassem as principais dez cenas de sua vida. Quando ele fez essa pergunta aos mesmos alunos três anos depois, apenas 22% das cenas foram repetidas na segunda lista.[10] Os estudantes estavam no início do processo de entender o enredo de sua vida, então criaram uma lista diferente de episódios importantes.

Na idade adulta, a maioria de nós já se estabeleceu nos enredos abrangentes, e muitas vezes os selecionamos com base em histórias que são comuns em nossa cultura. Em *The Seven Basic Plots*, Christopher Booker descreve os relativamente poucos enredos que aparecem com grande frequência em nossa cultura e como os aplicamos para contar nossas próprias histórias. Por exemplo, há quem veja a própria vida como a "superação do monstro", em que o herói derrota alguma ameaça central, como o alcoolismo, por meio da amizade e da coragem. Outros se veem como "da pobreza à riqueza", em que o herói começa empobrecido e obscuro, e ganha destaque. Ou se veem como uma "busca", uma história em que o herói empreende uma viagem em busca de algum objetivo e é transformado pela jornada. Deve haver mais de sete enredos, mas é provável que toda pessoa mentalmente saudável tenha um mito predominante que a autodefina, mesmo que ela tenha apenas semiconsciência disso.

Muitos estadunidenses, descobriu McAdams, contam histórias de redenção. Ou seja, veem sua vida dentro de uma trama em que coisas ruins aconteceram, das quais saíram mais fortes e mais sábios. Por exemplo: *Recebi uma bênção ainda muito cedo. Vi o sofrimento dos outros. Percebi meu propósito moral. Passei por períodos de sofrimento. Cresci com minha dor. Espero por um lindo futuro.* Se você estiver conversando com um estadunidense e quer ter uma ideia de quem ele é, descubra se a história de vida dele se enquadra nesse padrão e, do contrário, por que não.

Em *Composing a Life*, a antropóloga cultural Mary Catherine Bateson argumentou que muitas vezes encaixamos a nossa vida em histórias simples e lineares de decisão e depois de compromisso: "Decidi tornar-me médica e persegui meu sonho". Ela argumenta que muitas vidas não são assim.[11] Não são lineares, têm quebras, descontinuidades e falsos começos. Os jovens, escreveu a autora, precisam ouvir que o primeiro emprego que assumem aos 22 anos não irá necessariamente conduzir de forma linear ao que farão aos quarenta. Sempre fico intrigado com pessoas que veem sua vida como uma história de surfe: *Peguei uma onda e surfei, depois peguei outra onda. Então, outra.* Essa é uma aceitação relaxada da vida que poucos de nós conseguem ter.

A próxima pergunta que me faço quando ouço histórias é: quão confiável é esse narrador? Até certo ponto, todas as nossas histórias são falsas e convenientes para o nosso ego. François de La Rochefoucauld, moralista francês do século XVII, emitiu uma advertência crucial sobre isso: "Estamos tão acostumados a nos disfarçar para os outros que muitas vezes acabamos nos disfarçando para nós mesmos". Alguns indivíduos, entretanto, levam a fabulação ao extremo. São assolados por inseguranças e dúvidas tão profundas que, quando você lhes pede para contar sua história, a resposta recebida não é um relato, mas uma performance. O romancista William Faulkner voltou para casa da Primeira Guerra Mundial em uniforme de piloto, repleto de histórias de suas façanhas heroicas abatendo aviões alemães. Na realidade, ele nunca nem viu um combate. O grande maestro Leonard Bernstein disse certa vez a um entrevistador: "Minha infância foi de completa pobreza".[12]

Afirmou que sua escola não oferecia "absolutamente nenhuma música". Na verdade, Bernstein cresceu rico, com empregadas domésticas, às vezes com motorista e uma segunda casa. Ele era o solista de piano da orquestra de sua escola e cantava no coral.

Algumas pessoas contam narrativas evasivas. Stephen Cope escreve que a mãe sempre contava histórias de sua vida, mas "ali estava o problema: ela deixava de fora quase todas as partes difíceis".[13] Então, na verdade, sua narrativa era tecida a partir de *pedaços* da verdade, porém, quando tudo era juntado, acabava por ser uma espécie de matéria de capa bem elaborada. "Era um desejo. O lado sombrio ser deixado de fora". Por sentir que é vergonhoso admitir sofrimento, ela deixava os momentos de dor de fora. Mas, como enfrentar a dor não estava em sua história, ela não foi capaz de enfrentá-la na vida real. Um dia, Cope ligou para a mãe, soluçando, depois que seu melhor amigo havia morrido repentinamente. "Ela mal sabia o que dizer ou como me confortar", lembra ele. "Afinal, quem a confortava? Ela mal podia esperar para desligar o telefone."[14]

Alguns contam histórias de vida perfeitas demais. Nunca há eventos aleatórios, cada episódio de sua vida foi, supostamente, planejado com antecedência e com maestria. Eles descrevem um triunfo após o outro, uma conquista após a outra, de uma forma que simplesmente não é real. "A única maneira de descrever um ser humano é descrevendo suas imperfeições", escreveu o mitólogo Joseph Campbell.[15] Isso também vale para a autodescrição.

Por fim, quando ouço histórias de vida, procuro flexibilidade narrativa. A vida é uma luta constante para refinar e atualizar nossas narrativas. Muitos enfrentam crises narrativas de vez em quando – períodos em que algo aconteceu de tal forma que a antiga história de vida deixou de fazer sentido. Talvez você sempre tenha sonhado com se tornar arquiteto. Quando lhe perguntavam sobre sua infância, você falava sobre como, mesmo criança, era fascinado por edifícios e casas. Mas digamos que não tenha ido para a faculdade de Arquitetura ou que tenha ido e achado chato, e acabou fazendo outra coisa. Você tem de voltar e reescrever a história de sua infância para que ela conduza de forma coerente à vida que você está vivendo agora.

Os terapeutas são essencialmente editores de histórias. Os indivíduos os procuram porque suas narrativas não estão funcionando, muitas vezes porque buscam a causa errada. Culpam-se por coisas que não são culpa deles, ou culpam os outros por coisas que são. Ao repassar histórias de vida repetidas vezes, os terapeutas podem ajudá-los a sair das espirais de ruminação enganosas que vêm usando para narrar a si mesmos. Eles podem ajudar os pacientes a iniciar a reconstrução imaginativa de sua vida. Com frequência, o objetivo da terapia é ajudar o paciente a contar uma história mais precisa, na qual ele seja visto como tendo poder sobre sua vida. O paciente recria uma história na qual possa se ver exercendo controle.

Acho que a maioria de nós constrói histórias mais precisas e convincentes à medida que envelhecemos. Aprendemos a identificar nossos pontos fortes e fracos, os padrões recorrentes de nosso comportamento, a linha central do desejo que sempre nos impulsiona para a frente. Voltamos e reinterpretamos o passado, tornando-nos mais indulgentes e mais agradecidos. "A calma é uma função de esclarecimento retrospectivo", escreve Philip Weinstein, professor de Literatura de Swarthmore, "uma ordenação seletiva após o fato".[16]

———

Hoje em dia, quando ouço as pessoas me contarem suas histórias, tento ouvir da mesma forma que ouço música. Tento fluir junto com as melodias, sentindo as subidas e as descidas. Assim como a música, as narrativas fluem, tratam de ritmo e melodia. Tenho consciência de que contar uma história de vida pode ser uma forma de sedução. Então me pergunto: estão me contando a história completa?

Recentemente visitei um amigo no hospital que, descobri, estava a uma semana de falecer de câncer. Não tive que arrancar histórias dele, que revisitava ativamente sua história de vida. Ele se concentrou mais em narrativas em que as pessoas lhe praticaram atos de bondade que ele não merecia. Meu amigo contou que ficou surpreso com a frequência com que acordava no meio da noite pensando na mãe. "É um vínculo tão poderoso", disse ele, maravilhado. E falou com pesar sobre a época em que teve um cargo importante e como isso o tornou mais cruel com as pessoas ao seu redor. Voltou ao passado e encontrou gratidão a cada passo. Quando fazemos essa viagem ao passado e contamos a história de nossa vida com honestidade e compaixão, escreveu o teólogo H. Richard Niebuhr, "compreendemos o que lembramos, lembramos o que esquecemos e tornamos familiar o que antes parecia estranho".

Há mais uma coisa que acontece quando ouço essas narrativas. Percebo que não estou apenas ouvindo as histórias de outras pessoas, mas ajudando-as a criá-las. Pouquíssimos de nós sentamos um dia e a escrevemos, depois saímos e a recitamos quando alguém pergunta. Para a maioria, só quando alguém nos pede para contar algo sobre nós é que temos de recuar, organizar os acontecimentos e transformá-los em uma narrativa coerente. Quando pede a alguém para contar parte de sua história, você está lhe dando a oportunidade de dar um passo atrás. De construir um relato de si e talvez se ver de uma nova maneira. Ninguém pode ter uma identidade a menos que ela seja afirmada e reconhecida por outros. Então, enquanto me conta sua história, você vê as maneiras pelas quais afirmo você e as maneiras pelas quais não afirmo. Está sentindo as partes da história que funcionam e as que não funcionam. Se me alimentar com *slogans* vazios sobre você, eu me retiro. Mas, se você ficar diante de mim de forma mais transparente, mostrando suas imperfeições e seus dons, sentirá meu olhar respeitoso e amigável, e isso trará crescimento. Em cada vida existe um padrão, um fio narrativo que perpassa tudo. Encontramos essa história quando alguém nos dá uma oportunidade de contá-la.

CAPÍTULO 16

Seus ancestrais manifestam-se em sua vida?

Zora Neale Hurston nasceu no Alabama, em 1891. Sua família mudou-se para Eatonville, na Flórida, quando ela tinha três anos. Eatonville, nos arredores de Orlando, era uma cidade negra, com um prefeito negro, um delegado municipal negro e um conselho municipal negro.

Hurston teve pressa desde o início. Saiu prematuramente do ventre da mãe, enquanto a parteira estava fora, e teve o parto feito por um transeunte branco que ouviu os gritos da mãe, cortou o cordão umbilical com sua faca Barlow e embrulhou a bebê o melhor que pôde. Seu pai, um homem grande e poderoso – um carpinteiro e, mais tarde, pregador conhecido como "Machado da Batalha de Deus" –, nunca perdoou Zora por ter nascido menina e nunca foi afetuoso com ela. Sua mãe era franzina, atenciosa e ambiciosa. Recusava-se a reprimir a personalidade de Zora, por mais arteira que ela fosse. "Eu era a filhinha da mamãe", lembrou Hurston anos depois.[1]

A família morava à beira de uma estrada e, quando era pequena, Zora se aproximava das carroças que passavam. "Você não quer que eu vá um pouco com você?",[2] ela perguntava ousadamente, sem se importar se os motoristas eram brancos ou negros. Encantados com sua autoconfiança, eles acabavam a colocando na carroça, dirigiam um pouco enquanto ela os bombardeava com perguntas e depois a deixavam sair para que ela pudesse voltar para casa a pé.

Em determinado ano, o pai perguntou o que Zora queria de Natal, e a menina respondeu num estouro: "Um lindo cavalo preto com sela de couro branco".

Em sua excelente biografia *Wrapped in Rainbows*, Valerie Boyd escreve que o pai de Zora explodiu. "Um cavalo com sela! É um pecado e uma vergonha! Deixe-me lhe contar uma coisa agora, minha jovem: você não é branca. Andando a cavalo!! Sempre tentando usar um chapéu grande. Não sei como você entrou nesta família. Você não é como nenhum dos meus pequeno."[3]

Seus pais brigavam graças à sua assertividade. Sua mãe sempre lhe dizia: "Salte até o sol. Pode não chegar ao sol, mas pelo menos sairá do chão".[4] Enquanto isso, o pai tentava evitar que ela tivesse problemas com o restante do mundo. "Ele previu coisas terríveis para mim", ela lembraria mais tarde. "Os brancos não iriam tolerar aquilo. Eu seria enforcada antes de chegar à idade adulta."

Naquela época, o centro social da cidade era a varanda da loja de Joe Clarke. Os homens ficavam ali durante as tardes e as noites – gabando-se, trocando fofocas e opiniões passageiras sobre o mundo. "Para mim, a varanda da loja era o lugar mais interessante que eu podia imaginar", ela lembrou em seu livro de memórias, *Dust Tracks on a Road*.[5]

Quando era jovem, Zora não tinha permissão para ficar na varanda, mas diminuía o ritmo da caminhada toda vez que passava e mantinha os ouvidos abertos. Ela ouvia conversas sobre o mundo adulto proibido – homens se gabando de suas façanhas sexuais, histórias sinistras sobre os escândalos em que este ou aquele vizinho estava envolvido.[6] "Não havia nuanças discretas na varanda de Joe Clarke", escreveu. "Havia bondade, raiva, ódio, amor, inveja e afins, mas todas as emoções estavam nuas e eram alcançadas de forma nua." Ela captou destaques e trechos de linguagem. Havia a maneira como os homens brincavam uns com os outros, com insultos simulados. Eles se chamavam de cabeça de tainha, orelhas de mula, olhos arregalados, nariz de porco, cara de jacaré, barriga de bode, pés de pá e mais uma porção de coisas. Eles também contavam histórias um ao outro, do folclore do Sul Negro – Coelho Brer, Raposa Brer, histórias sobre Deus e o Diabo, sobre animais como

SEUS ANCESTRAIS MANIFESTAM-SE EM SUA VIDA? 199

a Raposa, o Leão, o Tigre e o Urubu. Os homens chamavam essas maratonas de contar histórias de "sessões de mentira".

Tal linguagem e histórias formaram a matéria-prima para a carreira posterior de Hurston como escritora. Como observa Valerie Boyd: "Essencialmente, tudo o que Zora Hurston cresceria para escrever e em que acreditaria teve sua gênese em Eatonville. Cenário de suas primeiras memórias de infância e local de sua maioridade, Eatonville foi onde Hurston recebeu as primeiras lições de individualismo e a primeira imersão na comunidade".[7]

É assim para muitos de nós. Há um certo lugar nesta terra que é como sagrado, o lugar de onde vem e de onde você nunca sai. Quando você pensa em sua cidade ou em seu bairro natal, às vezes é exatamente do solo e das montanhas de que se lembra, da maneira como um certo vento sopraria através de um monte, do certo tipo de colheita, talvez da mesma forma que uma determinada fábrica perfumaria a cidade. São sempre as pessoas, os personagens do pequeno panorama dramático que compunha, quando você era criança, todo o seu pano de fundo.

Cresci em Manhattan. Se você for pela 14th Street, no East Side, e caminhar para o sul por cerca de um quilômetro e meio, passará por onde meu bisavô tinha seu açougue, onde meu avô trabalhava em um escritório de advocacia, onde meu pai, do outro lado da minha família, cresceu, onde fiz o Ensino Fundamental e onde meu filho, por um tempo, fez faculdade. Cinco gerações em um só lugar, e esse lugar é, portanto, revestido de memória e emoção – o parquinho onde fui atacado por um cachorro, o balcão da quitanda onde eu ia comprar refrigerante, o lugar na Lafayette Street onde os *hippies* se reuniam, o ponto na Second Avenue onde meu avô me levava para comer panquecas e me deixava exagerar na calda. Posso nunca mais morar em Nova York, mas jamais poderei morar completamente em outro lugar. Primeiro morei em Nova York, e para sempre ela me habita, e vivo com esse preconceito semiconsciente de que, se você não mora em Nova York, não está de fato se esforçando.

Vivemos nossa infância pelo menos duas vezes. Primeiro, através daqueles olhos maravilhados e, mais tarde, na vida, temos de revisitá-la para entender o que tudo aquilo significou. Quando adultos, os artistas muitas vezes retornam aos lares de sua infância como fonte de alimento espiritual e em busca de explicações sobre por que são como são. Toni Morrison colocou desta forma: "Toda água tem uma memória perfeita e está sempre tentando voltar para onde estava. Os escritores são assim: relembrar onde estávamos, por que vale passamos, como eram as margens, a luz que havia ali e o caminho de volta ao nosso lugar de origem. É uma memória emocional – o que os nervos e a pele lembram, e também como apareceram".[8]

Quando menina, Hurston teve visões. Um dia, ela caiu em um sono estranho, sonhou com cenas de sua vida futura. Não formavam uma história. Era apenas uma série de imagens desconexas, como uma apresentação de *slides:* cenas de perambulação, de amor traído, uma imagem de duas mulheres, uma velha e uma jovem, em uma casa grande, reorganizando flores estranhas enquanto esperavam por ela.

"Tive conhecimento antes do tempo. Eu sabia meu destino", escreveu ela. "Eu sabia que seria órfã e sem-teto. Sabia que, enquanto ainda estivesse indefesa, o círculo reconfortante de minha família seria rompido e que eu teria de vagar fria e sem amigos até cumprir minha pena."[9]

De fato, sua mãe, Lucy, logo ficou gravemente doente. Naquela época, no Sul, havia certas superstições sobre como se comportar na presença dos doentes: retirar o travesseiro de debaixo da cabeça do enfermo para facilitar sua viagem para a vida após a morte; cobrir os mostradores de todos os relógios da sala, porque um relógio nunca mais funcionaria se o doente olhasse para ele; tampar todos os espelhos. Lucy não queria que nenhuma dessas superstições fosse considerada enquanto ela morria e pediu a Zora que se certificasse de que isso não aconteceria. Quando a mãe dava seus últimos suspiros, os outros membros da família tiraram o travesseiro e cobriram os relógios e os espelhos. Zora protestou, porém o pai a segurou. Sua mãe estava ofegante, tentando dizer alguma coisa, mas ninguém sabia o quê. Então, ela morreu. Essa falha em atender aos desejos finais da mãe torturou Hurston pelo resto de sua vida. "No meio das brincadeiras, nos momentos de vigília depois da meia-noite, no caminho das festas para casa e até na sala de aula. Meus pensamentos às vezes escapavam de seus limites e me encaravam."[10] Ela nunca saberia o que a mãe, à beira da morte, queria lhe dizer.

Após a morte de Lucy, a família se separou, e Hurston começou suas andanças.[11] Como se fosse órfã, conforme profetizado, ela foi de lugar em lugar: Jacksonville, Nashville, Baltimore, Washington, Harlem. Trabalhou como assistente de uma trupe de teatro itinerante. Quando tinha 26 anos, ela mentiu e disse que tinha dezesseis, para poder se qualificar para o Ensino Médio gratuito. A partir de então, passou a ser uma década mais jovem do que realmente era. Tinha grandes ambições, seu senso de busca épica. "Ah, se você soubesse dos meus sonhos! Minha enorme ambição!",[12] ela escreveu para um amigo. Ela estudou em Howard, Columbia e Barnard (onde era a única estudante negra). Esteve no centro da Renascença do Harlem, com seu amigo Langston Hughes. Publicou uma série de contos, muitos deles ambientados em Eatonville, usando o dialeto das pessoas entre as quais cresceu. Ela se tornou conhecida como escritora em Nova York, mas nunca se sentiu em casa ali.

Na Columbia, estudou Antropologia com o emigrado alemão Franz Boas, então o principal antropólogo do país. Quando ele perguntou aonde ela gostaria de ir para continuar seu trabalho, ela respondeu de prontidão: Flórida. Então, voltou para casa, em Eatonville, e começou a coletar informações sobre o folclore, as danças e os costumes com os quais crescera. Começou a gravar as histórias e as vozes. "Estou entrando na arte e na tradição negra. Estou realmente começando a *vê-las*", escreveu ela a Langston Hughes. "Isso vai me levar *longe*. As possibilidades mais lindas estão se revelando."[13]

Hurston decidiu que levaria aquelas velhas histórias da cultura negra para o mundo todo. Em 1932, por exemplo, ela apresentou as canções e a dança dos escravos libertos nas Bahamas a um público no John Golden Theatre, em Nova York – muito antes de os chamados *Negro Spirituals* serem pasteurizados e tornados palatáveis para a Broadway. Hurston usou esse legado cultural para lutar contra aqueles que diminuíam a vida e a cultura negra do Sul. "A memória e a história eram as suas armas de resistência", escreveu o escritor contemporâneo Danté Stewart, na revista *Comment*.[14]

———

Zora Neal Hurston era uma mulher ambiciosa que estava sempre subindo, sempre explorando, sempre em movimento. Ela teve força para fazer isso porque sabia de onde vinha e conhecia o legado que seus ancestrais haviam lhe deixado, as muitas maneiras pelas quais os mortos fazia muito tempo apareciam em sua vida. Edmund Burke escreveu certa vez que "as pessoas não ansiarão pela posteridade se nunca olharem para trás, para os seus antepassados". A consciência de cada um é formada por todas as escolhas de seus antepassados, que remontam a séculos: com quem se casaram, onde se estabeleceram, se ingressaram nesta ou naquela igreja. Em outras palavras, uma pessoa faz parte de um longo movimento, uma transmissão de uma geração para outra, e só pode ser vista corretamente como parte desse movimento. Para Hurston, foram os vizinhos de Eatonville, os seus antepassados escravizados, os seus ancestrais mais antigos na África e as lições e a cultura que transmitiram século após século.

Hurston tinha uma conexão visceral com aquela longa procissão cultural, que penetrou não apenas em sua mente, mas também em seus ossos. Sentar-se em uma boate do Harlem enquanto ouvia jazz podia despertar nela algo primitivo. "Danço loucamente dentro de mim; grito por dentro, grito. [...] Meu rosto está pintado de vermelho e amarelo, e meu corpo está pintado de azul. Meu pulso está pulsando como um tambor de guerra."

Mas suas histórias não eram sobre personagens tradicionais, tipos representativos ou sobre a experiência negra em geral. Eram sobre indivíduos únicos. "Meu interesse está no que leva um homem ou uma mulher a fazer isso ou aquilo, independentemente da cor",[15] escreveu ela. Seu próprio povo, ela sentia, era muito variado. Uma mulher negra pode ser sábia ou tola, compassiva ou insensível, atenciosa ou cruel. "Se você não recebeu uma impressão evidente de como é o negro na América, então está na mesma posição que eu. Não há nenhum Negro aqui. Nossa vida é tão diversificada, as atitudes internas tão variadas, as aparências e capacidades tão diferentes, que não há classificação possível que cubra todos nós, exceto, Meu povo. Meu povo!"[16]

Hurston desafiou a maneira preguiçosa como as pessoas hoje classificam os outros de acordo com grupos. Hoje, no nosso mundo político de identidade, estamos constantemente reduzindo as pessoas às suas categorias: preto/branco, gay/hétero, republicano/democrata. É uma excelente forma de desumanizá-los e não ver os indivíduos. Mas Hurston, por meio de seu exemplo, mostra-nos o que envolve a verdadeira tarefa de abrir os olhos para os outros: como vejo alguém como parte de seu grupo? E como, ao mesmo tempo, posso vê-lo como algo ímpar, um indivíduo único, dotado de mente e ponto de vista únicos?

Se eu tentasse ver alguém como Zora Neal Hurston sem ver a cultura negra, seria ridículo. Mas, se eu a visse apenas como negra, também seria ridículo. Quando as pessoas me relatam ocasiões em que se sentiram mal-vistas, muitas vezes é porque alguém as viu não como um indivíduo, mas apenas como pertencente a uma categoria. Há dois anos, um jovem e brilhante estudante ugandês contou-me a ocasião em que uma mulher branca de meia-idade o viu aproximar-se em uma rua de New Haven, à noite. Ela atravessou a rua para fugir dele. A mulher se escondeu atrás de uma árvore, que era fina, então não escondia nem um quarto dela. Ainda assim, porém, ela se encolheu ali, fingindo invisibilidade, tendo reduzido meu aluno a uma categoria idiota, definida por medos e estereótipos. Em um tom de espanto e perplexidade, ele disse que, desde que chegara aos Estados Unidos, isso acontecia o tempo todo. As pessoas viam apenas seu suposto grupo e lhe atribuíam todo tipo de estereótipos.

O desafio de ver uma pessoa, portanto, é adotar o tipo de visão dupla que mencionei no capítulo sobre conversas difíceis. Significa recuar para apreciar o poder da cultura de grupo e como ela é formada ao longo de gerações e depois aplicada a um indivíduo. Mas também significa aproximar-se e perceber cada pessoa no meio do seu projeto individual de elaborar a *própria* vida e *seu* ponto de vista, muitas vezes desafiando a consciência do seu grupo. O truque é manter as duas perspectivas juntas ao mesmo tempo.

E você tem de gerenciar essas duas coisas em um nível de alta complexidade. Uma falácia da vida é pensar que a cultura é tudo, outra é pensar que a cultura não é nada. Acho útil começar com a ideia de que cada um de nós existe em um estado de doação. Podemos dizer: "Sou aquele que recebe presentes. Faço parte de uma longa procissão da humanidade e recebi muito daqueles que vieram antes". Mas os seres humanos não são recipientes passivos, nos quais a cultura é vertida; cada pessoa é uma cocriadora cultural, abraçando algumas partes de sua cultura, rejeitando outras – apropriando-se das histórias do passado e transformando-as na própria vida. Para ver bem uma pessoa, é preciso vê-la como herdeira e criadora de cultura.

O que é cultura? É uma paisagem simbólica partilhada que usamos para construir a nossa realidade. Pessoas que crescem em culturas diferentes veem o mundo de forma diferente – às vezes no nível mais elementar. Deixe-me dar alguns exemplos. Entre 1997 e 2002, os diplomatas das Nações Unidas não tiveram de pagar multas que pudessem receber ao estacionar ilegalmente nas ruas de Nova York. Basicamente, tinham permissão gratuita para "estacionar onde quisessem".[17] Pessoas provenientes de culturas de baixa corrupção, no entanto, ainda se recusavam a quebrar as regras. Diplomatas do Reino Unido, da Suécia, do Canadá, da Austrália e de outros países semelhantes receberam um total de zero multa de estacionamento durante aqueles cinco anos. Entretanto, diplomatas de países que tinham maior tolerância à corrupção e à violação de regras (*você tem de fazer o que tem de fazer para alimentar sua família*) aproveitaram ao máximo o regulamento. Diplomatas de países como Kuwait, Albânia, Chade e Bulgária acumularam mais de cem multas por pessoa. Viam a situação de forma diferente, e é importante enfatizar que não é porque alguns diplomatas tenham sido mais ou menos honestos. É porque alguns eram descendentes de pessoas que cresceram em lugares onde fazia sentido seguir as regras. Os antepassados de outros cresceram em locais onde talvez houvesse colonialismo, opressão ou autocracia, e as regras do sistema eram ilógicas ou mesmo imorais, e por isso fazia sentido quebrá-las sempre que possível. Cada pessoa via o mundo da forma que fazia sentido de acordo com as circunstâncias dos seus antepassados.

A psicóloga cultural Michele Gelfand estuda o que ela chama de culturas rígidas e culturas maleáveis. Alguns grupos estabeleceram-se em locais onde as doenças infecciosas e as invasões estrangeiras eram comuns. Desenvolveram culturas que enfatizavam a disciplina social, a conformidade e a capacidade de se unir em tempos de crise. Outros grupos estabeleceram-se em locais que tinham sido poupados de invasões estrangeiras e epidemias frequentes. Esses indivíduos desenvolveram culturas maleáveis, tendendo a ser individualistas e criativos, mas civicamente descoordenados, divididos e imprudentes. Os Estados Unidos, ela mostra, têm uma cultura maleável clássica.

SEUS ANCESTRAIS MANIFESTAM-SE EM SUA VIDA? 205

O biólogo evolucionista Joseph Henrich escreveu um livro chamado *The WEIRDest People in the World*. Nele, o autor afirma que aqueles entre nós, em nossos países ocidentais educados, industrializados, ricos e democráticos, somos completamente atípicos quando comparados à maioria das outras culturas na história mundial.[18] Por exemplo, quando as pessoas da nossa cultura ESTRANHA se casam, tendem a sair e montar a própria casa separada. Mas esse é o padrão dominante em apenas 5% das 12 mil sociedades que foram estudadas. Muitas vezes, vivemos em famílias nucleares, que é o modo familiar dominante em apenas 8% das sociedades. Temos casamentos monogâmicos, que são predominantes em apenas 15% das sociedades. E assim por diante.

Cidadãos que cresceram em culturas ESTRANHAS, sugere Henrich, são muito menos conformistas do que as pessoas na maioria das outras culturas.[19] São mais leais aos ideais universais e talvez um pouco menos leais aos amigos. Por exemplo, embora grande parte da população do Nepal, da Venezuela e da Coreia do Sul fosse mentir sob juramento para ajudar um amigo, 90% dos estadunidenses e dos canadenses não pensam que seus amigos tenham o direito de esperar tal coisa. Isso é estranho! Um dos pontos centrais de Henrich é que, se conduzirmos todas as nossas experiências usando apenas participantes ESTRANHOS em universidades ocidentais, não deveríamos usar esses dados para tirar conclusões amplas sobre a natureza humana em geral.

Richard Nisbett é um dos psicólogos mais proeminentes dos Estados Unidos e passou longos períodos de sua carreira estudando as diferenças culturais entre o Oriente e o Ocidente. Ele atribui essas diferenças, em parte, aos valores enfatizados pelos primeiros pensadores e filósofos orientais e ocidentais. Os gregos clássicos, que estão na origem da cultura ocidental, enfatizavam a iniciativa individual e a competição. Os ocidentais tendem, portanto, a explicar o comportamento de alguém pelo que se passa dentro da sua mente individual – traços, emoções e intenções da pessoa. Enquanto isso, o confucionismo inicial enfatizava a harmonia social. Em *The Geography of Thought*, Nisbett cita Henry Rosemont, uma autoridade em filosofia chinesa: "Para os primeiros confucionistas, não podia haver um eu isolado. [...] Eu sou a totalidade dos papéis que vivo em relação a outros papéis específicos". Assim, argumenta ele, os orientais tendem a explicar o comportamento de uma pessoa olhando para o contexto fora da mente do indivíduo. Em que situação ela se encontrava?

Essas diferenças antigas ainda moldam o comportamento atual. Um estudo perguntou a 15 mil pessoas em todo o mundo se prefeririam um trabalho em que a iniciativa individual fosse motivada ou um trabalho em que ninguém fosse destacado com honra, mas todos trabalhassem em equipe. Mais de 90% dos entrevistados estadunidenses, britânicos, holandeses e suecos escolheram o trabalho de iniciativa individual. Mas menos de 50% dos entrevistados japoneses e singapurenses fizeram o mesmo.

Em um estudo clássico de 1972, estudantes do nível escolar de Indiana e Taiwan receberam grupos de três coisas e perguntaram quais delas combinavam.[20] Quando mostravam fotos de um homem, uma mulher e uma criança, as crianças estadunidenses tendiam a colocar o homem e a mulher juntos, porque ambos são adultos. As crianças taiwanesas tendiam a juntar a mulher e a criança, porque a mãe cuida do bebê. Ao verem fotos de uma galinha, uma vaca e grama, as crianças estadunidenses juntavam a galinha e a vaca, porque ambas são animais. As taiwanesas juntaram a vaca e a grama, porque a vaca come grama. Nesses e em muitos outros casos, os estadunidenses tenderam a classificar por categorias e os taiwaneses tenderam a classificar por relações.

É preciso ter muito cuidado com esse tipo de generalização. Não podemos colocar todas as pessoas do Ocidente em uma caixa rotulada "individualismo" e as do Oriente em outra rotulada "coletivismo", mas as médias de comportamento em cada comunidade são diferentes. Podemos recorrer à generalização, mas depois ver para além dela. Se alguém cresceu em uma cultura individualista, mas é muito comunitária, o que isso diz sobre ela?

Estou tentando enfatizar a presença do passado, como os mortos vivem em nós. Uma investigação realizada por Alberto Alesina, Paola Giuliano e Nathan Nunn mostrou que descendentes daqueles que praticavam agricultura com arado pesado tendem a viver em culturas que têm papéis de gênero fortemente definidos, porque eram principalmente os homens que conduziam o arado. Por sua vez, descendentes dos que praticavam agricultura sem arar tendem a ter papéis de gênero menos definidos.[21] Descendentes de culturas de pastoreio de ovelhas tendem a ser individualistas, porque o trabalho de um pastor exige que ele fique sozinho. Já

SEUS ANCESTRAIS MANIFESTAM-SE EM SUA VIDA? 207

os de culturas produtoras de arroz tendem a ser muito interdependentes, porque todos têm de trabalhar em conjunto para cultivar e colher arroz. Um investigador na China descobriu que a taxa de divórcio em regiões históricas de cultivo de trigo era 50% superior à taxa em regiões históricas de cultivo de arroz.

Em seu brilhante livro *Albion's Seed*, o historiador David Hackett Fischer mostra-nos as longas continuidades que marcam as diferentes correntes da cultura protestante anglo-saxônica branca nos Estados Unidos. Quando os ingleses se estabeleceram na região, observa ele, instalaram-se em grupos. Aqueles do leste da Inglaterra tendiam a se estabelecer na Nova Inglaterra, já os do sul da Inglaterra foram para a Virgínia, os das Midlands inglesas foram para a Pensilvânia e os do norte da Inglaterra foram para os Apalaches. Tudo isso foi há cerca de 350 anos.

Essas pessoas carregaram consigo sua cultura – forma de falar, construir casas, criar os filhos, praticar esportes e cozinhar, bem como atitudes em relação ao tempo, à ordem social, ao poder e à liberdade.

Os ingleses do leste que colonizaram a Nova Inglaterra, segundo Fischer, eram muito moralistas, tinham uma consciência aguda do pecado social, valorizavam bastante a educação, eram muito trabalhadores, muito conscientes do horário, emocionalmente controlados, valorizavam as prefeituras e eram ativos na vida cívica. Tudo isso ainda está preservado na Nova Inglaterra de hoje.

Os do sul da Inglaterra que foram para a Virgínia eram mais aristocráticos. Construíram, quando puderam, casas palacianas e formaram extensas famílias patriarcais. Gostavam de roupas vistosas, com babados, ficavam mais confortáveis com as diferenças de classe e eram menos obcecados em cumprir horários.

Aqueles que se mudaram do norte da Inglaterra para os Apalaches favoreceram um cristianismo mais militante e seguiam uma cultura de honra. Eram mais violentos e davam maior ênfase às questões da comunidade e da família. Suas técnicas de criação dos filhos fomentavam um orgulho feroz, que celebrava a coragem e a independência. Cultivavam uma forte ética guerreira. Com certeza, ainda hoje as pessoas dos Apalaches constituem uma parcela desproporcional das forças armadas dos Estados Unidos.

Muita coisa mudou ao longo dos últimos três séculos, mas os efeitos desses primeiros padrões de povoamento ainda eram evidentes quando Fischer escreveu na década de 1980. A taxa de homicídios em Massachusetts era muito inferior à taxa de homicídios nos Apalaches. Em 1980, a taxa de conclusão do Ensino Médio era de 90% na Nova Inglaterra, mas de 74% na Virgínia. Os habitantes da Nova Inglaterra toleravam impostos muito mais elevados do que as pessoas nos estados do Médio Atlântico ou dos Apalaches. A Nova Inglaterra continua mais comunal e estadista, e os Apalaches e o Sul mais combativos e voltados às comunidades, com uma cultura de "nós cuidamos de nós mesmos".

Ao longo da história dos Estados Unidos, os estados da Nova Inglaterra tenderam a votar em um sentido; e os dos Apalaches, no sentido oposto. O mapa eleitoral de 1896 se parece bastante com o de 2020. Os candidatos populistas se saíram muito bem nos estados do Sul e do Centro-Oeste em ambas as eleições. A única diferença foi que, em 1896, William Jennings Bryan era democrata e, em 2020, Donald Trump era republicano. Os partidos trocaram de lugar, mas o espírito populista combativo permaneceu o mesmo. As sementes desse comportamento foram plantadas há mais de três séculos e muitos que hoje vivem delas nem sequer sabem de onde elas vêm.

———

Quando estou olhando para você e tentando conhecê-lo, quero perguntar como seus ancestrais se manifestam em sua vida. E, se estiver me olhando, vai querer perguntar como o passado vive em mim. Recentemente, participei de um grande jantar durante o qual todos falaram sobre como seus antepassados os haviam influenciado. Alguns dos presentes eram holandeses, outros eram negros e havia ainda outras origens, e todos desenvolvemos teorias interessantes e reveladoras sobre como fomos moldados por aqueles que morreram havia muito tempo.

Há pouco tempo, deparei com uma passagem de Theodor Reik, terapeuta psicanalista do século XX, com a qual me identifiquei: "Sou um judeu infiel. Mal consigo ler hebraico; tenho apenas um conhecimento superficial da história, literatura e religião judaica. No entanto, sei que sou judeu em todas as fibras da minha personalidade. É tão tolo e inútil enfatizá-lo quanto negá-lo. A única atitude possível em relação a isso é reconhecê-lo como um fato".

Também sou um judeu infiel, talvez até mais do que Reik. Minha jornada de fé me levou a direções inesperadas.[22] Não vou mais à sinagoga, vou à igreja. Não falo hebraico e não me mantenho mais *kosher*. No entanto, também sou judeu até a última fibra do meu ser. Não há escapatória. Isso aparece nas formas óbvias como a cultura judaica é frequentemente descrita. Tenho uma profunda reverência pela palavra escrita. Para os judeus, a discussão é uma forma de oração, e me dedico ao campo do debate. Os judeus colocaram um foco intenso na educação e nas realizações, e minha família também.

Mas existem maneiras mais sutis de meus ancestrais aparecerem em mim. Uma delas é a reverência pelo passado, a sensação de que vivemos nos legados de Abraão, Josué e Jacó, Sara, Raquel e Noemi. Os judeus tendem a se congregar em costas, como Jerusalém, Nova York e Istambul, onde diferentes civilizações se reúnem. Eles foram ordenados a ser uma minoria criativa nesses locais, culturalmente distinta, mas, ao mesmo tempo, servindo ao todo. E, ainda, a vida judaica sempre foi insegura. Ao longo dos longos séculos de exílio, eles desenvolveram a consciência de que todos precisam de algum lugar no mundo que possam chamar de lar. Acho que a insegurança nunca nos deixa. Você é sempre, até certo ponto, um estranho em uma terra estranha, com afinidade por todos os outros estranhos.

Sempre achei interessante que três dos mais influentes pensadores judeus modernos – Marx, Freud e Einstein – tenham concentrado sua atenção nas forças que impulsionam a história sob a superfície. Para Marx, eram forças econômicas; para Freud, o inconsciente; para Einstein, as forças invisíveis do mundo físico, mas cada um deles queria sondar abaixo da superfície, nas causas enraizadas que movem pessoas e eventos. Você quer saber, contudo, de que forma acho que meus ancestrais se manifestam em minha vida? Há milhares de anos, os judeus eram um povo pequeno e insignificante que vivia em uma parte marginal do mundo. E, ainda assim, acreditavam que Deus centralizara a história em torno deles. Era uma convicção audaciosa! E essa noção chegou até nós na forma de uma convicção relacionada: a de que a vida é uma jornada moral audaciosa. A vida faz uma pergunta moral: você cumpriu a missão? O que, por sua vez, levanta outras questões: você já fez a jornada do Êxodo? Está se esforçando para ser bom e consertar o mundo? É uma demanda carregada de pressão para crescer e ser melhor, e é algo que vive em mim.

––––––

Então, ao ver você, quero enxergar as fontes profundas do seu eu. E isso significa fazer algumas perguntas-chave: onde é seu lar? Qual é o lugar do qual você nunca sai espiritualmente? Como os mortos aparecem em sua vida? Como vejo você abraçando ou rejeitando sua cultura? Como o vejo criando e contribuindo para sua cultura? Como o vejo transmitindo sua cultura? Como o vejo se rebelando contra ela? Como posso vê-lo preso entre culturas?

Ao falarmos sobre tudo isso, iremos além dos estereótipos superficiais e dos julgamentos nos quais as pessoas podem confiar preguiçosamente. Vamos falar sobre como você foi presenteado por aqueles que vieram antes e como foi formado por eles. E, enquanto conversamos, começarei a ver você inteiro. "Você vive através do tempo, aquele pequeno pedaço de tempo que é seu", escreveu o romancista Robert Penn Warren, "mas esse pedaço de tempo não é apenas sua própria vida, é a soma de todas as outras vidas que são simultâneas. [...] O que você é, é uma expressão da História".

CAPÍTULO 17

O que é sabedoria?

Hoje em dia, meus ouvidos se aguçam sempre que deparo com uma história em que uma pessoa viu de modo profundo outra. Por exemplo, recentemente um amigo me contou que a filha estava passando por dificuldades no segundo ano da escola. Ela sentia que não estava se adaptando muito bem aos colegas de classe. Mas, um dia, a professora disse: "Sabe, você é muito boa em pensar antes de falar". Esse único comentário, disse meu amigo, ajudou a mudar o ano da menina. Algo que ela poderia ter percebido como uma fraqueza – sua quietude ou seu constrangimento social – agora era percebido como uma força. A professora a viu.

Essa história me lembrou de uma época em que um de meus professores me viu de modo muito profundo, embora sob uma perspectiva diferente. Eu estava na aula de inglês, no Ensino Médio, fazendo observações espertinhas na sala, como costumava fazer. A professora me alfinetou na frente da turma: "David, você está tentando sobreviver à base de loquacidade. Pare com isso". Eu me senti humilhado... e, estranhamente, honrado. Pensei: "Uau, ela de fato me conhece!". Eu falava mesmo para me exibir, não para contribuir. Aprendi, graças a ela, que precisava lutar contra minha facilidade com as palavras, tive que desacelerar e ponderar sobre o que estava pensando, para que as ideias viessem das profundezas interiores, não do topo da minha cabeça.

Uma mulher me contou sobre quando aos treze anos foi à sua primeira festa e tomou a primeira bebida alcoólica. Ela foi deixada em casa tão bêbada que tudo o que conseguiu fazer foi deitar-se no sofá da varanda da frente, mal conseguindo se mover. Seu pai – um grande e rígido disciplinador – saiu, e ela pensou que ele fosse gritar os mesmos pensamentos que ela tinha sobre si mesma: "Eu sou má. Eu sou má". Em vez disso, ele a pegou nos braços e a carregou para dentro; colocando-a no sofá da sala, ele disse: "Não haverá punição desta vez. Você teve uma experiência". Ele sabia o que ela estava pensando; ela se sentiu vista.

Às vezes, nos livros de História, encontro ocasiões em que uma pessoa vê a essência da outra. Por exemplo, em um dia na década de 1930, Franklin Roosevelt estava hospedando na Casa Branca jovem congressista de 28 anos chamado Lyndon Johnson.[1] Assim que Johnson saiu de seu escritório, Roosevelt virou-se para seu assessor, Harold Ickes, e afirmou: "Sabe, Harold, esse é o tipo de jovem profissional desinibido que eu poderia ter sido quando jovem, se não tivesse estudado em Harvard". E continuou com uma previsão: "Nas próximas gerações, o equilíbrio de poder neste país irá mudar para o Sul e o Oeste. E aquele garoto, Lyndon Johnson, poderia muito bem ser o primeiro presidente do Sul."

Também saboreio aqueles momentos em que um romancista oferece *insights* penetrantes sobre um de seus personagens. Guy de Maupassant capturou um dos personagens desta forma: "Ele era um cavalheiro de bigodes ruivos que sempre passava primeiro por uma porta". Com esta frase, senti que todo um personagem foi revelado – um cara agressivo, competitivo, cheio de si.

Gosto de pensar nessas pequenas percepções do dia a dia como momentos de sabedoria. Sabedoria não é ter conhecimento sobre Física ou Geografia, mas, sim, conhecer as pessoas. É a capacidade de ver profundamente quem são e como devem agir nas situações complexas da vida. É o grande presente que os Iluminadores compartilham com aqueles que os rodeiam.

Minha visão sobre a aparência de alguém sábio mudou nos últimos anos, à medida que pesquisava para este livro. Eu tinha uma visão convencional da

O QUE É SABEDORIA? 213

sabedoria, do sábio nobre que dá conselhos que mudam vidas, à maneira de Yoda, Dumbledore ou Salomão. A pessoa sábia consegue resolver seus problemas, sabe que trabalho você deve aceitar, pode dizer se você deve ou não se casar com a pessoa que namora. Todos nós somos atraídos por essa versão de sabedoria, porque queremos respostas entregues de bandeja.

No entanto, quando penso nos sábios da minha vida agora, percebo que não são capazes de fazer um sermão brilhante ou de recitar uma máxima transformadora de vidas. Neste momento, tenho uma visão mais ou menos oposta da sabedoria.

Passei a acreditar que os sábios não nos dizem o que fazer, eles começam testemunhando nossa história. Ouvem as anedotas, as racionalizações e os episódios que contamos, e veem nossa luta como nobre. Veem como navegamos na dialética da vida – intimidade *versus* independência, controle *versus* incerteza – e compreendem que nosso eu atual está exatamente onde estamos agora, como parte de um longo e contínuo processo de crescimento.

Os bons confidentes – as pessoas a quem recorremos quando estamos perturbados – são mais parecidos com treinadores do que filósofos. Assimilam sua história, aceitam-na, mas pressionam para que você encontre o que realmente deseja ou nomeiam aquilo que você deixou de fora da história. Pedem que investigue o que de fato o está incomodando, que procure o problema mais profundo abaixo do problema superficial conveniente sobre o qual você pediu ajuda. Os sábios não lhe dizem o que fazer, ajudam-no a processar os próprios pensamentos e as emoções. Entram com você em seu processo de construção de significado e, então, ajudam-no a expandi-lo, a impulsioná-lo. Toda escolha envolve perda: se aceitar este emprego, não aceitará aquele. Grande parte da vida envolve reconciliar opostos: quero estar apegado, mas também quero ser livre. Sábios criam um espaço seguro em que você possa navegar pelas ambiguidades e pelas contradições com as quais todos lutamos. Estimulam-no e atraem-no até que a solução óbvia apareça.

Seu dom essencial é a receptividade, a capacidade de receber o que você envia, que não é uma habilidade passiva. A pessoa sábia não fica apenas com os ouvidos abertos, ela cria uma atmosfera de hospitalidade, em que os outros são encorajados a pôr de lado o medo de mostrar fraquezas, o medo de se confrontarem. Ela cria uma atmosfera na qual as pessoas trocam histórias e confidências, permitindo-as serem livres para serem elas próprias, encorajadas a serem honestas consigo mesmas.

O conhecimento que resulta do seu encontro com uma pessoa sábia é pessoal e contextual, não uma generalização que pode ser capturada em uma máxima a ser fixada em um quadro de avisos. Será específico para o seu eu único e sua situação única.

Indivíduos sábios ajudam-no a encontrar uma maneira diferente de olhar para si mesmo, para seu passado e para o mundo ao seu redor. Muitas vezes, concentram a atenção em seus relacionamentos, nos espaços intermediários que são tão fáceis de ignorar. *Como pode essa amizade ou esse casamento ser nutrido e melhorado?* Eles veem seus dons e seu potencial, mesmo aqueles que você não vê. Ser visto assim tende a diminuir a pressão, oferecendo-lhe algum distanciamento da sua situação imediata, trazendo uma esperança renovada.

Todos conhecemos pessoas inteligentes, mas isso não significa que sejam sábias. A compreensão e a sabedoria vêm de sobreviver às armadilhas da vida, prosperar, ter contato amplo e profundo com os outros. Dos seus próprios momentos de sofrimento, luta, amizade, intimidade e alegria surgem uma consciência compassiva de como as outras pessoas se sentem – sua fragilidade, sua confusão e sua coragem. Os sábios são aqueles que viveram vidas plenas e variadas, bem como refletiram profundamente sobre o que passaram.

Este é um ideal bastante elevado. Nenhum de nós será tão perspicaz em relação aos outros o tempo todo. Mas acredito em ideais elevados. Acredito em manter padrões de excelência. Como disse a mãe de Hurston, todos deveríamos tentar saltar até o sol. Mesmo que não o alcancemos, chegaremos cada vez mais alto. E, se tropeçarmos, pelo menos não será porque tivemos um ideal inadequado. Deixe-me encerrar este livro com mais quatro casos em que um ser humano viu profundamente outro ser humano. Acho que temos mais algumas coisas para aprender sobre tal habilidade com estes exemplos.

O primeiro envolve o escritor Tracy Kidder, que nasceu na cidade de Nova York, em 1945. Há algumas décadas, Kidder conheceu um africano chamado Deogratius, que era três décadas mais novo e cresceu nas colinas

O QUE É SABEDORIA?   215

rurais do Burundi. Ele enfim escreveu um livro sobre Deo, chamado *Strength in What Remains*. O livro é a prova de que é possível conhecer profundamente outra pessoa, mesmo uma que seja muito diferente de você.

No início da obra, Deo tem 22 anos. Estamos dentro de sua cabeça quando ele embarca em um avião pela primeira vez – viajando do Burundi para a cidade de Nova York. Ele passou a vida em uma vila rural com vacas, sua pequena escola e sua família. O avião é o maior objeto feito pelo homem que ele já viu. Kidder nos faz sentir sua admiração. Deo vê o interior da aeronave com olhos assustados. Vê as cadeiras em fileiras perfeitas e percebe que têm paninhos brancos pendurados no topo. "Aquela era a sala mais bem decorada que ele já vira",[2] escreve Kidder. Quando o avião decola, Deo fica apavorado, mas acha a cadeira almofadada muito confortável e gosta da sensação de voar: "Que maravilha viajar em uma poltrona, não em pé". Uma coisa que o intriga é que as publicações na sacola à sua frente não estão em francês. Desde o Ensino Fundamental lhe disseram que o francês era a língua universal, usada em todo o mundo.

Ele enfim chega a Nova York com duzentos dólares, sem falar inglês e sem amigos ou mesmo contatos. Estranhos o ajudam a sobreviver e, em pouco tempo, ele está trabalhando como entregador de uma mercearia e dormindo no Central Park. Uma ex-freira chamada Sharon adota Deo como seu projeto de vida. Ela o ajuda a encontrar abrigo, documentação e um futuro. Kidder nos mostra o quão desconfortável Deo – um homem maduro e independente – se sente por receber caridade: "Ela era como uma mãe, daquelas que não conseguem parar de se preocupar com você, que não consegue deixar de lembrá-lo de que você ainda precisa da ajuda dela, o que era irritante porque, na verdade, precisava mesmo". Mais estranhos aparecem e o ajudam. Deo mostra a um estadunidense de meia-idade os livros que trouxe do Burundi. O homem diz à esposa: "Ele adora livros. Precisa ir para a escola". Eles o matricularam em um curso de inglês como segunda língua na faculdade Hunter. Eles o levam para visitar escolas e, no segundo em que Deo passa pelos portões de Columbia, ele pensa: "Isto é uma universidade!". Deo se matricula no Programa de Língua Americana da Columbia. Seus novos amigos pagam 6 mil dólares de anuidade. Ele passa por uma série de exames de admissão, o que incluía uma prova de cálculo. Termina esta última antes dos outros participantes e a leva ao inspetor da sala, que dá uma olhada em suas respostas, sorri para ele e, radiante, diz: "De-*oh*-gratias! Bom trabalho!".

Apenas alguns anos depois de chegar sem nada a Nova York, ele estuda em uma faculdade da Ivy League. Faz Medicina e Filosofia porque quer superar "a lacuna entre o que viveu e o que era capaz de dizer".[3]

O que Deo vivera antes de vir para Nova York é o cerne de sua história. Anos antes, ele trabalhava em um centro de saúde no Burundi quando eclodiu um genocídio, com os Hutus massacrando os Tutsis. Um dia, Deo ouviu caminhões, apitos, milícias no pátio lá fora. Correu para o quarto e se escondeu debaixo da cama. Ouviu pessoas implorando: "Não me mate!". Depois ouviu tiros e sentiu cheiro de carne queimada. Em seguida, veio o silêncio, exceto pelos sons de cães brigando pelo corpo dos mortos. Aquela noite estava escura e, quando a matança cessou, Deo começou a correr. Nos quatro dias seguintes, ele percorreu 64 quilômetros para fugir da matança. Viu uma mãe morta, jogada contra uma árvore, com o bebê ainda vivo, mas Deo não conseguiu levá-lo consigo. Kidder captura a mente de Deo enquanto vivencia tudo isso: "Era como se as imagens, os sons e os cheiros dos últimos dias – gritos, cadáveres, carne queimada – estivessem todos se reunindo em algo como outra versão de si mesmo, outra pele crescendo sobre ele".[4]

A viagem a pé para fora do Burundi foi assombrada por mais corpos, mais ameaças, o perigo constante de que cada pessoa que encontrasse pudesse levar um facão à sua cabeça. Kidder conheceu Deo mais de uma década depois dessa jornada, quando ele já havia se mudado para Nova York e se formado em Columbia. Kidder ouviu o esboço da história de Deo, mas decidiu que aquela era uma história que ele queria contar em um livro apenas quando Deo lhe confidenciou que, nos dias em que dormia no Central Park, sempre entrava furtivamente no parque depois de escurecer, quando ninguém iria notá-lo. Ele não queria que estranhos o desprezassem, vendo-o como um sem-teto patético. Havia muitas coisas na vida de Deo com as quais Kidder não conseguia se identificar, mas esse medo dos olhares críticos de estranhos, esse encolher-se diante do desdém de pessoas que nunca conheceria – essa era uma emoção com a qual Kidder estava familiarizado, e essa emoção poderia ser uma ponte entre suas experiências.

O QUE É SABEDORIA? 217

Deo era um sujeito difícil de entrevistar. A cultura do Burundi é estoica. "É uma linguagem que não tem uma, mas duas palavras para trazer à tona algo do passado, e ambas são negativas", disse-me Kidder. Mas, aos poucos, ao longo de dois anos de conversas, a história de Deo veio à tona. "Não vejo nenhuma maneira de fazer isso sem passar tempo com uma pessoa", disse Kidder. "Se você passar tempo ao seu lado, o que você quer saber irá surgir." O segredo é ouvir, estar atento, ser paciente e não interromper. Kidder me disse que gosta da versão de si mesmo que surge quando tenta aprender sobre outra pessoa. Ele fica mais humilde, não fala muito.

Kidder não apenas entrevistou Deo, ele o acompanhou aos lugares onde sua história se desenrolara. Voltaram e visitaram o local onde ele dormia no Central Park, o supermercado onde trabalhava como entregador. Suas caminhadas eram uma forma de se firmarem nos detalhes concretos da experiência de Deo. Por fim, foram para o Burundi, para traçar sua jornada através do genocídio.

Enquanto iam em direção ao hospital onde Deo havia se escondido debaixo da cama enquanto seus vizinhos eram massacrados do lado de fora, Kidder sentiu arrepios na pele. Havia uma presença maligna naquele lugar. A viagem os estava levando muito fundo em algo que parecia sombrio e ameaçador. "Talvez devêssemos voltar",[5] disse Kidder ao amigo do banco de trás do carro conforme se aproximavam do hospital. Deo respondeu: "Você pode não ver o oceano, mas agora estamos no meio do oceano e temos de continuar nadando".

Quando chegaram ao hospital, disse-me Kidder, Deo entrou em um tipo de transe de raiva, que se manifestou como um sorriso feroz e falso para todos os que o cumprimentavam. O hospital era agora uma concha vazia, uma instalação Potemkin com um médico que não era realmente médico e sem pacientes. Chegaram ao quarto onde Deo se escondera. "Ele tentou descrever seus pesadelos para mim", escreve Kidder sobre essa visita. "Na narrativa, eles não pareciam incomuns. Todo mundo tem pesadelos. [...] Até aquele momento, eu não tinha entendido a diferença: que mesmo seus sonhos mais sinistros não eram mais estranhos ou mais assustadores do que aquilo que os inspirava. Ele não acordava de seus pesadelos agradecido por não serem reais."[6]

A atmosfera maligna era palpável. Kidder agora vivenciava a experiência de Deo de uma forma mais visceral: "Aquele era um lugar sem razão e, naquele momento, eu não tive fé no poder da razão. Parte do problema, creio, foi que, por um momento, não confiei em Deo. O sorriso que ele deu ao 'médico' era radiante. Eu nunca o tinha visto tão bravo".

Frequentemente, enquanto trabalhava no livro, Kidder se sentia culpado por trazer Deo de volta ao trauma de seu passado. Kidder percebeu o dano que o genocídio lhe causara. Houve momentos em que ele explodia de repente de raiva. Em outros, desaparecia dentro de si. Um amigo disse que era como se Deo não tivesse uma concha protetora; tudo o que ele tocava o penetrava tão profundamente e era sentido com uma força violenta.

Li o livro de Kidder com admiração. Ele não apenas criou um retrato rico e complexo de Deo, como nos permitiu ver o mundo através de seus olhos. Quando liguei para Kidder para falar sobre o livro, o irmão de Deo estava hospedado na casa dele e havia se tornado amigo da família. O próprio Deo regressou ao Burundi a fim de abrir um centro de saúde para o tipo de pessoas com quem cresceu, incluindo membros da tribo Hutu, que tentaram massacrá-lo. A curiosidade de Kidder sobre Deo ainda pulsava enquanto conversávamos, embora já tivesse passado uma década desde que o livro fora lançado. Tentei aprender com Kidder a ser mais pacientemente atencioso. Aprendi a tentar acompanhar as pessoas nos detalhes concretos de sua vida e a não me contentar com histórias ensaiadas. Aprendi que é de fato possível ver indivíduos cujas experiências são radicalmente diferentes das nossas. Com Deo, aprendi algo sobre confiança. Ele encontrou em Kidder um homem a quem aos poucos pôde contar sua história. E, ao encontrá-lo e testemunhar o que havia passado, ele deu um presente ao mundo.

———

O segundo estudo de caso envolve Lori Gottlieb, a terapeuta que conhecemos no capítulo 14. Certa vez, ela me disse que "a maioria das pessoas tem suas respostas dentro de si, mas precisa de um guia para que possa ouvir a si mesma e descobri-las". Em seu livro *Talvez você deva conversar com alguém*, ela descreve uma jornada que percorreu com um homem chamado John, o

O QUE É SABEDORIA? 219

clássico idiota egocêntrico e narcisista. Durante o dia, ele trabalhava como redator em programas de TV de sucesso, ganhando Emmy após Emmy. Mas ele era um monstro para todos ao seu redor: cruel, desatento, impaciente, humilhante. John procurou a terapia porque estava tendo problemas para dormir, seu casamento vinha desmoronando, suas filhas estavam se comportando mal. No início, ele tratou Gottlieb da maneira como tratava todos os outros, como uma idiota que tinha de ser aturada. Ele usava o telefone durante as sessões de terapia, então ela enviava mensagens de texto para ele do outro lado da sala para chamar sua atenção. John pedia para almoçar ali, para que pudesse realizar outra tarefa enquanto conversava com ela. Ele a chamava de sua "prostituta", porque pagava pelo tempo dela. Sua narrativa dominante era que ele era o artista alfa, o de sucesso, mas estava cercado de gente medíocre.

Gottlieb poderia ter reduzido John a uma categoria: transtorno de personalidade narcisista. Contudo, ela me disse: "Eu não queria perder a pessoa por trás do diagnóstico". Ela sabia, com base em experiências anteriores, que indivíduos exigentes, críticos e raivosos tendem a ser intensamente solitários.[7] Intuiu que havia alguma luta interna dentro de John, que havia sentimentos dos quais estava se escondendo, em torno dos quais ele construíra fossos e fortalezas para mantê-los afastados. Ela dizia a si mesma: "Tenha compaixão, tenha compaixão, tenha compaixão". Mais tarde, explicou-me que "o comportamento é como falamos o indizível. John não conseguia falar algo indescritível, então ele o fazia sendo rude com os outros e tendo a sensação de ser melhor do que todos".

Sua primeira tarefa foi estabelecer um relacionamento com ele, para fazê-lo sentir-se visto. O método, como Lori descreve, é: "Nesta sala, verei você e você tentará se esconder, mas ainda assim o verei, e tudo ficará bem quando eu fizer isso".[8]

Gottlieb demonstrou enorme tolerância para com John, ignorando os seus incontáveis episódios idiotas, esperando por um sinal do trauma maior de que ele sofria. Uma amizade de sucesso, assim como uma terapia bem-sucedida, é um equilíbrio entre deferência e desafio. Envolve mostrar consideração positiva, mas também chamar a atenção das pessoas para os seus autoenganos. Os budistas têm uma expressão útil para a consideração positiva incondicional: "compaixão idiota", que é o tipo de empatia que nunca desafia as histórias das pessoas ou ameaça ferir seus sentimentos. Ela consola, mas também esconde. Então Gottlieb desafiou John, porém não de forma muito agressiva, percebendo que só poderia cutucá-lo no ritmo em que ele se sentisse confortável, senão ele fugiria. Ela estava tentando deixá-lo curioso sobre si mesmo com suas perguntas. "Em geral, os terapeutas estão vários passos à frente dos pacientes", escreve a autora, "não porque somos mais inteligentes ou mais sábios, mas porque temos a vantagem de estar fora da sua vida".[9]

À medida que Gottlieb o acompanhava, a narrativa de John sobre si mesmo tornou-se menos distorcida. As experiências que ele escondia começaram a surgir. Um dia, John mencionou, em um tom corriqueiro, que a mãe havia morrido quando ele tinha seis anos. Professora, ela estava saindo da escola quando viu um aluno indo em direção à rua, na qual vinha um carro em alta velocidade. Ela correu, empurrou o aluno para fora do caminho, mas morreu. Gottlieb perguntou-se se John fora instruído a enterrar suas emoções e esperava mostrar "força" após a morte da mãe.

Um dia, John estava desabafando sobre todo o estresse de sua vida. Falava sobre como a esposa e as filhas estavam se unindo contra ele e deixou escapar: "E Gabe está ficando muito emotivo". Gottlieb sempre o ouvia falar sobre as filhas, mas perguntou: "Quem é Gabe?". Ele corou e evitou a pergunta. Gottlieb persistiu: "Quem é Gabe?". Uma onda de emoções varreu o rosto dele. Finalmente, ele disse: "Gabe é meu filho". Ele pegou o celular e saiu da sala.

Semanas depois, quando enfim voltou, revelou que tivera um filho. A frase sobre Gabe estar emotivo deve ter saído de algum lugar de seu inconsciente, porque Gabe estava morto. Quando o garoto tinha seis anos, a família inteira estava no carro, indo para a Legoland. John estava ao volante quando seu celular tocou. Ele e a esposa começaram a discutir sobre a forma como o celular interferia na vida deles. Por fim, John olhou para baixo para ver quem havia ligado e, naquele instante, um SUV os atingiu de frente. Gabe faleceu. John nunca soube se o ato de olhar para o telefone foi o erro crucial. Se estivesse olhando para a estrada, poderia ter evitado o carro? Ele os teria atingido de outra maneira?

John enfim estava aprendendo a contar uma narrativa mais verdadeira sobre sua vida. E, assim, descobriu que podia passar uma noite com momentos maravilhosos com sua esposa. Foi capaz de aceitar que às vezes ficaria feliz e, às vezes, triste. Ao deixar Gottlieb vê-lo, ele descobriu uma nova maneira de ver a si mesmo. "Não quero lisonjear demais você", disse a Gottlieb, "mas acho que você tem uma imagem mais completa da minha situação, da minha humanidade total, do que qualquer outra pessoa em minha vida".

Gottlieb escreve sobre aquele momento: "Fico tão emocionada que não consigo falar".

Gosto da história de Gottlieb e John porque ilumina muitas das habilidades gentis necessárias para ser verdadeiramente receptivo – em particular, a capacidade de ser generoso com a fragilidade humana, de ser paciente e deixar outros surgirem em seu próprio ritmo –, mas também ilumina a resistência mental que às vezes é necessária. A pessoa sábia não está lá para ser atropelada, maspara defender a verdade real, para chamar a atenção do outro quando necessário, se ele estiver se escondendo de alguma realidade difícil. "A receptividade sem confronto leva a uma neutralidade branda que não serve a ninguém", escreveu o teólogo Henri Nouwen. "O confronto sem receptividade leva a uma agressividade opressiva que fere a todos."[10]

O terceiro estudo de caso é a cena de um filme que você provavelmente já viu, *Gênio indomável*. Na primeira parte do longa-metragem, Will Hunting, o órfão e prodígio da matemática interpretado por Matt Damon, vai de triunfo em triunfo, resolvendo problemas matemáticos sem esforço, colocando os alunos metidos da pós-graduação em seu devido lugar e impressionando os outros com sua inteligência. Ele entra em uma briga com um membro da gangue que o intimidava, mas acaba atacando um policial e é preso. Ele pode evitar a prisão, desde que seja tratado por um terapeuta, interpretado por Robin Williams. Ao longo do filme, o terapeuta cria uma zona de hospitalidade, na qual Will pode baixar a guarda. Ambos se aproximam graças ao amor pelo time de beisebol Red Sox e partilham seus traumas. Mas, a certa altura, Will zomba do terapeuta, menospreza-o, critica uma pintura que ele fez, tal qual ele menospreza e provoca a maioria das outras pessoas no filme. O terapeuta fica devastado pela maneira com que Will Hunting simplifica sua vida. Ele se sente torturado e não consegue dormir naquela noite. Até que percebe algo. Aquele menino não sabe do que está falando. Will Hunting pode saber matemática, pode ter informações, mas não sabe ver pessoas. O personagem de Robin Williams convida Will a encontrá-lo em um banco do parque, em frente a um lago, e diz-lhe a verdade:

> Você é um garoto durão. Se eu lhe perguntar sobre a guerra, é provável que atire Shakespeare em mim, certo? "Mais uma vez à batalha, caros amigos!" Mas você nunca esteve perto de um amigo. Nunca segurou a cabeça de seu melhor amigo no colo e o viu suspirar pela última vez, contando com sua ajuda. E, se eu lhe perguntasse sobre o amor, talvez você citasse um soneto. Mas você nunca olhou para uma mulher e se sentiu totalmente vulnerável. Nem conheceu alguém que poderia golpeá-lo com um só olhar. Sentiu-se como se Deus tivesse colocado um anjo na terra só para você, que poderia resgatá-lo das profundezas do inferno [...].
>
> Olho para você e não vejo um homem inteligente e confiante, mas uma criança arrogante e medrosa. Mas você é um gênio, Will. Ninguém negaria. [...] Pessoalmente, estou pouco me lixando para isso, sabe por quê? Não posso aprender nada com você que eu não possa ler na merda de um livro. A menos que queira falar sobre você, sobre quem você é. Aí, ficarei fascinado. Pode contar comigo. Mas você não quer fazer isso, não é, garoto? Você fica aterrorizado com o que pode dizer.

O terapeuta levanta-se e sai. Enquanto ele falava, podemos ver uma expressão de reconhecimento em Will Hunting. Podemos ver que Will já sabia de tudo aquilo, mas não confiava em si o suficiente para enfrentar aquelas verdades difíceis. Ele estava se escondendo. Para mim, esse discurso do filme advém de uma grande capacidade de ouvir. O terapeuta ouviu não só o que Will dizia, mas o que não dizia sobre o medo e a vulnerabilidade que vinham de sua vida como órfão. Ele ouviu o segredo mais profundo que Will queria esconder, então anunciou em voz alta o segredo vergonhoso e disse, com efeito: "Eu sei isto sobre você e me importo com você mesmo assim".

O terapeuta apresenta a Will uma forma diferente de conhecimento, do tipo que tenho procurado e do qual tentei tratar neste livro. Ele incentiva Will a encontrar um saber que vai além do impessoal, da catalogação de fatos, pois esse tipo de saber Will já domina e usa como uma fortaleza defensiva. O terapeuta o empurra em direção a uma forma pessoal de saber, o tipo de conhecimento que é ganho apenas por aqueles dispostos a correr riscos emocionais, a abrir-se às pessoas e às experiências, e a sentir plenamente o que essas pessoas e experiências são. Esse conhecimento é mantido não só no cérebro, mas no coração e no corpo. O terapeuta concedeu-lhe uma honra dolorosa e importante. Ele vê Will como é, mesmo onde ele é enfraquecido, vê o potencial que o jovem tem pela frente e aponta-o para o caminho para chegar lá.

A história de *Gênio indomável* é uma aula sobre como criticar com cuidado. Trata-se de como falar a alguém sobre suas deficiências de modo que ofereça o máximo de apoio. Vou dar um exemplo trivial de por que criticar com cuidado pode ser tão eficaz. Quando estou escrevendo, às vezes, inconscientemente, sei que uma parte do texto não irá funcionar. Tenho uma vaga impressão de que algo está errado, como quando saímos de casa com a sensação de que esquecemos algo, mas não sabemos o quê. Muitas vezes ignoro essas sensações por preguiça ou porque quero acabar o trabalho logo. Um bom editor sempre localizará o trecho exato que eu, de modo semiconsciente, sabia que não funcionaria. É só quando o editor o aponta para mim que encaro o fato de precisar fazer alterações. A crítica com cuidado funciona melhor quando alguém nomeia algo que nós mesmos quase sabíamos, mas não sabíamos bem. Criticar com cuidado funciona melhor dentro de um contexto de consideração incondicional, com uma atenção justa e amorosa que transmite um respeito inabalável pelas lutas da outra pessoa.

É o que nossos amigos fazem por nós. Eles não só nos divertem e estimulam o que temos de melhor, mas também guardam um espelho para que possamos ver nosso eu de maneiras que não nos seriam acessíveis. Ao nos vermos assim, temos a oportunidade de melhorar, de nos tornarmos mais completos. "Um homem com poucos amigos está apenas meio desenvolvido", observou o escritor radical Randolph Bourne. "Há lados inteiros de sua natureza que estão fechados e nunca foram exprimidos. Ele não consegue libertá-los sozinho, não tem como descobri-los; só os amigos podem estimulá-lo e abri-los."

———

Há não muito tempo estive em um jantar em que dois ótimos escritores estavam presentes. Alguém perguntou como começaram o processo de escrever seus romances. Será que tinham iniciado com uma personagem e depois construído a história em torno disso, ou com uma ideia para um enredo e depois criado personagens para operarem dentro daquela história? Ambos disseram que não usaram nenhuma dessas abordagens. Em vez disso, explicaram, começaram com um relacionamento. Com o núcleo de uma ideia sobre como um tipo de pessoa pode estar em um relacionamento com outro tipo de pessoa. Começaram a imaginar como os indivíduos nessa relação seriam iguais e diferentes, que tensões haveria, como a relação cresceria, acabaria ou floresceria. Uma vez munidos da noção dessa relação, e como duas dessas personagens se influenciaram e mudariam umas às outras, as personalidades emergiram em suas mentes. E, então, um enredo que traçaria o curso dessa relação ficaria evidente.

Ouvi-los naquela noite ajudou-me a ler romances de modo diferente. Agora, eu me pergunto: qual é a relação que está no centro deste livro? Em bons romances, em geral haverá uma relação central ou talvez algumas relações centrais que conduzem todo o restante. Mas aquela conversa também me ajudou a ver algo maior: a sabedoria não é, sobretudo, um traço possuído por um indivíduo; é uma habilidade social praticada dentro de um relacionamento ou de um sistema de relacionamentos. É praticada quando as pessoas se juntam para formar o que Parker Palmer chamou de "comunidade da verdade".

Uma comunidade da verdade pode ser tão simples quanto uma sala de aula – um professor e estudantes que investigam um problema juntos; duas pessoas em um café, conversando sobre um problema. Pode ser tão grande quanto um projeto científico. A ciência avança à medida que milhares de mentes dispersas pelo mundo reúnem seus devaneios para analisar em conjunto algum problema. Ou pode ser tão íntima quanto uma pessoa sozinha lendo um livro. A mente de um autor e a mente de um leitor juntam-se, inspirando uma nova visão. Toni Morrison escreveu uma vez: "Frederick Douglass falando sobre sua avó, James Baldwin falando sobre seu pai, e Simone de Beauvoir falando sobre sua mãe, essas pessoas são meu acesso a mim; são a entrada na minha própria vida interior".

Uma comunidade da verdade é criada quando as pessoas estão genuinamente interessadas em ver e explorar juntas. Não tentam se manipular entre si. Não julgam de imediato, dizendo "que burrice" ou "que legal". Em vez disso, fazem uma pausa para considerar qual é o significado da declaração para a pessoa que acabou de pronunciá-la.

Quando estamos em uma comunidade da verdade, experimentamos a perspectiva uns dos outros, viajamos na mente uns dos outros. Isso faz com que saiamos da mentalidade egoísta – *eu sou o normal, o que vejo é objetivo, todos os outros são estranhos* – e dá a oportunidade de fazer uma viagem com os olhos de outra pessoa.

Uma coisa engraçada acontece às pessoas nessas comunidades. Alguém tem um pensamento. Este é como um pequeno circuito no cérebro. Quando alguém partilha um pensamento e outros o recebem, de repente o mesmo circuito se instala em dois cérebros. Quando a sala de aula inteira está refletindo sobre aquele pensamento, é como se o mesmo circuito percorresse 25 cérebros. Nossa mente se mistura. O cientista cognitivo Douglas Hofstadter chama esses circuitos de *loops*. Ele argumenta que, ao nos comunicarmos, os *loops* fluem através de cérebros diferentes e pensamos como um organismo partilhado, antecipando-nos, terminando as frases uns dos outros. "Empatia" não é uma palavra forte o suficiente para descrever esses laços. Não se trata de uma pessoa, de um corpo, de um cérebro que permite essa condição, argumenta Hofstadter, mas da penetração de todas as mentes em uma conversa incessante.

Digamos que você esteja em um clube do livro. Vocês têm se reunido há anos e anos. Às vezes, você já não se lembra de quais ideias eram suas e quais eram de outra pessoa. Todas as trocas ao longo do tempo ficaram entrelaçadas, tornando-se uma só longa conversa. É quase como se o clube tivesse a própria voz, maior do que a voz individual de cada membro.

Dois tipos de conhecimento foram gerados nesse caso. O primeiro tipo, é claro, é uma compreensão mais profunda dos livros. O segundo é mais sutil e importante; é um conhecimento sobre o clube. É a consciência de cada membro da dinâmica do grupo, do papel que cada membro tende a assumir, quais os dons que cada membro traz para o debate.

Talvez seja enganador usar a palavra "conhecimento" aqui. Talvez seja mais preciso chamar a esse segundo tipo de "consciência". É o sentido altamente sintonizado que cada pessoa tem para com a conversa, para quando falar e quando se segurar, quando ligar para um membro que tenha estado mais quieto do que de costume. É o tipo de consciência que só pode ser alcançada por um grupo que pratica as competências que exploramos ao longo desta obra.

Há momentos mágicos em uma comunidade da verdade, quando os membros falam profundamente com honestidade e respeito cristalinos. Conforme mencionei no início, não tento ensinar por meio de argumentos, mas por meio de exemplos. Vou concluir o livro com um exemplo de ver e ser visto. Encontrei-o no recente livro de memórias de Kathryn Schulz, *Lost & Found*. O pai de Schulz, Isaac, foi um dos milhões de europeus cuja vida foi abalada pelos acontecimentos do século XX. Na Segunda Guerra Mundial e nos anos seguintes, ele foi da Palestina para a Alemanha do pós-guerra e, por fim, para os Estados Unidos. Tornou-se advogado e fez com que sua família tivesse a felicidade e a estabilidade que ele não conhecera quando criança.

Ele era um homem alegre e falante. Tinha curiosidade e algo a dizer sobre tudo, dos romances de Edith Wharton aos dribles do beisebol e à comparação entre as diferentes tortas de maçã. Quando suas filhas eram pequenas, ele lia para as meninas todas as noites, interpretando as personagens das histórias com vozes dramáticas e gestos hilariantes. Algumas noites, ele simplesmente largava os livros e criava narrativas de suspense com base em sua infância, empolgando as crianças em um momento em que seu trabalho de pai, teoricamente, deveria ser acalmá-las. O retrato de Schulz é de um homem caloroso, curioso e acolhedor, o porto seguro da família – um homem que transformou sua família em uma comunidade da verdade.

O QUE É SABEDORIA? 227

Sua saúde foi declinando ao longo da última década de sua vida, e, no fim, ele simplesmente parou de falar. Seus médicos não conseguiam explicar, nem a família. Falar sempre fora seu grande prazer.

Uma noite, quando já estava próximo à morte, a família reuniu-se à sua volta. "Sempre tinha considerado minha família como próxima, por isso foi surpreendente perceber o quão mais perto conseguimos chegar, quão perto nos aproximamos conforme sua chama diminuía", escreveu Schulz. Naquela noite, os membros da família andaram pelo quarto e se revezaram em conversa com o pai. Cada um disse as coisas que não queria deixar sem dizer. Cada um lhe falou do que tinha aprendido com ele e do quanto ele tinha vivido sua vida honrosa.

Schulz descreveu a cena:

> Meu pai, mudo, mas aparentemente alerta, olhou de um rosto para outro enquanto falávamos, seus olhos castanhos brilhando com lágrimas. Sempre odiara vê-lo chorar, e era raro que ele o fizesse, mas, ali, senti-me grata. Deu-me a esperança de que, pelo que pode ter sido a última vez em sua vida, e talvez a mais importante, ele tenha entendido. No mínimo, tive certeza de que, seja lá para onde ele tiver olhado naquela noite, ele olhou do lugar em que sempre esteve em sua família: do centro do círculo, como fonte e objeto do nosso eterno amor.
>
> Aquele foi um homem verdadeiramente visto.[11]

———

Vocês devem ter imaginado que eu seria mais um velho Sigmund Freud. Passei vários anos pensando no problema de como ver os outros de modo profundo e igualmente ser visto. Talvez tenham pensado que eu seria capaz de perfurar a alma das pessoas com os meus olhos, que eu teria a capacidade de revelar quem elas realmente são. Que eu caminharia pelas festas como um sagaz Iluminador, deixando todos os Diminuidores sentindo-se inferiores e envergonhados. Mas, se eu avaliasse com honestidade o quanto dominei as habilidades que descrevi neste livro, eu teria que dizer: muitos progressos foram feitos, porém ainda há muito a se fazer.

Por exemplo, ontem, um dia antes de escrever estes parágrafos finais, tive duas longas conversas. Almocei com uma jovem que está saindo de seu trabalho atual a fim de mudar-se para o outro lado do país com o marido, e que está tentando descobrir o que fazer da vida. Depois, jantei com um funcionário do governo que enfrenta uma grande quantidade de críticas partidárias. Eles terem vindo a mim se aconselhar é sinal de progresso, suponho. Pessoas raramente se aproximavam do velho David dispostas a mostrar vulnerabilidade e a procurar acompanhamento. Mas, nos dois casos, percebo agora que não aproveitei o momento. Houve um ponto crucial em cada uma dessas conversas, e não tive a presença de espírito de pausar o fluxo para que pudéssemos focar e aprofundar o que foi dito. No almoço, a moça disse que iria passar os próximos quatro meses tentando entender sua verdadeira vocação. Eu poderia ter parado a conversa e perguntado o que ela queria dizer com aquilo. Como é que ela faria isso? Ela já tinha feito esse tipo de investigação antes? O que esperava encontrar? Da mesma forma, meu parceiro de jantar mencionou que era terrível em ficar presente com os outros. Quando estava no meio de uma reunião importante com alguém, sua mente sempre voltava a reconsiderar algo que já tinha acontecido ou saltava para o futuro, pensando no que teria de fazer mais tarde. Aquela foi uma confissão importante! Eu deveria tê-lo interrompido e perguntado como tinha se dado conta dessa fraqueza e se isso atrapalhava suas relações e como esperava resolver o problema. Depois desse dia de encontros, percebi que tenho de trabalhar minha capacidade de detectar momentos cruciais da conversa em tempo real. Tenho de aprender a fazer as perguntas que nos manterão focados, sondando a compreensão do tema.

No fim deste livro, tentarei me avaliar, na esperança de que o exercício ajude você a se avaliar com honestidade. Meu principal problema é que, apesar das minhas sérias resoluções e de tudo o que sei sobre a habilidade de ver os outros, na correria do cotidiano, ainda deixo meu ego assumir o controle. Ainda gasto muito tempo da vida social falando das coisas inteligentes que conheço, das histórias engraçadas que vivi, direcionando meu desempenho social para me fazer parecer impressionante ou, pelo menos, agradável. Ainda

O QUE É SABEDORIA? 229

sou demasiadamente soberbo. Se me contam sobre um acontecimento de sua vida, muitas vezes falo de algo vagamente semelhante que aconteceu na minha. Que posso fazer? Sou colunista de opinião; os hábitos opinativos são difíceis de abalar.

Meu segundo problema é que ainda tenho uma indiferença natural que, suponho, nunca superarei por completo. Sei que ser um ouvinte participativo é importante, mas meu rosto e comportamento ainda são mais calmos do que responsivos, mais tranquilos do que altamente emotivos. Sei que toda conversa é definida por trocas emocionais tanto quanto pelo que de fato é dito, porém a partilha aberta de emoções ainda é um desafio. Outro dia, em um jantar, olhei para o outro lado da mesa e vi minha esposa e uma mulher conversando. Estavam se encarando e falando com tanta atenção e prazer que as demais pessoas na sala poderiam muito bem não existir. Então me virei para a outra parte da sala e avistei dois conhecidos inclinados um sobre o outro, com as testas próximas, um com a mão sobre o ombro do outro, unindo-se em uma amizade tão palpável que eram como um único díade. Para alguns de nós, tipos mais reservados, tal intimidade fácil continua a ser um desafio.

Do lado positivo, acho que houve uma mudança abrangente na minha postura. Acho que estou muito mais vulnerável, aberto e, espero, amável. Meu olhar está mais caloroso, e vejo o mundo através de uma lente mais pessoal. Mesmo quando estamos falando de política ou de esportes, ou do que quer que seja, o que desejo mesmo é saber sobre quem está à minha frente. Estou mais consciente da nossa subjetividade – como os outros experimentam o que vivem, constroem seu ponto de vista. Estou muito melhor na arte de transformar conversas medianas em conversas memoráveis.

Além disso, aprendi muito mais sobre a humanidade. Sei sobre traços de personalidade, sobre como as pessoas são moldadas pela tarefa da vida em que estão envolvidas, sobre como são formadas pelos seus momentos de sofrimento. Sobre como falar com alguém que está deprimido, como reconhecer as maneiras como diferentes culturas podem moldar o ponto de vista de uma pessoa. Todo esse conhecimento não só me dá alguma experiência sobre indivíduos em geral, como me dá mais autoconfiança quando me aproximo de um estranho ou encontro um amigo. Ao falar com uma pessoa, sei o que procurar. Tenho mais capacidade de fazer grandes perguntas e de sentir toda a dinâmica de uma conversa. Sou muito mais ousado quando falo com alguém cuja vida é tão diferente da minha. Quando alguém se coloca diante de mim abertamente vulnerável, não congelo mais; consigo me divertir, honrado pela confiança que depositam em mim.

A sabedoria que aprendi e tentei partilhar neste livro deu-me um claro sentido de propósito moral. As palavras de Parker Palmer ressoam na minha cabeça: toda epistemologia implica uma ética. A forma como tento ver os outros representa minha forma moral de estar no mundo, que pode ser generosa e atenciosa ou julgadora e cruel. Por isso, tento praticar a "atenção justa e amorosa" sobre a qual Iris Murdoch escreveu. Tendo escrito este livro, sei, em detalhes concretos, que tipo de pessoa eu procuro ser, e é muito importante saber disso.

Um Iluminador é uma bênção para os que o rodeiam. No contato com os outros, ele tem uma consciência compassiva da fragilidade humana, porque sabe como somos frágeis. Tolera a insensatez humana porque está ciente de que somos tolos. Aceita a inevitabilidade do conflito e saúda o desacordo com curiosidade e respeito.

Aquele que só olha para dentro encontrará apenas o caos, enquanto aquele que olha para fora com senso de julgamento crítico encontrará apenas falhas. Mas quem olha com compaixão e compreensão verá almas complexas, sofrendo e ascendendo, enfrentando a vida da melhor forma que podem. Quem dominar as habilidades descritas aqui terá uma percepção perspicaz das coisas. Notará a postura rígida de alguém e o tremor ansioso dele. Poderá proporcionar às pessoas um olhar amoroso, um abraço visual que não só o ajudará a sentir o que estão experienciando, como dará a quem o rodeia a sensação de estar acompanhado, de estar partilhando sua jornada. E manterá essa atenção amorosa e abrangente mesmo quando a insensibilidade do mundo se elevar à sua volta, seguindo o conselho daquele poema sábio de W. H. Auden: "Se a mesma afeição não pode ser / Permita que a pessoa mais amorosa seja eu". Aprenderá, enfim, que não são apenas os atos épicos de heroísmo e altruísmo que definem o caráter de uma pessoa, mas os atos cotidianos de encontro. É a simples capacidade de fazer com que o outro se sinta visto e compreendido – essa habilidade difícil, porém essencial, que torna alguém um valioso colega de trabalho, cidadão, amante, cônjuge e amigo.

AGRADECIMENTOS

Em certo nível, escrever é algo solitário. Acordo todas as manhãs e escrevo das 7h30 às 13h. Eu usava um Fitbit, que indicava que eu passava as manhãs cochilando. Mas eu não cochilava, estava escrevendo. Acho, porém, que meu ritmo cardíaco cai quando escrevo. O aparelhinho pensava que eu estivesse dormindo, mas, na realidade, estava fazendo o que nasci para fazer.

Tenho sorte, contudo, e minha vida de escritor também conta com o apoio de instituições e de pessoas que a guiam e partilham esta jornada. Minha antiga colega do *New York Times*, Michal Leibowitz, forneceu orientações valiosas à medida que este livro se formava. Ela apontou quais partes funcionavam e quais não – uma visão exterior, uma crítica feita com cuidado. Michal tem uma grande carreira em escrita e edição à sua frente. Meu editor do *Times*, Nick Fox, sempre me orienta no sentido de clarificar meus argumentos. Quando escrevi uma coluna para o *Times* sobre meu amigo Peter Marks, que adaptei para este livro, ele me incentivou para que ficasse mais pessoal, deixando transparecer minhas emoções.

No *Atlantic*, amigos como Jeffrey Goldberg, Scott Stossel e muitos outros me estimularam a fazer a análise social que me levou a acreditar que este livro era necessário, o que, por sua vez, ajudou-me a compreender a crise social e relacional que enfrentamos, bem como o que podemos fazer a respeito dela.

Eu devo ser a mais rara das criaturas – um autor que está inteiramente feliz com sua editora. Este é o meu quarto livro com a Penguin Random House, e posso dizer que tenho sido muito bem tratado. Meu editor, Andy Ward, e a sua equipe clarificaram meu pensamento em quase todas as páginas e proporcionaram o tipo de apoio intelectual e emocional de que qualquer escritor precisa para continuar. Este é também meu quarto livro com London

King, que ajuda a distribuir minhas obras pelo mundo. Digo a London que não conheço quase ninguém que seja tão bom em seu trabalho quanto ela é no dela. Este livro também se beneficiou de dois editores excepcionais, verificadores de fatos e leitores muito inteligentes, Bonnie Thompson e Hilary McClellan.

Tive a oportunidade de ensinar o conteúdo deste livro na Jackson School of Global Affairs, de Yale, apesar de o tema ser apenas tenuemente relacionado com os assuntos globais. Meus alunos, que variavam de estudantes universitários a fuzileiros navais, passando por cientistas ambientais a empreendedores sociais, aprofundaram meu pensamento, aquentaram meu coração e lembraram-me de que é realmente divertido conhecer pessoas.

Muitos dos meus amigos leram rascunhos deste livro e ofereceram conselhos sábios que, francamente, me impediram de me perder pelo caminho. Em particular, gostaria de agradecer a Pete Wehner, David Bradley, Gary Haugen, Francis Collins, Yuval Levin, Mark Labberton, Philip Yancy, Andrew Steer, James Forsyth e Russell Moore. Dois membros da nossa alegre turma morreram enquanto eu terminava esta obra, Michael Gerson e Tim Keller. Guardo comigo as memórias de nossas conversas e sinto muita saudade dos dois.

Livros como este não são escritos sem especialistas. Sou grato a todos que responderam às minhas ligações, especialmente Nick Epley, Lisa Feldman Barrett, Dan McAdams, Lori Gottlieb, Tracy Kidder, Robert Kegan, além de tantos outros.

Meus dois amigos mais antigos são Peter Marks e sua esposa, Jennifer McSchane. Nós nos conhecemos e nos amamos por praticamente toda a nossa vida. Quando Pete morreu em 2022, Jen e seus meninos, Owen e James, corajosamente me deixaram contar a história dele. Espero que tenhamos ajudado muitas pessoas a entender um pouco melhor a depressão e a caminhar com quem a está enfrentando. Faltam-me palavras para transmitir minha admiração por Jen, Owen e James.

Meus filhos, Joshua, Naomi e Aaron, já foram crianças, brincaram e cresceram. Hoje são adultos, companheiros de vida, moldando meus pensamentos e minhas esperanças. Este livro não existiria sem minha esposa, Anne Snyder Brooks; em parte porque eu não seria nem de longe o tipo de pessoa capaz de escrevê-lo. Anne também é escritora e editora da revista *Comment*.

Há quem imagine que a casa de dois escritores fosse ser silenciosa e solitária. Mas, graças à sua natureza generosa e transcendente, além de muito trabalho árduo, nossa casa está sempre cheia de amigos e convidados, com música, jogos, esportes e conversas interessantes. Parece que passei meus anos escrevendo livros de que Anne não precisa. Ela já é amorosa, centrada no outro e perceptiva, capaz de fazer com que os demais se sintam vistos, um deleite para todos que a conhecem, sábia de formas que não podem ser aprendidas em livros, generosa de uma maneira que não pode ser fabricada por uma fórmula, mas que emerge como uma expressão do espírito.

NOTAS

Capítulo 1:
O poder de ser visto

1. DE SMET, Aaron; DOWLING, Bonnie; MUGAYAR-BALDOCCHI, Marino; SCHANINGER, Bill. "'Great Attrition' or 'Great Attraction'? The Choice Is Yours". *McKinsey Quarterly*, set. 2021.

2. Citado em KOLK, van der Bessel. *The Body Keeps the Score: Brain, Mind and Body in the Healing of Trauma*. Nova York: Penguin Books, 2014, p. 107.

3. MOFFAT, Wendy. *A Great Unrecorded History: A New Life of E. M. Forster*. Nova York: Farrar, Straus and Giroux, 2010, p. 11.

4. GERTNER, Jon. *The Idea Factory: Bell Labs and the Great Age of American Innovation*. Nova York: Penguin Books, 2012, p. 135.

5. EPLEY, Nicholas. *Mindwise: Why We Misunderstand What Others Think, Believe, Feel, and Want*. Nova York: Vintage, 2014, p. 9.

6. ICKES, William. *Everyday Mind Reading: Understanding What Other People Think and Feel*. Amherst, NY: Prometheus, p. 78.

7. Ibidem, p. 164.

8. Ibidem, p. 109.

Capítulo 2:
Como não ver uma pessoa

1. Nicholas Epley, op. cit., p. 55.

2. GORNICK, Vivian. *Fierce Attachments: A Memoir.* Nova York: Farrar, Straus and Giroux, 1987, p. 76.

3. Ibidem, p. 6.

4. Ibidem, p. 32.

5. Ibidem, p. 104.

6. Ibidem, p. 204.

Capítulo 3:
Iluminação

1. MCGILCHRIST, Iain. *The Master and His Emissary: The Divided Brain and the Making of the Western World.* New Haven: Yale University Press, 2009, p. 133.

2. BUECHNER, Frederick. *The Remarkable Ordinary: How to Stop, Look, and Listen to Life.* Grand Rapids, MI: Zondervan, 2017, p. 24.

3. SMITH, Zadie. "Fascinated to Presume: In Defense of Fiction". *New York Review of Books*, 24 out. 2019.

4. PALMER, Parker J. *To Know as We Are Known: Education as a Spiritual Journey.* San Francisco: HarperCollins, 1993, p. 58.

5. HAMILTON, Nigel. *How to Do Biography: A Primer.* Cambridge, MA: Harvard University Press, 2008, p. 39.

6. TOLSTÓI, Liev. *Ressurreição.* Trad. Ilza das Neves e Heloisa Penteado. São Paulo: Martins, 1957.

7. Parker J. Palmer, op. cit., p 21.

8. MURDOCH, Iris. *The Sovereignty of Good*. Abingdon, UK: Routledge, 2014, p. 36.

9. NUSSBAUM, Martha C. *The Black Prince, by Iris Murdoch. Introdução.* Nova York: Penguin Classics, 2003, p. xviii.

10. Iris Murdoch, op. cit, p. 27.

11. Iris Murdoch, op. cit., p. 85.

12. Iris Murdoch, op. cit., p. 30.

13. PIPHER, Mary. *Letters to a Young Therapist: Stories of Hope and Healing.* Nova York: Basic Books, 2016, p. 180.

14. Ibidem, p. xxv.

15. Ibidem, p. 30.

16. Ibidem, p. 43.

17. Ibidem, p. 109.

Capítulo 4:
Acompanhamento

1. EISELEY, Loren. "The Flow of the River". *The Immense Journey* [1946]. Reimp., Nova York: Vintage Books, 1959, pp. 15-27.

2. LAWRENCE, D. H. *Lady Chatterley's Lover.* Nova York: Penguin Books, 2006, p. 323.

3. KELTNER, Dacher. *Born to Be Good: The Science of a Meaningful Life.* Nova York: W. W. Norton, 2009, p. 134.

4. CALDWELL, Gail. *Let's Take the Long Way Home: A Memoir of Friendship.* Nova York: Random House, 2010, p. 83.

5. Ibidem, p. 87.

6. GUENTHER, Margaret. *Holy Listening: The Art of Spiritual Direction.* Lanham, MD: Rowman & Littlefield, 1992, p. 23.

7. GOLEMAN, Daniel. *Social Intelligence: The New Science of Human Relationships.* Nova York: Bantam, 2006, p. 257.

Capítulo 5:
O que é uma pessoa?

1. CARRERE, Emmanuel. *Outras vidas que não a minha.* Trad. Andre Telles. São Paulo: Alfaguara, 2020.

2. Ibidem, p. 11.

3. Ibidem, p. 31.

4. Ibidem. p. 43.

5. Ibidem, p. 51.

6. BRACKETT, Marc. *Permission to Feel: Unlocking the Power of Emotions to Help Our Kids, Ourselves, and Our Society Thrive.* Nova York: Celadon, 2019, p. 63.

7. YALOM, Irvin D. *The Gift of Therapy: An Open Letter to a New Generation of Therapists and Their Patients.* Nova York: Harper Perennial, 2009, p. 31.

8. SETH, Anil. *Being You: A New Science of Consciousness.* Nova York: Dutton, 2021, p. 97.

9. Ibidem, p. 281.

10. BARRETT, Lisa Feldman. *How Emotions Are Made: The Secret Life of the Brain.* Nova York: Houghton Mifflin Harcourt, 2017, p. 27.

11. DEHAENE, Stanislas. *How We Learn: Why Brains Learn Better Than Any Machine... for Now.* Nova York: Penguin Books, 2021, p. 155.

12. SPIVEY, Michael J. *Who You Are: The Science of Connectedness*. Cambridge, MA: MIT Press, 2020, p. 19.

13. Citado em PROFFITT, Dennis; DRAKE, Baer. *Perception: How Our Bodies Shape Our Minds*. Nova York: St. Martin's, 2020, p. 170.

14. Ian McGilchrist, op. cit., p. 97.

15. Barrett, op. cit.

Capítulo 6:
Boas conversas

1. BUCHAN, John. *Pilgrim's Way: An Essay in Recollection*. Boston: Houghton Mifflin, 1940, p. 155.

2. MURPHY, Kate. *You're Not Listening: What You're Missing and Why It Matters*. Nova York: Celadon, 2020, p. 70.

3. Ibidem, p. 106.

4. Dennis Proffitt e Drake Baer, op. cit., p. 123.

5. Kate Murphy, op. cit., p. 186.

6. Ibidem, p. 145.

7. GUZMAN, Monica. *I Never Thought of It That Way: How to Have Fearlessly Curious Conversations in Dangerously Divided Times*. Dallas, TX: BenBella, 2020, p. 200.

Capítulo 7:
As perguntas certas

1. STORR, Will. *The Science of Storytelling: Why Stories Make Us Human and How to Tell Them Better*. Nova York: Abrams, 2020, p. 17.

2. Kate Murphy, op. cit., p. 96.

3. BLOCK, Peter. *Community: The Structure of Belonging*. Oakland, CA: Berrett-Koehler, 2009, p. 135.

4. Monica Guzman, op. cit, p. xxi.

5. KROSS, Ethan. *Chatter: The Voice in Our Heads, Why It Matters, and How to Harness It*. Nova York: Crown, 2021, p. 35.

6. Ibidem, p. 37.

7. Ibidem, p. 30.

Capítulo 8:
A epidemia de cegueira

1. HEDEGAARD, Holly; CURTIN, Sally C.; WARNER, Margaret. Suicide Mortality in the United States, 1999-2019". *Data Brief,* National Center for Health Statistics, n. 398, fev. 2021.

2. BALINGIT, Moriah. "'A Cry for Help': CDC Warns of a Steep Decline in Teen Mental Health". *Washington Post*, 31 mar. 2022.

3. JACKSON, Chris; BALLARD, Negar. Over Half of Americans Report Feeling Like No One Knows Them Well. *Ipsos*. Disponível em: ‹https://www.ipsos.com›. Acesso em: 12 abr. 2023.

4. WEISSBOURD, Richard; BATANOVA, Milena; LOVISON, Virginia; TORRES, Eric.Loneliness in America: How the Pandemic Has Deepened an Epidemic of Loneliness and What We Can Do About It. *Making Caring*

Common. Disponível em: ‹https://mcc.gse.harvard.edu/reports/loneliness-in-america›. Acesso em: 5 jun. 2024

5. WARD, Bryce. "Americans Are Choosing to Be Alone: Here's Why We Should Reverse That". *Washington Post*, 23 nov. 2022.

6. BROOKS, David. "The Rising Tide of Global Sadness". *New York Times*, 27 out. 2022.

7. HARI, Johann. Lost Connections: *Why You're Depressed and How to Find Hope.* Nova York: Bloomsbury, 2018, p. 82.

8. FRAZZETTO, Giovanni. *Together, Closer: The Art and Science of Intimacy in Friendship, Love, and Family.* Nova York: Penguin Books, 2017, p. 12.

9. Bessel A. van der Kolk, op. cit., p. 80.

10. HERNANDEZ, Joe. "Hate Crimes Reach the High est Level in More Than a Decade". *NPR*, 31 ago. 2021.

11. ONLY HALf of U.S. Households Donated to Charity, Worst Rate in Decades. *CBS News*, 27 jul. 2021 . Disponível em: ‹https://www.cbsnews.com/news/charity-donations-us-households-decline/›. Acesso em: 5 jun. 2024.

12. BROOKS, Brooks. "America Is Having a Moral Convulsion". *Atlantic*, 5 out. 2020.

13. STREETER, Ryan; WILDE, David. The Lonely (Political) Crowd. *American Enterprise Institute.* Disponível em: ‹https://www.aei.org/articles/the-lonely-political-crowd/›. Acesso em: 14 abr. 2023.

14. JUNOD, Tom. "Why Mass Shootings Keep Happening". *Esquire*, 2 out. 2017.

15. HATZFELD, Jean. *Machete Season: The Killers in Rwanda Speak.* Trad. Linda Coverdale. Nova York: Farrar, Straus and Giroux, 2005, p. 24.

16. "WHERE AMERICANS Find Meaning in Life". *Pew Research Center*, 20 nov. 2018.

Capítulo 9:
Conversas difíceis

1. ELLISON, Ralph. *Homem invisível.* Rio de Janeiro: José Olympio, 2020.

2. Monica Guzman, op. cit., p. 53.

3. PATTERSON, Kerry et al. *Crucial Conversations: Tools for Talking When the Stakes Are High.* Nova York: McGraw-Hill, 2002, p. 79.

4. Dennis Proffitt e Drake Baer, op. cit., p. 38.

5. Ibidem, p. 39.

6. Ibidem, p. 6.

7. Ibidem, p. 56.

8. Ibidem, p. 20.

Capítulo 11:
A arte da empatia

1. CROUCH, Andy. *The Life We're Looking For: Reclaiming Relationship in a Technological World.* Nova York: Convergent, 2022, p. 3.

2. BUBER, Martin. *I and Thou.* Trad. Walter Kaufmann. Edinburgh: T. & T. Clark, 1970, p. 28.

3. COPE, Stephen. *Deep Human Connection: Why We Need It More Than Anything Else.* Carlsbad, CA: Hay House, 2017, p. 29.

4. MOORE, Demi. *Inside Out: A Memoir.* Nova York: HarperCollins, 2019, p. 69.

5. VAILLANT, George E. *Triumphs of Experience: The Men of the Harvard Grant Study.* Cambridge, MA: Belknap Press of Harvard University Press, 2012, p. 43.

6. Ibidem, p. 134.

7. Ibidem, p. 357.

8. Ibidem, p. 134.

9. Ibidem, p. 139.

10. BENNETT-GOLEMAN, Tara. *Emotional Alchemy: How the Mind Can Heal the Heart.* Nova York: Three Rivers, 2001, p. 96.

11. Will Storr, op. cit., p. 1.

12. Ibidem, p. 222.

13. THURMAN, Howard. *Jesus and the Disinherited.* Boston: Beacon, 1996, p. 88.

14. GOLOB, Sacha. Why Some of the Smartest People Can Be So Very Stupid. *Psyche.* Disponível em: ‹https://psyche.co/ideas/why-some-of-the-smartest-people-can-be-so-very-stupid›. Acesso em: 4 ago. 2021.

15. MLODINOW, Leonard. *Emotional: How Feelings Shape Our Thinking.* Nova York: Pantheon, 2022, p. 28.

16. Nicholas Epley, op. cit., p. 47.

17. Lisa Feldman Barrett, op. cit., p. 102.

18. Ibidem, p. 2.

19. Ibidem, p. 183.

20. LIEBERMAN, Matthew D. *Social: Why Our Brains Are Wired to Connect.* Nova York: Crown, 2013, p. 150.

21. DIAS, Elizabeth. "Kate Bowler on Her Cancer Diagnosis and Her Faith". *Time*, 25 jan. 2018.

22. MCLAREN, Karla. *The Art of Empathy: A Complete Guide to Life's Most Essential Skill.* Boulder, CO: Sounds True, 2013, p. 13.

23. BARON-COHEN, Simon. *Zero Degrees of Empathy: A New Theory of Human Cruelty.* Londres: Allen Lane, 2011, p. 31.

24. Ibidem, p. 37.

25. Ibidem, p. 34.

26. Ibidem, p. 36.

27. JAMISON, Leslie. *The Empathy Exams: Essays*. Minneapolis: Graywolf, 2014, p. 21.

28. *Giving Voice*, dirigido por James D. Stern e Fernando Villena (Beverly Hills, CA: Endgame Entertainment, 2020).

29. GIAMATTI, Paul; ASMA, Stephen T. Phantasia. *Aeon*, 23 mar. 2021. Disponível em: ‹https://aeon.co/essays/imagination-is-the-sixth-sense-be-careful-how-you-use-it›. Acesso em: 5 jun. 2024.

30. MCADAMS, Dan P. *The Stories We Live By: Personal Myths and the Making of the Self.* Nova York: Guilford, 1993, p. 243.

31. Marc Brackett, op. cit., p. 113.

32. Marc Brackett, op. cit., p. 124.

33. Marc Brackett, op. cit., p. 233.

34. BROOKS, David. What Do You Say to the Sufferer?". *New York Times*, 9 dez. 2021.

35. Marc Brackett, op. cit., p. 77.

36. BROOKS, David. *The Social Animal: The Hidden Sources of Love, Character, and Achievement.* Nova York: Random House, 2011, p 217.

Capítulo 12:
Como os sofrimentos moldaram você?

1. ASCHER, Barbara Lazear. *Ghosting: A Widow's Voyage Out.* Nova York: Pushcart, 2021, p. 46.

2. Ibidem, p. 124.

3. Ibidem, p. 93.

4. JOSEPH, Stephen. *What Doesn't Kill Us: A New Psychology of Posttraumatic Growth*. Nova York: Basic Books, 2011, p. 109.

5. Ibidem, p. 104.

6. Ibidem, p. 6.

7. BUECHNER, Frederick. *The Sacred Journey: A Memoir of Early Days*. Nova York: HarperCollins, 1982, p. 45.

8. Ibidem, p. 54.

9. BUECHNER, Frederick. *The Eyes of the Heart: A Memoir of the Lost and Found*. Nova York: HarperCollins, 1999, p. 17.

10. BUECHNER, Frederick. *The Sacred Journey: A Memoir of Early Days*. Nova York: HarperCollins, 1982, p. 46.

11. Ibidem, p. 69.

12. Ibidem, p. 68.

13. Stephen Joseph, op. cit., p. 70.

14. KUSHNER, Harold S. *When Bad Things Hap pen to Good People*. Nova York: Schocken, 1981, p. 133.

15. Iris Murdoch, op. cit., p. 91.

Capítulo 13:
Personalidade: que energia você traz para o ambiente?

1. MCADAMS, Dan P. *George W. Bush and the Redemptive Dream: A Psychological Portrait*. Nova York: Oxford University Press, 2011, p. 34.

2. Ibidem, p. 19.

3. SACKS, Jonathan. *Morality: Restoring the Common Good in Divided Times*. Nova York: Basic Books, 2020, p. 229.

4. Citado em HARDY, Benjamin. *Personality Isn't Permanent: Break Free from Self-Limiting Beliefs and Rewrite Your Story*. Nova York: Portfolio, 2020, p. 28.

5. SMILLIE, Luke D.; KERN, Margaret L.; ULJAREVIC, Mirko. Extraversion: Description, Development, and Mechanisms, in McAdams, Dan P.; Shiner, Rebecca L.; Tackett, Jennifer L. (orgs.). *Handbook of Personality Development*. Nova York: Guilford, 2019, p. 128.

6. NETTLE, Daniel. *Personality: What Makes You the Way You Are*. Nova York: Oxford University Press, 2007, p. 81.

7. Ibidem, p. 84.

8. DICK, Danielle. *The Child Code: Understanding Your Child's Unique Nature for Happier, More Effective Parenting*. Nova York: Avery, 2021, p. 92.

9. Daniel Nettle, op. cit., p. 149.

10. MCADAMS, Dan P. *The Art and Science of Personality Development*. Nova York: Guilford, 2015, p. 106.

11. Daniel Nettle, op. cit., p. 111.

12. KAUFMAN, Scott Barry. *Transcend: The New Science of Self-Actualization*. Nova York: TarcherPerigee, 2020, p. 10.

13. Daniel Nettle, op. cit., p. 119.

14. Ibidem, p. 160.

15. Scott Barry Kaufman, op. cit., p. 110.

16. SCHWABA, Ted. The Structure, Measurement, and Development of Openness to Experience Across Adulthood, in McAdams, Dan P.; Shiner, Rebecca L.; Tackett, Jennifer L. (orgs.) *Handbook of Personality Development*, Nova York: Guilford, 2019, p. 185.

17. Ibidem, p. 196.

18. Citado em KEIRSEY, David. *Please Understand Me II: Temperament, Character, Intelligence*. Del Mar, CA: Prometheus Nemesis, 1998, p. 55.

19. ROBERTS, Brent W. et al. The Power of Personality: The Comparative Validity of Personality Traits, Socioeconomic Status, and Cognitive Ability for Predicting Important Life Outcomes. *Perspectives on Psychological Science* 2, n. 4, dez. 2007, pp. 313-45.

20. Danielle Dick, op. cit., p. 122.

21. MENDELSON, Edward. *The Things That Matter: What Seven Classic Novels Have to Say About the Stages of Life*. Nova York: Pantheon, 2006, p. 79.

22. ROBERTS, Brent W.; YOON, Hee J. "Personality Psychology". *Annual Review of Psychology*, n. 73, jan. 2022, pp. 489-516.

Capítulo 14:
Tarefas da vida

1. GOPNIK, Alison; MELTZOFF, Andrew; KUHL, Patricia. *How Babies Think: The Science of Childhood*. Londres: Weidenfeld & Nicolson, 1999, p. 29.

2. Ibidem, p. 37.

3. CSIKSZENTMIHALYI, Mihaly. *The Evolving Self: A Psychology for the Third Millennium*. Nova York: HarperPerennial, 1993, p. 179.

4. LEWIS, Philip M. *The Discerning Heart: The Developmental Psychology of Robert Kegan*. Seattle: Amazon Digital Services, 2011, p. 54.

5. Mihaly Csikszentmihalyi, op. cit, p. 38.

6. Ibidem, p. 97.

7. Ibidem, p. 206.

8. KEGAN, Robert. *In Over Our Heads: The Mental Demands of Modern Life*. Cambridge, MA: Harvard University Press, 1994, p. 17.

9. GOTTLIEB, Lori. *Maybe You Should Talk to Someone: A Therapist, Her Therapist, and Our Lives Revealed*. Nova York: Houghton Mifflin Harcourt, 2019, p. 174.

10. CARO, Robert A. *Working: Researching, Interviewing, Writing*. Nova York: Vintage, 2019, p. 158.

11. Ibidem, p. 151.

12. STEGNER, Wallace. *Crossing to Safety*. Nova York: Random House, 1987, p. 143.

13. George E. Vaillant, op. cit., p. 153.

14. JUNG, C. G. *Modern Man in Search of a Soul*. Trad. W. S. Dell e Cary F. Baynes. Nova York: Harcourt, Brace, 1933, p. 104.

15. George E. Vaillant, op. cit., p. 18.

16. Ibidem, p. 20.

17. Ibidem, p. 24.

18. Ibidem, p. 154.

19. KEGAN, Robert; *LAHEY*, Lisa Laskow. *Immunity to Change: How to Overcome It and Unlock the Potential in Yourself and Your Organization*. Boston: Harvard Business Press, 2009, p. 35.

20. Philip M. Lewis, op. cit., p. 88.

21. Citado em ACKERMAN, Diane. *An Alchemy of Mind: The Marvel and Mystery of the Brain*. Nova York: Scribner, 2004, p. 121.

22. George E. Vaillant, op. cit., p. 168.

23. YALOM, Irvin D. *Staring at the Sun: Overcoming the Terror of Death*. San Francisco: Jossey-Bass, 2008, p. 297.

24. MCCLAY, Wilfred M. Being There. *Hedgehog Review*, outono 2018. Disponível em: ‹https://hedgehogreview.com/issues/the-evening-of-life/articles/being-there›.

25. C. G. Jung, op. cit., p. 125.

26. Citado em Kegan, *The Evolving Self*, p. 215.

Capítulo 15:
Histórias de vida

1. Fernyhough, *The Voices Within*, p. 36.

2. Ethan Kross, op. cit., p. xxii.

3. Fernyhough, *The Voices Within*, p. 65.

4. RESHETNIKOV, Anatoly. "Multiplicity All-Around: In Defence of Nomadic IR and Its New Destination". *New Perspectives*, v. 27, n. 3, 2019, pp. 159-166.

5. Fernyhough, *The Voices Within*, p. 44.

6. McAdams, *The Stories We Live*, p. 243.

7. DAVIS, Viola. *Em busca de mim.* Trad. Karine Ribeiro. Rio de Janeiro: Best-Seller, 2022.

8. Ibidem, p. 2.

9. Ibidem, p. 67.

10. McAdams, *The Art and Science of Personality Development*, p. 298.

11. BATESON, Mary Catherine. *Composing a Life.* Nova York: Atlantic Monthly Press, 1989, p. 6.

12. HILLMAN, James. *The Soul's Code: In Search of Character and Calling.* Nova York: Ballantine, 1996, p. 173.

13. COPE, Stephen. *Deep Human Connection: Why We Need It More Than Anything Else.* Carlsbad, CA: Hay House, 2017, p. 178.

14. Ibidem, p. 180.

15. Will Storr, op. cit., p. 68.

16. WEINSTEIN, Philip. *Becoming Faulkner: The Art and Life of William Faulkner.* Nova York: Oxford University Press, 2010, p. 3.

Capítulo 16:
Seus ancestrais manifestam-se em sua vida?

1. BOYD, Valerie. *Wrapped in Rainbows: The Life of Zora Neale Hurston.* Nova York: Scribner, 2003, p. 32.

2. HURSTON, Zora Neale. *Dust Tracks on a Road: An Autobiography.* Nova York: HarperPerennial, 1996, p. 34.

3. Valerie Boyd, op. cit., p. 14.

4. Zora Neale Hurston, op. cit., p. 34.

5. Ibidem, p. 46.

6. Ibidem, p. 104.

7. Valerie Boyd, op. cit., p. 25.

8. MORRISON, Toni. The Site of Memory, in Zinsser, William K. (org.). *Inventing the Truth: The Art and Craft of Memoir.* Boston: Houghton Mifflin, 1998, p. 199.

9. Valerie Boyd, op. cit., p. 40.

10. Zora Neale Hurston, op. cit., p. 66.

11. Valerie Boyd, op. cit., p. 75.

12. Ibidem, p. 110.

13. Ibidem, p. 165.

NOTAS 251

14. STEWART, Danté. In the Shadow of Memory. *Comment*, 23 abr. 2020. Disponível em: ‹https://comment.org/in-the-shadow-of-memory/›. Acesso em: 5 jun. 2024.

15. Zora Neale Hurston, op. cit., p. 171.

16. Ibidem, p. 192.

17. HENRICH, Joseph. *The WEIRDest People in the World: How the West Became Psychologically Peculiar and Particularly Prosperous*. Nova York: Picador, 2020, p. 41.

18. Ibidem, p. 156.

19. Ibidem, p. 45.

20. Dennis Proffitt e Drake Baer, op. cit., p. 195.

21. HSIEH, Esther. "Rice Farming Linked to Holistic Thinking". *Scientific American*, 1º nov. 2014.

22. REIK, Theodor. *Listening with the Third Ear: The Inner Experience of a Psychoanalyst*. Nova York: Farrar, Straus and Giroux, 1948, p. 64.

Capítulo 17:
O que é sabedoria?

1. CARO, Robert. Lyndon Johnson and the Roots of Power, in Zinsser, William K. (org.). *Extraordinary Lives: The Art and Craft of American Biography*. Boston: Houghton Mifflin, 1988, p. 200.

2. KIDDER, Tracy. *Strength in What Remains*. Nova York: Random House, 2009, p. 5.

3. Ibidem, p. 183.

4. Ibidem, p. 123.

5. Ibidem, p. 216.

6. Ibidem, p. 219.

7. Gottlieb, *Maybe You Should Talk to Someone*, p. 93.

8. Ibidem, p. 47.

9. Ibidem, p. 154.

10. NOUWEN, Henri J. M. *Reaching Out: The Three Movements of the Spiritual Life* (New York: Image Books, 1966), 99.

11. SCHULZ, Kathryn. *Lost & Found: A Memoir* (New York: Random House, 2022), 43.